KB058700

보이지 않는 확신을 팔아라

보이지 않는

The Invisible Promise

확신을 팔아라

불신의 시대에 고객의 마음을
무장해제하는 마케팅 원칙

해리 벡위드 지음 ○ 김동규 옮김

RHK
알에이치코리아

| 일러두기

이 책의 본문은 한글 맞춤법 및 외래어 표기법을 따르는 것을 원칙으로 하되
널리 통용되는 표기법이 있을 경우 포함했습니다.

?

메이시 벡위드에게

!

21세기에 들어오며 시장의 힘은 공급자에서 고객으로, 상품에서 서비스로 옮겨왔다. 고객이 중심이 된 세상에서 서비스 마케팅은 핵심이 되었다. 해리 벡위드는 여러분이 이 새로운 조류를 헤쳐 나가는 동안 최고의 안내자가 되어줄 것이다.

— **제프리 무어**, 《캐즘 마케팅》 저자

저자의 전작 《보이지 않는 것을 팔아라》를 읽고 해리 벡위드가 성공한 사업가이자 스승임을 알았다. 그는 이번 책으로 전작에서 부족했던 부분을 바로잡았다. 타당한 답을 내는 일은 언제나 어렵다. 흐름을 읽으면서 답을 찾는 일도 어렵다. 성과를 내는 답을 찾는다는 것은 거의 불가능에 가깝다. 이 책은 상품과 서비스 양쪽에서 이 3가지 질문에 답을 제공한다. 나의 조언은 딱 한마디다. 이 책을 사라!

— **제프리 지토머**, 《레드 세일즈북 RED BOOK of SALES ANSWERS》 저자

마케팅 분야에서 내가 가장 좋아하는 스승이 다시 한번 최고의 책을 내놓았다. 그는 간결하고 강력하며 잊을 수 없는 언어로 놀라운 통찰을 전해준다. 앉은 자리에서 삼키듯이 다 읽었다. 그리고 벌떡 일어나 행동에 옮기고 있다.

— **데렉 시버스**, 기업가·작가

우리 회사는 해리의 가르침에 따라 성장했다. 이 책을 읽어보면 여러분도 그렇게 될 수 있다. 분명하고 위트 넘치는 문체로 써 내려간 그의 놀라운 이야기는 온라인이 이끄는 시대에도 여전히 강력한 호소력을 발휘한다.

— **클리포드 그린**, 법률 회사 '그린에스펠' 공동 창립자

20년 넘게 소프트웨어, 음악, 금융, 법률, 컨설팅 등 서비스 마케팅에 관한 해리 벡위드의 가르침을 열심히 배워왔다. 온라인 마케팅과 소셜미디어가 부상하는 오늘날, 이 책에 담긴 그의 사상은 더욱 중요해진다. 나는 그의 가르침을 이미 사업에 적용하고 있으며 만나는 사람들마다 적극 추천하고 있다.

— **데이비드 미어먼 스콧**, 《마케팅과 PR의 새 법칙》 저자

해리 벡위드는 브랜딩과 서비스 마케팅 분야에서만이 아니라 내가 아는 모든 작가 중에 가장 좋아하는 사람이다. 그의 엄정하고 분명하며 호소력 있는 문장은 여러분의 사업을 개선하는 데 꼭 필요한 통찰을 제공해줄 것이다.

— **데이비드 가드너**, 투자자문 회사 '모틀리풀' 창립자, CEO

지난 25년간 해리 벡위드는 우리 눈에 '보이지 않는 것'을 비전으로 만들어주었다. 이제 이 책으로 그 일을 다시 한번 분명히 이뤄냈다.

— **타이 보토**, 전 LPGA 커미셔너

미국 근로자의 80퍼센트에 가까운 사람들이 서비스 관련 기업에 근무하거나 서비스 사업을 하고 있다. 그러나 지금까지 제품 마케팅을 다룬 책은 많았어도 서비스 마케팅을 자세히 다룬 책은 거의 없었다. 이 책은 서비스 사업의 본질이 무엇인지 보여주며 출발한다.

"서비스 마케팅은 보이지 않는 '확신'을 파는 일이다." 저자의 메시지는 커다란 통찰을 준다. 잠재 고객의 두려움을 해소하고 어떻게 그들의 삶을 낫게 해줄지 답을 제공하는 일이 서비스 사업의 핵심임을 말한다. 이에 근거하여 고객을 확보하고 설득하고 유지하는 세부 기법 또한 제시하고 있다. '비타민이 아니라 진통제를 팔아라. 팔려 하지 말고 보여줘라. 활(기술)을 바꾸지 말고 과녁(고객층)을 옮겨라' 등 다양한 방법과 통찰을 책 속에서 얻을 수 있다. 사업을 하거나 관련 업계에서 일하는 마케터, 기획자분들에게 이 책이 훌륭한 안내서가 되어줄 것이다.

— **신수정**, KT 부문장·《일의 격》 저자

차
례

1부. 계획

The Invisible Promise

2부. 설득

3부. 고객과의 관계

The Invisible Promise

서론

여러분은 치약이나 자동차를 파는 것이 아니다

나는 전작《보이지 않는 것을 팔아라》에서 1997년에 미국인의 75퍼센트가 서비스 관련 기업에 근무하고 있으며, 2005년에는 그 비율이 80퍼센트가 되었다고 말한 적이 있다. 그러나 지금도 서비스 마케팅 노하우에 관해서는 별로 알려진 것이 없다. 〈하버드 비즈니스 리뷰〉의 마케팅 사례 연구 분야를 살펴보니 서비스를 다룬 항목은 전체의 4분의 1에 지나지 않았다. 그때 나는 우리 경제의 서비스 분야가 상품 마케팅 모델을 기반으로 삼고 있다는 사실을 깨달았다.

미국은 서비스업이 지배하는 세상이지만, 이 업계는 제조업 마케팅 모델을 그대로 쓰고 있다. 우리가 익히 아는 프록터앤갬블P&G을 떠올리면 된다. 제품의 특징과 장점, 고유 판매 제안USP, 포지셔닝 등을 활용한다. 서비스 기업은 아직도 그 유명한 4P, 즉 제품Product, 가격Price, 장소Place, 홍보Promotion의 세계에 머물러 있다.

여러분이 서비스 업계의 마케팅 책임자라면 곧 이런 원칙들이 맞는 것인지 의문이 들 것이다. 그리고 그렇지 않다는 사실을 깨닫게 될 것이다. 그렇다면 방법을 완전히 바꿔야 한다.

서비스는 상품과 전혀 다르다.

첫 번째 P인 제품만 생각해보더라도 서비스는 전혀 P에 해당하지 않는다. 제품은 유형의 대상이다. 예컨대 자동차는 보고, 만지고, 느낄 수 있다. 심지어 냄새나 소리에 반할 때도 있다. 멋진 엔진 배기음이나 자동차 문을 닫을 때 나는 그 묵직한 소리는 듣기만 해도 기분이 좋다. 자동차뿐 아니라 다른 상품들 역시 사기도 전에 기분이 좋은 경우가 많다. 완벽한 검은 드레스, 헤드가 사람 머리만한 신제품 카본 파이버 드라이버, 신상 에어조던 운동화 같은 것들 말이다. 상품은 보는 즉시 만족감을 안겨준다.

반면 서비스의 경우, 어떤 서비스의 구매 결정을 내릴 때까지도 그것은 눈에 보이지 않는다. 서비스는 사는 순간까지 만질 수도, 맛볼 수도, 느낄 수도, 냄새를 맡을 수도, 볼 수도 없다.

이제 두 번째 P인 가격이다. 상품에는 가격표가 붙어 있다. 서비스는 그렇지 않은 경우가 많다. 서비스는 가격표 대신 담당자가 '견적서를 다시 작성해주겠다'고 약속한다. 그 순간까지 여러분은 어디까지나 잠재 고객일 뿐이므로 서비스 담당자가 제시할 최종 견적서의 가격대로 살 마음이나 능력이 있는지 확신할 수 없다.

그리고 상품은 하자가 발생하면 금세 알아차린다. 컴퓨터 화면이 먹통이 되거나, 헤드폰 소리가 들리지 않거나, 우유가 상하면 곧바로 알 수 있다. 그러나 서비스는 언제 잘못될지, 혹은 이미 문제가 있는지 알 수 없다. 결혼식 후에 받아본 사진은 과연 예전에 샘플로 본 것과 같은 품질일까? 무릎 수술이 끝나고 4주가 지난 후에는 과연 통증이 사라질까? 세금 환급금을 받긴 했는데 과연 제대로 된 금액일까? 이걸 세무사에게 제대로 물어볼 만한 사람이라면 환급 신청을 스스로 하고 말지 왜 맡겼겠는가?

상품에 발생한 문제는 명백하고 입증할 수 있으므로 거의 모든 상품이 품질 보증을 제공한다. 그러나 서비스는 그런 경우가 극히 드물다. 따라서 서비스에 하자가 발생할 때 기댈 데라고는 오직 길고 지루한 협상이나, 그것도 안 되면 더 많은 시간과 돈이 드는 소송 절차밖에 없다.

지난 30년간 이른바 '품질 혁명'의 시대를 살아온 오늘날에는 이 점이 더욱 중요해졌다. 제조 업체는 철저한 테스트와 컴퓨터로 감시되는 프로세스를 통해 그 어느 때보다 놀라운 품질을 구현하고 있다.

이에 반해 서비스 기업이 그들의 '제품'을 전달하는 과정에서는 우수한 결과를 보장하는 문제 예방 프로세스를 규격화 가능한 경우가 거의 없다. 예를 들어 광고 효과를 일정하게 높은 수준으로 유지하는 방법을 고안해낸 사람은 아직 아무도 없다.

게다가 서비스 프로세스란 관리는커녕 애초에 고안해내는 것조차 쉬운 일이 아니다. 한 고객이 비행기로 어떤 도시에 도착한다. 담당자가 고객을 맞이하여 저녁 식사를 대접하고, 같이 진토닉을 세 번이나 들이키면서 다시 돌아가기 전까지 세 번 더 만난다. 그러나 다음날 그 고객은 이 회사와 거래를 끊어버린다.

도대체 어떤 '프로세스'를 수립하면 이런 값비싼 실패를 예방할 수 있단 말인가?

서비스는 제품과 달리 언제 어디로 튈지 모르는 통제 불가의 대상이다. 나조차 관리하기 힘든데 고객의 심정이야 더 말할 나위가 없다.

서비스는 설계, 유통, 홍보 면에서도 제품과 결정적인 차이가 있다. 제품을 만드는 제조 업체는 내가 사는 곳과 멀리 떨어져 있다. 심지어 다른 대륙에 있는 경우도 흔하다. 따라서 우리는 상품에 하자가 있어도 그것을 개인적인 감정과 결부시키지는 않는다. 그러나 서비스를 전달받는 과정에는 반드시 사람이 개입한다. 서비스에 문제가 생기면 그것을 개인적인 일로 받아들이는 것이 보통이다. "당신이 어떻게 나한테 이럴 수 있어요?"라는 소리를 듣고야 만다.

따라서 서비스 마케팅 담당자(의사, 개를 대신 산책시키는 사람, 세탁소 등)는 조금만 실수해도, 청구하는 요금이 조금만 많아도, 약속을 조금만 어겨도 민감하게 반응하는 고객을 매일 만나야 한다.

서비스 마케팅과 상품 마케팅이 출발하는 현실은 이토록 다르다. 서비스 마케팅은 모든 서비스 고객의 현저한 특징을 분명히 이해하는 데서 출발한다. 그것은 두려움, 불확실, 그리고 의심이다.

서비스 마케팅을 대하는 방법은 달라야 한다. 4P는 아무 소용이 없거나, 혹시 소용이 있더라도 전혀 다른 방식으로 작동한다.

포지셔닝, 특징과 장점, 고유 판매 제안 등은 어떨까? 생각보다 크게 쓸모가 없다.

이 책은 바로 이러한 문제의 해법을 제시한다. 《보이지 않는 것을 팔아라》가 출간되고 25년이 지나는 동안 세상이 바뀌면서 서비스를 마케팅하고 전달하는 방법도 완전히 달라졌다. 서비스 마케팅은 상품 마케팅과 다르고, 2020년대와 2000년대도 완전히 다르며, 지난 25년간 전 세계 수백 개의 서비스 기업과 협력해온 내 경험도 서비스 마케팅에 관한 나의 이해를 확충했거나 바꿔놓았다. 이 책은 서비스 마케팅에 관해 내가 새롭게 깨닫게 된 내용과 같은 순서대로 구성되었다. 사업 계획, 잠재 고객과의 만남과 설득, 그리고 확보한 고객 유지의 3단계다. 물론 이 모든 것은 서비스 마케팅이란 여정의 출발점에 불과하다.

1부

계획

1장

뒤집힌 세상,
마케팅의 도전

경쟁의 도전

20년 전에는 자본의 크기가 절대적으로 중요했다.

그때는 잠재 고객이 회사와 서비스에 관해 얻을 수 있는 정보가 별로 많지 않았다. 따라서 소비자는 가장 익숙한 서비스를 선택할 수밖에 없었고, 익숙하다는 말은 곧 광고에 가장 자주 등장한다는 말이었다. 고객은 어떤 광고가 자신의 눈에 띌 정도라면 서비스도 충분히 좋을 거라고 짐작했고, 광고를 가장 크게 하는 서비스가 가장 좋은 것이라고 생각했다.

다시 말해, 당시는 어떤 회사가 마음만 먹으면 특정 시장을 통째로 살 수도 있었다. 하지만 오늘날에는 불가능한 일이다. 요즘은 신문이나 잡지를 보는 사람이 거의 없다. 아니, 인쇄 광고를 보는 사람 자체가 드물다.

요컨대 시장 진입의 가장 큰 장벽(광고를 동원하여 브랜드를 구축하는 데 필요한 자원을 보유)이 사라지고 만 것이다.

《보이지 않는 것을 팔아라》가 출간되었을 당시(1997년)를 기준으로, 전문적인 회사소개서를 한 편 제작하는 데 드는 비용은 최소 4만 달러였다. 자금력이 튼튼하지 않은 영세 기업은 그런 비용을 도저히 감당하기 어려웠다. 그런데 오늘날에는 1인 컨설팅 회사도 자기 회사를 마치 보스턴컨설팅그룹처럼 꾸밀 수 있다. 유능한 디자이너와 프로그래머에게 의뢰하면 저렴한 견본을 이용해서 아주 똑똑한 웹사이트를 금방 만들어낸다.

그 결과, 오늘날에는 아주 작은 회사도 대기업과 별로 다르지 않은 외관을 만들어낼 수 있다.

1993년 〈뉴요커〉에 실린 만화는 마치 이런 세상이 오리라는 것을 미리 알리는 듯했다. 검은 개 한 마리가 컴퓨터 키보드 앞에 앉은 채 옆에 있던 얼룩무늬 개에게 이렇게 말한다. "인터넷에서는 아무도 네가 개인 줄 모른다고."

인터넷에서는 개도 왕자가 될 수 있고, 1인 밴드도 마치 마룬파이브(미국 캘리포니아 출신 록밴드 - 옮긴이)처럼 보일 수 있다. 인터넷에서 평판이 좋은 것을 넘어 뛰어난 수준의 회사로 꾸미는 데는 이제 돈도 별로 많이 안 든다. 오늘날에는 누구나 이 판에 들어올 수 있다.

경쟁이 치열할수록 차별화는 지상 과제가 된다. 여러분만의 차별화 포인트를 반드시 찾아야 한다.

품질의 도전

1959년에 폭스바겐이 발표한 두 번째 광고 캠페인은 40년이 지난 이후 〈애드에이지Advertising Age〉(미국 시카고에서 창간된 광고 미디어이자 글로벌 광고컨설팅 업체 – 옮긴이) 조사 결과, 광고 역사상 가장 훌륭한 작품이라는 명성을 얻었다. 자그마한 59년형 비틀 자동차를 크게 확대한 사진 아래에 자리한 광고 문구는 '레몬'이라는 단어 딱하나뿐이었다.

미국인들은 이 단어만 들으면 품질이 형편없는 자동차를 떠올리곤 한다. 그럴 수밖에 없는 것이, 20세기 초반에는 그 어떤 공장도 대량 생산을 하다 보면 상품에 불량이 발생할 수밖에 없다는 것이 상식이었기 때문이다. 미국 최초의 품질 운동인 통계적 품질관리의 기본 정신은 결국 불량을 감내하는 것이었다. 즉, 불량이 발생하는 현상은 어쩔 수 없고 단지 허용 가능한 최저 수준으로 줄이자는 것이었다. 역사학자 대니얼 부어스틴Daniel Boorstin은 퓰리처상에 빛나는 역작《미국 민주주의 역사The Americans: The Democratic Experience》에서 "상품의 품질은 꼭 필요한 수준을 넘어서지 못했다"고 간파했다.

그러다가 1970년대에 일본 업계가 미국을 침공했다. 일본의 자동차와 전자제품은 결코 실패하는 법이 없을 것 같았고, 실제로도 그랬다. 소비자의 눈은 높아졌고 미국 경제는 심각한 타격을 받았다. 이 사태를 지켜보던 의회가 개입했고, 마침내 매그너슨-모스 보증법Magnuson-Moss Warranty Act이 통과되었다. 사실 이 정식 명칭을 아는 사람은 거의 없지만 레몬법the Lemon Law이라고 하면 다들 안다(자동차나 전자제품에 결함이 있을 때 제조사가 소비자에게 교환, 환불, 보상 등을 제공하도록 규정한 법 – 옮긴이).

6년 후, 포드는 대대적인 광고 캠페인을 시작하며 소비자들에게 건재함을 과시했다. "포드는 품질을 가장 중시합니다"라는 내용이었다. 이런 노력이 미국인들의 마음을 파고들기까지는 상당한 시간이 필요했다. 포드는 이 캠페인을 무려 17년간이나 지속해야 했다.

그러나 이른바 '신품질운동New Quality Movement(필요한 만큼의 품질에 만족하는 것이 아니라 거의 완벽에 가까운 상품을 만든다는 운동)'은 결국 성공을 거두었다. 이 운동이 지속적인 성과를 거두면서 더 이상 '레몬차'와 같은 불량품은 찾아볼 수 없다. 시간이 지날수록 포드, 모토로라, 크레스트 등 유명 브랜드 상품의 품질은 나빠지는 것이 아니라 점점 더 좋아진다. 그들의 프로세스는 우수한 품질을 보장한다. 결국 상품 브랜드는 품질을 보장하는 기능을 겸하게 된다.

그러나 서비스는 어떤가? 상품은 일관되고 정밀한 추적 관리 체제를 갖춘 프로세스를 통해 생산되지만, 서비스는 대부분 감독의 범위가 닿지 않는 사람의 손에 맡겨져 있다. 게다가 실수는 사람만 하는 것이 아니라 거의 일상적인 사건이 되고 있다.

서비스의 주체는 입증된 프로세스가 아니라 사람이다. 사람은 언제든 바뀔 수 있다. 스타급 인재가 떠나면 아무리 똑같은 수준의 서비스를 유지하더라도 곧바로 평판에 타격이 온다. 예컨대 유명 카피라이터나 미술 감독, 또는 이름난 셰프 같은 경우가 그렇다. 그런 사태를 막아줄 프로세스란 존재하지 않는다.

그러나 품질에 대한 압박은 변함이 없다. 우수한 상품은 품질에 대한 기대 수준을 올려놓았다. 스탠퍼드대학교 풋볼 경기장에 내걸린 거대한 포스터는 우리 모두 가슴에 깊이 새겨야 할 내용이다.

"발전하지 않으면 퇴보할 뿐이다. 같은 수준을 유지한다는 것은 불가능하다."

더 나아질 방법을 찾아야 한다. 끊임없이.

디즈니의 도전

어느 부부가 함께 리무진을 타고 포시즌스 호텔에 머물 수 있는 보상 여행 기회를 얻었다. 그들은 봄철 휴가로 디즈니월드를 둘러보면서 디즈니 스타일이 마음에 든다고 생각한다.

남편은 이것을 훌륭한 서비스라고 판단한다. 다음 날 집으로 돌아간 그는 3,000킬로미터나 떨어진 매장에 신상 아디다스 스탠스미스 테니스화를 주문한다. 신발은 다음 날 도착한다. 그리고 그는 아디다스의 배송도 훌륭한 서비스라고 인정한다. 아마 여러분도 그럴 것이다. 그리고 이 인식은 한번 형성되면 오래 간다.

사람은 자신의 경험을 서비스 품질의 표준으로 삼는다. 그것은 여러분이 몸담은 업계의 표준이 아니다. 오로지 그 사람의 머릿속에만 존재하는 표준이다. 그가 생각하기에 호텔 침대 밑에는 초콜

릿이 놓여 있고, 모든 배우가 자신을 향해 미소를 지으며, 말쑥한 차림새의 남자가 자동차 문을 잡아주고, 주문한 상품이 거의 실시간으로 배달된다면, 이메일을 보내자마자 상대가 즉각 전화를 걸어오는 게 당연하지 않을까?

여러분은 자신이 속한 업계를 살펴보고 그대로 따라 한다. 그러나 서비스 업계는 고객을 제대로 만족시켜주지 못하고 있다. 인쇄업계는 특히 악명이 높다. 택시 서비스나 미수금 처리 대행 업체도 마찬가지다. 디자이너들은 항상 영감이 늦게 떠오른다고 말한다.

그런데 지금은 디지털 시대로, 이 업계야말로 위기의 한복판에서 있다. 야심 찬 20대들이 서비스 업계의 허점을 꿰뚫어 보고 이런 약점을 뒤집어버릴 새로운 모델을 준비하고 있기 때문이다. 그래서 택시의 시대가 가고 우버가 나타났다. 기존의 인쇄 업계가 몰락하고 비스타프린트가 등장했다. 디자이너가 영감을 떠올리기를 기다릴 필요 없이 스퀘어스페이스에 연락한다. 기존의 여행사들은 트래블로시티와 익스피디아에 자리를 내줬다.

여러분의 업계는 고객의 마음속에 표준으로 자리 잡지 못했다. 이제 여러분의 서비스가 그럴 차례. 여러분이 평범한 고객을 원한다면 업계의 표준을 따라라. 그러나 만족한 고객(그들은 만족한 서비스를 다른 사람에게 소개하고 다음에도 계속 이용하므로 여러분의 장기적인 성공을 보장한다)을 원한다면 같은 업계의 경쟁자들을 쳐다볼 필요가 없다. 이제 디즈니나 포시즌스, 페덱스 등을 바라봐야 한다.

여러분의 경쟁 상대는 디즈니다.

속도의 도전

내가 젊었던 시절, 즉석에서 되는 것, 즉 인스턴트는 나쁜 것이었다. 인스턴트 오트밀에서는 문구용 풀 맛이 났고, 인스턴트 초콜릿 우유는 분필에 설탕을 타놓은 맛과 비슷했으며, 인스턴트 오렌지주스의 싸한 맛은 마치 기침약을 먹는 것 같았다.

자동차 수리점이나 인쇄 업체 등 수천 개에 달하는 서비스 회사의 벽에 걸린 유명한 만화는 이런 내용이었다. 태만은 7가지 죄악의 하나일지도 모르지만, 인생은 느리기 마련이라는 것이었다.

이런 형편은 인터넷이 등장했다고 썩 나아지지도 않았다. 처음에는 말이다. 《보이지 않는 것을 팔아라》를 다 쓰고 몇 달 정도 지났을 때 컴퓨터로 뭔가를 검색했던 경험이 생생히 떠오른다. 나는 저녁 식사를 마친 후 웹크롤러WebCrawler라는 프로그램을 띄웠다. 지금 생각해도 아주 기가 막히게 지은 이름이다(인터넷을 기어 다닌다는 뜻이다 – 옮긴이). 그리고 '브랜드'라는 키워드를 검색했다. (그날 하루 내내 이 간단한 일이 바로 되지 않았다. 웹크롤러 사이트에 들어온 사람이 너무 많았다.)

나는 책상에서 일어나 천천히 부엌으로 걸어간 다음 샌드위치를 하나 만들었다. 그리고 다시 터덜터덜 매킨토시 컴퓨터 앞으로 돌아왔다.

검색 프로그램은 그때까지도 여전히 로딩되고 있었다. 그러더니 아니나 다를까 완전히 멈춰 서버렸다.

가끔 결과를 얻을 때도 있었다. 그러나 소에 찍는 낙인(그것도 브랜드 중 하나다─옮긴이) 등, 내가 찾는 것과는 전혀 다른 내용이 나오기 일쑤였다.

그러나 1998년 9월 4일, 세르게이 브린과 래리 페이지가 구글을 시작했다. 그리고 1년 뒤에 정식으로 서비스를 시작했다. 검색 속도는 거의 실시간이 되었다. 어린 시절의 인스턴트와 달리 이제 '즉석'은 좋은 의미가 되었고, 이후로는 점점 더 그렇게 되었다.

우리는 바야흐로 인스턴트의 시대에 살고 있다. X(구 트위터)에는 그날 하루 벌어진 굵직한 사건들이 발생하자마자 몇 초 내로 올라온다. 우리가 받는 실시간 문자 메시지, 전화 공지, 그리고 문서와 이메일의 자동 완성 입력이나 문법 수정 등은 이름 그대로의 기능을 구현하고 있다.

워드 프로세서가 등장하면서 그전까지 오타가 난 부분을 잘라내고 풀로 붙이거나, 화이트로 천천히 지운 다음 다시 타이핑하던 시간이 모두 사라졌다.

문자 메시지를 사용한 이후로는 자동 응답기 단추를 누르고 저장된 음성 기록을 일일이 들어보는 데 걸리던 시간도 역시 사라졌다. 더구나 문자는 말로 하는 것보다 훨씬 더 적은 단어만 사용하므로, 문장 길이 자체가 짧아졌다(이 점도 시간 절약에 한몫했다).

블로그는 인터넷 게시글 한 편을 만드는 데 몇 시간씩 걸리던 시간을 없애버렸다.

페이스북은 친구와 연락하는 데 걸리는 시간도 삭제해버렸다.

이제는 친구들과 그야말로 실시간으로 연락할 수 있다. X도 효과는 비슷하며 연락에 필요한 글자 수도 140자 미만이었다가, 2017년 부터는 그나마 2배인 280자로 늘었다(눈에 띄는 점은 홈에 떠 있던 '회사 소개' 글자는 30자에서 16자로 줄어들었다는 사실이다).

아마존의 등장으로 서점까지 다녀오는 시간, 서가를 돌아다니며 책을 찾는 시간, 무엇보다 그 서점에 내가 찾는 책이 없다는 사실을 알기까지 걸리는 시간이 모두 필요 없어졌다.

어떤 주제를 한번 연구하려면 며칠씩 걸리던 시간이 구글 덕분에 사라지자, 이제 글 쓰는 사람들은 하늘을 쳐다보며 감사하기도 전에 필요한 자료를 손에 얻을 수 있다.

필요한 것을 얻는 시간이 빨라질수록 사람들은 점점 더 빨리 얻기를 원한다. 우리는 이제 차가 막히는 도로를 비정상으로 여기고 빠른 길을 '제정신'인 길이라고 부른다.

과거에는 전화를 한번 걸려면 다이얼 구멍에 손가락을 집어넣고 돌리기를 최소 일곱 번 반복해야 했다. 지금은 화면에서 연락처 하나만 누르면 끝이다.

몇 년 전에 타겟의 CEO 로버트 울리히Robert Ulrich가 한 말은 이 시대의 주문과도 같았다. "빠르지 않으면 도태된다." 울리히가 한 말은 간단하다.

"속도가 생명이다."

우리는 미친 듯한 속도로 날아다니며, 우리의 이 욕망을 채워주는 회사는 수천 개에 달한다. 여러분이 그들 중 하나가 아니라면 이미 위험에 처한 것이다.

그러나 한편으로 아직 기회가 있다는 뜻도 된다. 속도가 생명이 된 이 시대에 번영을 구가하는 방법은 무엇일까?

여러분의 서비스가 고객에게 안겨주는 비용은 무엇인가?

그들의 시간 비용을 얼마나 줄여주는가?

고객이 찾아오지 않고 여러분이 그들을 찾아갈 수 있는가?

고객이 여러분의 조언을 더 빨리 알아듣고 이해할 수 있도록 바꿀 수 있는가?

여러분의 안내서, 블로그, 사례 연구 등의 분량을 30퍼센트 정도 줄일 수 있는가? (분명히 줄일 수 있다.)

대기 시간을 없앨 수 있는가?

서비스 매력도를 높이려면 모든 수단을 총동원해서 더 간단하고 빠르게 만들어야 한다.

더 빠른 서비스를 마련하라. 우리는 당장 손안에 넣기를 원한다.

가장 큰 도전: 불신 사회

최근 연구에 의하면 미국인 중 교사를 신뢰한다고 답한 사람은 3분의 1, 경찰을 믿는다고 한 사람은 10명 중 3명, 과학 연구를 신뢰하는 사람은 3명도 채 되지 않는 것으로 나타났다.

의료 서비스는 그나마 가장 신뢰받는 직업군이지만(주치의를 믿는다는 사람은 절반 정도다), 의학 분야에 대한 신뢰도 점점 하락하는 추세를 보인다. 1966년에는 4명 중 3명은 의료 종사자를 신뢰한다고 답했다. 2019년에는 이 비율이 3분의 1로 줄어들었다.

그렇다면 우리가 믿는 대상은 무엇일까? 그것은 사실 유명 브랜드다. 그들이 식스 시그마 품질(달성할 수 있는 최적의 품질관리 기법)에 쏟은 정성은 소기의 목적을 달성한 듯 보인다. 대기업 브랜드 제품이 대체로 일관된 품질을 보여준다고 답한 사람의 비율은 74퍼센트다. 그러나 유명 브랜드가 아닌 회사에 대해서는 이 숫자가 55퍼센트로 대폭 줄어든다. 에델만 신뢰지수Edelman Trust Index에 따르면 미국 기업에 대한 국민의 신뢰도는 2016년 한 해에만 5퍼센트나 하락한 것으로 나타났다.

그러나 사람들이 가장 신뢰하지 않는 직업군은 뭐니 뭐니 해도 우리같이 마케팅하는 사람들이다. 2015년에 미국광고대행사협회가 의뢰하여 조사한 결과에 따르면 광고 업체나 마케팅 담당자가 '직업윤리'를 준수하고 있다고 답한 사람은 26퍼센트에 불과한 것으로 나타났다.

따라서 여러분이 하는 말에서 마케팅의 냄새가 조금이라도 나는 순간, 잠재 고객의 신뢰를 잃을 가능성이 아주 크다. 고객에게 필요한 것은 정보이지, 광고가 아니다.

고객에게 마케팅이 아니라 해법을 전달하라.

매체가 메시지보다 더 중요하다?

어느 날, 미니애폴리스의 브데 마카스카Bde Maka Ska(원래 칼훈 호수 였는데 이름이 바뀌었다) 근처의 한 카페에서 내 관점을 뒤흔든 일이 벌어졌다.

젊은 마케팅 컨설턴트 2명이 나에게 이제부터는 글을 간단명료 하게 쓰려 노력하지 말라고 조언했다. 대신 앞으로 게시할 모든 글 에서 반복할 문장을 세 개나 네 개의 문구로 만들어보라고 했다.

비슷한 표현이 아니라 똑같은 문구를 반복 노출하라는 것이다. 그들은 이것이 바로 "내 웹사이트를 최적화"하는 전술이라고 했다.

나는 "그러면 독자들이 짜증 내지 않을까요?"라고 질문했다.

두 젊은이는 단호하게 고개를 내저었다. "그건 이미 구시대적인 사고방식입니다."

도저히 이해할 수 없던 나는 구글이 수십억 달러를 들여가며 똑 똑한 엔지니어를 고용하고 있다는 점을 언급했다. 그런 실리콘밸리 의 마술사들 정도면 이런 수법은 금방 눈치채지 않을까?

그 2명의 전문가들은 그렇지 않다고 말했다. 내가 글을 쓰는 이 유는 독자들 때문이 아니라 고객 때문이라는 것이었다. 그 고객은 바로 검색 엔진 최적화Search Engine Optimization, SEO였다.

나는 도저히 못 참고 이렇게 말해버렸다. "그 고객이 나한테 시 간당 675달러를 벌어줍니까?"

"말도 안 되는 소리 마세요."

그렇다. 그들이 한 말이 바로 내가 하고 싶은 말이었다.

그날 카페에서 나눈 대화는 내가 하는 일을 그만두라는 말과 같았다. 그때부터 나는 이 충격이 지나가기를 기다리며 소설을 쓰기 시작했다.

충격은 한동안 계속되었다. 나는 고객들의 삶을 영원히 바꿔준다는 것들에 대해 매일 읽었다. 그 글 중에는 '차세대 신기술'인 인포그래픽과 그것이 웹 기반 마케팅에 없어서는 안 될 5가지 이유도 있었다(농담이 아니다).

내가 이런 개념이 틀렸다고 생각하는 이유는 그것이 애초에 잘못된 가정에서 출발한 것이기 때문이다. 매체가 메시지보다 더 중요하다는 생각 말이다. 강력하고 믿을 만하며 설득력 있는 메시지가 없다면 도대체 인포그래픽이니 SEO에 최적화된 웹사이트니 하는 것들이 다 무슨 소용이란 말인가? 독자들이 볼 만한 뛰어난 콘텐츠는 다른 곳에도 넘쳐나는데 그저 뻔한 내용을 아무리 잘 꾸민들 그게 무슨 의미가 있겠는가?

설사 SEO가 사람들을 내 사이트에 끌어온다 한들, 쓸데없는 '핵심 문구'만 가득 들어찬 뻔한 내용을 읽고 그들이 무슨 생각을 하겠는가? 혹은 검색 엔진에는 최적화되었을지 모르나 설득력은 전혀 없는 웹사이트라면 말이다.

정말 필요한 것은 메시지를 전하는 새롭고 색다른 도구가 아니라 진정한 설득력을 갖춘 메시지 그 자체다.

매체는 스크린일 뿐이고 그 위에서 상영되는 영화는 바로 메시지다.

허튼소리의 도전

2007년 봄, 이름을 밝힐 수 없는 어떤 사람이 마케팅의 금언이 내세우는 그 모든 약속에는 분명히 진실이 있으리라고 판단했다.

그래서 그는 웹사이트를 새로 만들 디자이너 한 사람과 자신이 운영하는 주간 블로그를 지원해줄 작가 한 명을 고용하고, 그의 사이트와 블로그를 최적화해줄 SEO 업체 한 군데와도 계약했다.

2015년 11월 어느 날, 나는 그 사람과 점심을 함께 하면서 이 서비스에 돈을 얼마나 썼는지 물어봤다.

"적어도 13만 5,000달러는 들어갔죠."

"거기 들이는 시간은 얼마나 됩니까?"

"일주일에 6시간입니다."

"그러면 투자 대비 이익은 어느 정도로 추산하십니까?"

그는 수프가 담긴 그릇에서 눈을 떼지 못한 채 말했다. "지금까지는 수익이라 할 만한 게 없어요."

다시 한번 말하지만, 중요한 것은 매체가 아니라 메시지다.

아버지와 고대 로마의 조언

고인이 되신 부친은 의사였던 분으로, 이따금 잊을 수 없는 조언을 내게 해주었다(물론 호된 꾸지람이 훨씬 더 많았지만).

그중에 내가 가장 자주 들었던 것은 이런 말이었다. "네 논리는 흠잡을 데 없다만, 네 말의 가정은 완전히 잘못되었구나."

아버지의 조언 중에 내가 두 번째로 좋아하는 말이 이 경우에 완벽하게 맞아들어간다.

"아들아, 항상 출처를 살펴야 한다."

인터넷 덕분에 누구나 권위자를 자처하는 오늘날, 더없이 소중한 조언이 아닐 수 없다.

그리고 여기에 문제가 있다. 그럴듯한 권위자를 자처하는 이 시장에는 진입 장벽이 전혀 없다. 이 시장에는 출판사 직인을 찍어줄 편집자도 없고 기사처럼 평판이 달리지도 않는다. 게다가 글쓴이가 완전히 거짓말을 꾸며내더라도 막아줄 사람이 아무도 없다.

훌륭한 잡지사나 신문사는 지금도 여전히 '기록 간행물'을 지향하는 경향이 있다. 〈유에스 위클리US Weekly〉처럼 가십 잡지라고 봐도 될 정도의 매체조차 6명으로 구성된 사실 확인 부서를 따로 운영한다. 〈글래머Glamour〉도 마찬가지다. 1923년에 낸시 포드를 사실 확인 전문가로 고용하며 전문적 팩트체크 기능을 창시한 신문으로 인정받는 〈뉴요커〉는 17명으로 된 광적인 팩트체크 군단을 거느리고 있기로 유명하다.

그러나 블로그를 비롯해 인터넷에 떠도는 수많은 글의 사실 여부는 아무도 신경 쓰지 않는다. 그런 글을 쓰는 사람을 보증해주는 사람은 아무도 없다. 사실 확인을 해주는 사람도 없다. 이미 알고 있는 사람이 많겠지만, 안타깝게도 이런 기사들의 다수는 기사라고

하기에도 민망한 글이다. 그런 글들은 기껏해야 글쓴이가 제공하는
서비스의 우수성을 추켜세우는 광고일 뿐이다.

이 현상에 대해 고대 로마인들이 한 말이 있다. 그들은 일찍이
강매 행위를 간파한 사람들답게 '매수자 위험 부담 원칙caveat emptor'
이란 유명한 말을 창안해냈다. 구매하는 사람은 항상 눈을 크게 뜨
고 있어야 한다는 말이다.

그보다는 덜 알려졌으나 로마인이 만들어낸 비슷한 말이 있다.
그야말로 인터넷 권위자의 시대에 딱 들어맞는 표현이다.

바로 '독자 위험 부담 원칙caveat lector'이다. 읽는 사람이 똑똑해야
한다는 말이다.

**여러분이 읽은 마케팅 조언을 주의 깊게 살펴라. 그것은 조언인가, 아
니면 광고인가?**

기적을 믿습니까?

페이스북의 마크 저커버그와 (구)트위터의 잭 도시는 마케팅 수
단이 될 수 있는 서비스뿐 아니라 수많은 다른 서비스를 만들어내
기도 했다. 그들이 그 서비스를 만든 이유는 여러분의 사업을 성장
시키는 데 필요한 교육을 제공해줄 수 있다는 것을 보여주려는 의
도였다.

그 덕분에 수백만의 새로운 블로거와 수천 개의 SEO 기업이 등

장했고 그중 대여섯 개는 소셜미디어의 거물로 성장했다. 이 세대의 천재들은 여러분이 마케팅에서 어려움을 겪는 이유가 서비스나 메시지가 아니라 매체에 문제가 있기 때문이라는 믿음을 심어주었다. 매체와 수단(배너 광고, 인스타그램 페이지, 페이지 조회수 증대 등)을 잘 활용한다면("우리가 방법을 알려드리겠습니다") 여러분의 서비스에 대한 잠재 수요를 어떻게든 폭발적으로 성장시킬 수 있다는 것이다.

이런 기사들(여러분도 틀림없이 읽어보았을 것이고, 때로는 혹시 놓치면 어쩌나 노심초사한 적도 있을 것이다)은 여러분에게 신기술이 '마케팅을 영원히 바꿔놓을 것'이라고 말했다.

물론 그 말은 사실이 아니다. 마케팅에 사용된 매체가 마케팅 자체를 바꾸는 일은 전혀 없기 때문이다. 그것은 단지 수단일 뿐이다. **기적은 의심스럽게 따져봐야 한다.**

만리장성의 계시

나는 8살 난 아들 콜과 함께 중국 만리장성을 오르고 있었다. 우리 뒤에 따라오던 여행객 중에는 키가 크고 젊은 중국 여성들이 유독 많았다. 그들이 선호하는 패션은 그 이상 화려할 수 없었다. 그들은 굽이 12센티미터(그러니 키가 클 수밖에)나 되는 하이힐에 글로리아 밴더빌트와 캘빈클라인 진을 입고 있었다.

그들이 입고 있는 브랜드의 면면을 보니 혹시 젊은 중국인들이

38

세계에서 가장 브랜드에 민감한 사람들이 아닌가 하는 생각마저 들었다.

나는 이 일을 유심히 기억해뒀다. 어쨌든 당시 중국의류업협회에 자문을 제공하기 위해 중국을 방문한 길이었기 때문이다. 그 협회는 중국 의류 브랜드가 해외에서 팔리지 않는 문제를 놓고 전문가의 조언을 구하던 참이었다. 사실 중국 의류는 해외뿐만 아니라 중국 내부에서도 팔리지 않는다는 점이 더 문제였다. 그 이유는 오른쪽 엉덩이에 포켓이 달린 미국산 청바지를 입고 내 뒤를 따르던 5~6명의 여성들에게서 찾을 수 있었다.

"패션에 민감한 중국 여성들은 브랜드 상품을 찾습니다."

그러나 중국의 패션 디자이너와 제조 업체들은 한 가지 엄청난 자산을 가지고 있었다. 중국산 비단은 그 어떤 것보다 품질이 뛰어나며 글로리아 밴더빌트나 캘빈클라인, 조르조 아르마니 같은 브랜드로서는 너무나 저렴한 가격으로 매입할 수 있다는 사실이었다.

중국 패션산업이 지닌 뛰어난 자산은 그것 말고도 또 하나가 있었다. 나는 그 사실을 고객 측이 미니애폴리스의 내 집으로 보내온 안내 책자를 펼쳐보자마자 바로 알 수 있었다. 중국 패션의 디자인은 독특하고 절제되며 뛰어났다.

이것은 나에게 하나의 계시였다.

이 요소(브랜드 민감도, 뛰어난 디자인, 훌륭한 가격의 아름다운 비단 등)를 모두 종합하여 내가 의류협회에 조언한 내용은, 그들이 파리 패션 위크에 출품해야 한다는 것이었다. 패션의 본고장인 파리에 데

뷔한 다음, 의욕 넘치는 중국의 언론과 협력해 세계에서 가장 유명한 패션 행사에 중국이 본격적으로 진출했다고 널리 알리라는 것이었다. 그러면 패션에 민감한 베이징과 상하이의 여성들은 중국 패션이 패션계에 데뷔했다는 역사적인 뉴스를 읽고 아름답고 뛰어난 디자인의 드레스와 블라우스를 찾을 것이다. 당연히!

나는 위의 제안과 근거 논리를 베이징의 주요 회의에서 자신 있게 내놓았다. 그러고는 중국 측 고객을 쳐다보고 그의 표정을 금세 알아차렸다. 그가 중국어로 뭔가 중얼거렸는데 틀림없이 "해리, 도대체 무슨 생각을 하는 거요?"라는 말인 것 같았다!

나야 이런 일을 한두 번 겪는 것도 아니었으므로 아픈 마음을 삭이고 콜과 함께 하루 더 시내를 구경한 다음 집으로 돌아오는 비행기에 올랐다.

오랜 시간이 지난 어느 날, 〈월스트리트 저널〉에 실린 뉴스를 보던 내 얼굴에 미소가 번졌다. 바로 중국이 파리 패션 위크 행사에 데뷔했다는 소식이었다. 이 일은 나에게 마케팅에 끊임없이 따라다니는 고질병 하나를 떠올리게 했다.

그것은 자기 주장에 대한 지나친 확신이다.

당시 중국 측 고객은 이미 오래전부터 중국 패션의 미래에 관한 확신이 있었다. 단지 그에게 필요했던 것은 중국 여성들에게 중국 패션의 우수성과 가치를 설득하는 방법이었다. 사람들은 우수한 상품을 구매했다.

물론 중국인만 그런 것은 아니다. 그러나 패션에 민감한 중국 여성들은 당시만 해도 해외 유명 브랜드를 고집했다. 그런데 내 고객이 보기에 브랜드는 별로 대단한 것이 아니었다. 그 생각 때문에 그동안 중국 패션 업계는 수백만의 고객을 놓쳐왔다. 이제 중국은 상하이에 중국판 패션 위크가 열릴 정도이다. 여기서 얻어야 할 교훈이 있다.

계획을 세울 때는 다른 사람에게 조언을 구하고 그들의 말을 경청해야 한다.

2장

상품이 아니라
서비스를 마케팅하라

서비스의 '특징'

상품에는 특징이 있고, 이는 다시 이점을 제공한다. 예를 들어 포르쉐 자동차의 높은 토크 값은 급가속 시에 운전자에게 중력에 가까운 스릴을 맛볼 수 있게 해준다.

그러나 서비스에는 상품에서 말하는 특징이 없다. 대신 5가지 하위 범주로 나뉘는 명세서가 있다.

첫 번째는 '교육'이다. 이를테면 MIT를 졸업한 엔지니어나 아베다 인스티튜트 출신의 미용사, 아이오와 대학교 작가양성 워크숍 출신의 프리랜서 작가 등이다. 또 프랭크 게리Frank Gehry(캐나다 출신의 유명 건축가-옮긴이)를 사사한 건축가, 또는 모든 견종마다 각각 다른 유형의 안전 요건을 익힌 인비저블펜스사 직원들을 예로 들 수도 있다. 우리는 교육이란 어떤 일을 수행하는 능력을 입증해주는 것이라고 인식한다.

이 점에서는 서비스의 두 번째 특징인 '업적'도 마찬가지다. 우수 변호사를 다수 거느린 법률 회사나 원쇼어워드상이 선반에 가득한 광고 회사, 또는 〈트래블러스 매거진〉이 선정한 올해의 그리스 여행사 같은 예가 여기에 해당한다. 기업의 연간 성장률, 투자 회사의 연간 수익률, 그리고 마케팅컨설팅 회사 로리힐Lowry Hill의 놀라운 고객 유지율 기록 등도 마찬가지다(나는 어떤 간부에게 이 회사가 고객을 놓친 일도 있었는지 물어본 적이 있다. 그는 "죽어도 그런 일은 없습니다"라고 답했다).

서비스의 세 번째 특징은 '경험'이다. 경험의 중요성을 보여주는 예로는 농장 근로자 출신으로 지금은 농장 사고 피해자를 위한 법률 서비스 마케팅 작가로 활동하는 덕 닐Doug Nill, 할리데이비슨을 열렬히 홍보하는 바이크족들, 그리고 어려서 어머니를 여읜 탓에 다른 이들의 슬픔에 특히 관심을 기울이는 심리치료사 등이 있다. 경험은 해당 분야의 서비스를 제공하는 사람이 잠재 고객과 같은 처지에 있음을 알리는 훌륭한 통로가 된다.

경험의 두 번째 범주에는 지속 가능 건축 프로젝트를 여러 차례 치러낸 건축가, 로리힐 사의 컨설턴트들이 평균 21년 동안 쌓아온 경험, 10여 년간 개의 종양 분야에만 몰두해온 수의사 등이 포함된다. 우리는 한 분야에서 오랫동안 쌓아온 그들의 경험을 보고 완벽에 가까운 서비스를 기대하게 된다.

서비스의 네 번째 특징은 '자격'이다. 자격의 가장 일반적인 형태는 인상적인 고객 명단이다. 그 예로 로리힐이 보유한 수십 명에 달하는 〈포춘〉 100대 기업의 중역 명단도 있지만, 체험여행 전문 여행사 헬레닉어드벤처스의 고객이었던 아카데미상 수상 그리스 여배우 올림피아 듀카키스Olympia Dukakis도 포함된다.

서비스의 마지막 특징은 차별화된 '방법'이다. 물론 이는 일부 서비스에 국한된 것이기는 하다. 예를 들어 로리힐이 금융전문가와 투자관리사를 결합하여 '종합 자산 관리'를 선보인 일은 당시만 해도 독특한 방법이었고, 오늘날에도 법률 회사 그린에스펠이 민주적으로 회사를 운영하는 방식 또한 여기에 해당한다. 그러나 서비스 방법의 경쟁 우위는 창출하기도 어려울 뿐 아니라 유지하기는 거의 불가능에 가깝다. 게다가 서비스 방법은 특허의 대상도 아니다. 여러분의 방법이 널리 알려지면 다른 사람들이 따라 한다. 따라서 서비스 시장에는 선두 주자가 누리는 이점이 통하지 않는다.

이렇듯 서비스의 요소인 '특징'을 살펴봤다. 이런 특징의 일부, 혹은 전부가 잠재 고객에게 안겨주는 이익은 무엇일까?

그것은 '확신'이다. 잠재 고객들은 어떤 서비스의 결과를 확신할 수 없으므로, 결국 가장 안전하다고 여기는 것을 선택하게 된다. 그들은 교육, 경험, 업적, 그리고 자격을 종합한 결과, 가장 안심할 수 있는 서비스를 선택한다.

서비스 회사의 모든 특징이 안겨주는 이점이 바로 편안함이다. 편안함은 서비스가 제 기능을 발휘할 수 있고, 또 그럴 것이라는 확신에서 온다.

여러분은 충분한 교육, 경험, 업적, 그리고 자격을 보유하고 있는가? 이런 요소를 더하기 위해 어떤 노력을 기울일 수 있는가?

서비스: 포지셔닝의 오류

서비스 마케팅의 포지셔닝에 관해 가장 먼저 알아야 할 사실은 중요한 포지션이 6가지밖에 없다는 점이다. 그리고 여러분의 서비스가 이 6가지 중 어느 것에도 해당하지 않을 가능성도 있다.

그러나 곧 알게 되겠지만, 그리 걱정할 필요는 없다.

이 분야에도 역사적인 리더들이 있다. 건축 분야의 스키드모어, 오윙스앤드메릴이나 광고 분야의 BBDO, 오길비, DDB, 그리고 컨설팅 업계의 맥킨지앤드컴퍼니 등이다.

혁신가도 존재한다. 야구 분야에서는 빌리 빈 단장이 유명하다. 광고 업계에서는 조지 로이스, 그리고 지금은 와이든앤케네디 등이 있고, 건축계에서는 대담한 혁신가 프랭크 게리가 프랭크 로이드 라이트의 왕관을 넘겨받았다.

달러와 센트의 관계에 해당하는 포지션도 있다. 즉 고급 서비스와 저렴한 서비스의 차이다. 고급 백화점 버그도프 굿맨과 할인 유통매장 월마트가 여기에 해당한다.

다음으로는 원스톱 서비스가 눈에 띈다. 이런 회사들은 고객이 원하는 모든 것을 한곳에서 해결해준다. 대표적인 예로 전국에서 가장 유명한 20대 법률 회사나 4대 회계법인 등을 들 수 있다. 그 반대는 전문 서비스다. 지적재산 전문 로펌, 농산물 전문 광고 회사, 로맨스 소설만 취급하는 저작권 에이전시 등이 여기에 해당한다.

여기서 모든 서비스 시장의 포지셔닝을 자세히 들여다보면 중요한 사실 하나를 알 수 있다. 포지셔닝과 그에 따른 브랜딩은 오직 대규모 서비스 기업에만 적용된다는 것이다. 소규모 서비스 회사가 어떠한 포지션도 점유할 수 없는 이유는, 알 리스Al Ries와 잭 트라우트Jack Trout의 유명한 저서 《포지셔닝》에도 나오듯이, 포지션이란 현실에 존재하는 것이 아니기 때문이다. 포지션은 오직 잠재 고객의 마음속에서만 존재한다. 여러분의 서비스가 유명하지 않다면 여러분은 포지션이나 브랜드를 보유한 것이 아니다.

따라서, 브랜드 이미지만 보면 할리데이비슨은 야성적이고 마놀로블라닉은 섹시하다. 서비스 시장으로 시선을 옮기면 와이든앤케네디는 놀라운 창의력을 발휘하고 맥킨지는 전 세계를 경영하는 듯 보인다. 그러나 소규모 서비스 회사가 잠재 고객의 머릿속에서 차지하는 브랜드 포지션이란 전혀 없다. 그들은 전혀 이름이 알려지지 않았기 때문이다. 여러분의 뇌리에서 소규모 서비스란 그저 한두 번 들어본 정도 이상의 의미가 없다.

여러분이 만약 세상에 존재하는 천 개의 서비스 중 999개에 속한다면 잠재 고객의 마음속에 어떤 포지션이나 브랜드를 확보할 만한 규모나 자원이 없는 것이다(여러분이 패리스 힐튼이나 킴 카다시안처

럼 수백만 명의 충성고객을 거느린 사람이 아닌 다음에야 특정 인물을 브랜딩
하겠다는 생각은 더욱 터무니없는 셈이다).

그러나 여러분도 사람들의 마음속에 구축할 수 있는 자산이 하
나 있다. 그것은 바로 '한번 들어봤어요'라는 것이다. 이것은 의외로
아주 강력한 자산이다.

여기에 또 하나의 강력하고 과소 평가된 자산을 구축할 수 있다.
사람들의 마음에 거의 즉각적으로 각인되는 이름이 그것이다.

이것이 먹히는 이유는 서비스 잠재 고객은 결국 좀 더 편안한 느
낌을 주는 서비스를 선택하기 때문이다(고객이 하나의 서비스를 계속
해서 이용하는 이유도 바로 거기에 있다. 고객은 늘 "나는 그들과 함께 일하는
것이 편해요"라고 말한다).

잠재 고객은 여러분의 서비스 명칭에 한번 익숙해지고 나면 거
기에는 반드시 이유가 있을 것이라고 짐작한다. 단지 이름을 알린
것만으로 우월한 서비스라는 자리를 차지할 수 있는 것이다. 그 잠
재 고객은 다른 모든 사람과 마찬가지로 그렇게 된 이유를 추론한
다. "누군가 당신 회사의 서비스를 저에게 알려줬을 겁니다. 아니면
다른 데서 들어봤을지도 모르고요."

그리고 무엇보다 이런 결론을 내린다.

"그러니 분명히 훌륭하겠죠."

이는 인간의 본능이기도 하다. 우리는 한 가지 사실로부터 '사실'
의 전체상을 짐작한다. 우리가 지적인 선택을 한다고 느끼고 싶기 때
문이다. 여기서 인간의 유명한 특성이 나온다. 즉, 너무 적은 정보로

부터 너무 많은 결론을 끌어내는 습관이다(게다가 인간은 자신의 지적 능력을 과대평가하는 경향이 있다. 이것이 그 유명한 더닝 크루거 효과Dunning-Kruger effect다).

그러나 인간은 추론에 의지할 수밖에 없다. 그래야만 특히 오늘날처럼 시간을 쥐어짜내며 살아가야 하는 시대에 시간을 절약할 수 있기 때문이다.

따라서 이제 우리는 잠재 고객의 마음에서 "한번 들어봤어요"라는 포지션을 차지해야 한다. 다시 말해, 입에 착 달라붙는 이름만 만들어낼 수 있다면 여러분의 마케팅은 엄청난 이익을 거둘 수 있다.

프린스부터 레이디 가가에 이르는 사람들을 생각해보라. 치폴레(멕시코 요리 체인점 - 옮긴이)와 구글, 스팽크스(여성용 속옷 회사 - 옮긴이)와 룰루레몬(기능성 속옷 회사 - 옮긴이) 같은 회사들도 마찬가지다.

시간과 자본이 없다면 포지션을 차지할 생각 대신, 고객의 마음속에 '한번 들어봤어요'를 포착하라.

P.S. '입에 달라붙는 이름'을 만드는 데 좀 더 도움이 되는 책으로는 칩 히스Chip Heath와 댄 히스Dan Heath의 베스트셀러 《스틱》이 있다.

서비스는 혜택을 팔지 않는다

아마도 여러분은 지금까지 다음과 같이 유명한 조언을 열두 번도 더 들어봤을 것이다.

'여러분은 특징을 판매하는 게 아니라 혜택을 파는 것이다.'

이 말을 이해하려면 자동차 구매를 생각해보면 된다. 자동차는 여러분에게 어떤 혜택을 줄 수 있는가?

우선 지위라는 혜택이 있다. 메르세데스 벤츠나 롤스 로이스는 분명히 이런 혜택을 준다.

경찰이 미처 눈치채기도 전에 제로백(출발부터 시속 100킬로미터를 달성하는 데 걸리는 시간 - 옮긴이)을 달성하는 쾌감도 있다. 코르벳이나 포르셰 등이 제공하는 혜택이다.

수리점 직원을 만날 필요 없이 오랫동안 운전할 수 있다는 데서 오는 편안함도 있다. 토요타와 렉서스가 안겨주는 혜택이다.

폭스바겐은 돈을 절약할 수 있고, 혼다 어코드는 연료비를 아낄 수 있으며, 프리우스는 지구를 살리는 데 도움이 된다는 혜택을 각각 선사해준다.

다양한 치약이 주는 여러 가지 혜택을 생각해보자. 치아 미백, 충치 예방, 치석 제어, 흡연자의 경우는 타르 감소와 미백 효과, 구취 개선, 구강 청결제 사용 빈도 감소, 그리고 '천연' 성분에서 오는 심리적 혜택도 있다.

상품을 사는 사람들은 여러 가지 혜택 중 한 가지에 관심을 기울인다. 상품 마케터가 할 일은 소비자가 원하는 혜택을 파악한 다음 이를 충족할 수 있는 틈새 제안을 만들어내는 것이다.

그러나 서비스를 생각해보자. 이 원리가 그대로 적용되는가?

소득공제를 신청하려고 한다. 여기서 내가 원하는 것은 무엇인가? 가능한 한 세금을 덜 내는 것이다. 내가 원하는 혜택은 오직 이 것뿐이다. 언제나.

자산관리사에게 투자를 상담할 때는 수익은 최대화하면서 내가 떠안는 위험은 최소화하려고 한다. 혜택은 항상 이것밖에 없다.

언제든 만사가 잘 안 풀리는 날이 될 수 있다. 이럴 때 원하는 것 이 무엇인가? 미용실에 가서 기분 전환하는 것이다. 미용실에서 얻 는 혜택은 항상 이것이다.

어떤 시장 범주에서든, 모든 사람이 원하는 것은 단 하나뿐인데 도대체 누가 다른 혜택을 제공하려고 하겠는가? 원하는 수요가 단 하나뿐이므로 답도 이미 하나로 정해져 있는 것이다.

그렇다면 서비스 마케팅에서 혜택을 고민하는 것이 의미가 있는 일인가? 여러분은 항상 한 가지 혜택만 제공하면 된다. "그 과제를 달성할 수 있다는 확신을 고객에게 안겨주는 것" 말이다.

모든 범주의 모든 서비스가 고객에게 파는 혜택은 확신(여러분이 약속을 지킬 수 있다는 확신)이다. 따라서 여러분이 고객에게 파는 서 비스도 결국 이 확신이다. 미래의 언젠가 여러분이 어떤 과제를 수 행하여 특정 성과를 달성할 수 있다는 확신 말이다.

여러분은 혜택을 팔지 않는다. 모든 잠재 고객이 안고 있는 두려 움, 불확실, 그리고 의심을 뛰어넘는 단 하나의 가치인 확신을 파는 것이다.

뭘 팔려고 하지 말라. 고객을 안심시켜라.

확신의 대가들

그것은 모두 자동차 여행 도중 있었던 나쁜 경험에서 시작된 일이었다. 테네시주 멤피스에 살던 케몬스 윌슨Kemmons Wilson은 1952년에 자동차 여행 도중 워싱턴 D.C.에서 만난 지저분한 모텔에 질린 나머지 모텔 체인 사업을 시작하기로 마음먹었다. 그가 구상한 체인은 모든 모텔마다 에어컨이 달리고, 바닥을 완전히 덮는 카펫이 깔리며, 모든 침대 옆에 전화기가 한 대씩 설치된 똑같은 규격의 방을 제공하는 것이었다. 그해 8월, 윌슨은 고향에 자신의 첫 모텔을 개업했다. 모텔 이름은 마침 그날 개봉한 유명한 크리스마스 영화 제목을 따서 '홀리데이인'이라고 지었다.

그곳에서 885킬로미터 떨어진 일리노이주 데스 플레인스에서는 레이 크록Ray Kroc이 이 방법을 햄버거 사업에도 적용해보기로 마음먹었다. 당시 햄버거 업계는 모종의 변화가 필요한 상황이었다. 1950년대에 미국에 등장한 햄버거 가게들은 그저 화장실에는 악취가 나고 직원들이 껌을 질경대며 돌아다니는 시끌벅적한 행락지일 뿐이었다. '음식을 자동차까지 날라다 주는 서비스'는 여종업원을 향한 가죽 재킷 입은 사내들의 추파를 끌어내는 데는 성공했지만 어린 자녀를 동반한 부모들을 쫓아버리는 효과를 낳았다. 그들은 자녀들이 좀 더 큰 청소년들의 짝짓기 행사의 먹잇감이 되기를 원치 않기 때문이다.

레이 크록은 홀리데이인 방식의 사업에 매력을 느낀 데다 부모

와 자녀들을 다시 불러올 수 있는 햄버거 가게의 잠재력을 간파했
다. 크록은 캘리포니아의 몇 군데와 애리조나주 피닉스 한 군데에
서 햄버거 매장을 성공적으로 운영하고 있던 리처드 맥도널드와 모
리스 맥도널드 형제에게 이 장점을 설득하여 전국 프랜차이즈 사업
운영권을 따냈다.

이후 몇 년 만에 홀리데이인은 총 30만 개의 객실에 달하는 규
모로 성장했고, 레이 크록의 맥도널드는 일종의 사회 현상으로 자
리 잡아, 오늘날 분당 50만 달러라는 그 누구도 상상하지 못할 정
도의 돈을 벌고 있다.

그러나 맥도널드가 성공할 수 있었던 이유가 패스트푸드라는 개
념을 가장 먼저 도입했기 때문은 아니었다. 크록이 일리노이주에서
맥도널드 1호점을 개업할 당시 화이트캐슬이라는 회사는 이미 34
년의 업력을 자랑하고 있었고, 인스타버거킹은 바로 그 전해에 사
업을 시작한 터였다. 크록의 천재성은 여행자들이 어디를 가나 똑
같이 경험하는 일관성(품질, 맛, 속도, 청결도 등)의 가치를 간파했다는
점에 있었다. 그런 일관성은(비록 '그저 괜찮은 정도'일 뿐인 일관성이라
해도) 부모들에게 언제 어디서나 똑같은 품질을 경험할 수 있다는
확신을 안겨주었다.

윌슨과 크록은 서비스의 잠재 고객들이 훌륭한 서비스에 대한
갈망보다는 형편없는 경험에 대한 두려움이 훨씬 더 크며, 우리가
가장 원하는 것은 괜찮은 경험을 확신하는 일임을 잘 알았다. 이 두
사나이는 우리가 맥도널드 햄버거나 홀리데이인의 천편일률적인

방에 열광하지는 않겠지만, 예상하는 서비스를 항상 똑같이 얻을 수 있다는 점은 좋아하리라는 사실을 간파했다.

훌륭한 서비스는 잘 알고 있다. 우리가 서비스에서 가장 원하는 것은 '예상하는 결과를 얻는 것'이라는 사실 말이다.

푸르덴셜은 우리에게 자신이 믿을 수 있는 존재라고 안심시킨다. 그래서 지브롤터 해변의 바위를 로고 디자인의 모티브로 삼았다.

올스테이트는 그들이 우리와 손발이 잘 맞는 서비스라는 확신을 안겨준다.

UPS는 배송 업계에서 가장 질서와 통제가 잡힌 회사답게 물건을 배송한다는 확신을 준다.

페덱스는 우리가 보내는 상품이 하룻밤 안으로 반드시 목적지에 도착할 것이라고 안심시켜준다.

시어스오토센터는 우리가 자동차 수리점에 대해 일반적으로 가지고 있는 의심을 정확히 꿰뚫어 보고 이를 정면으로 불식시킨다. "우리는 확신을 선사합니다."

맥도널드나 홀리데이인 같은 균일성의 대가들이 나타나기 전까지만 해도 우리는 서비스의 결과를 얻을 때까지 과연 어떤 수준을 기대할 수 있을지 전혀 모르고 살았다. 이것만 봐도 모든 서비스가 가장 우선시해야 하는 것이 소비자의 확신이라는 사실을 알 수 있다. 여러분은 고객의 기대치를 만족시킬 것이고, 또 반드시 그래야 한다. 그런 확신을 우리에게 주어야 한다.

케몬스 윌슨과 레이 크록은 고객이 여러분에게 긍정적인 믿음을 가질수록 여러분을 선택할 가능성이 커진다는 사실을 발견했다. 그리고 그들의 후배들은 이 사실을 기쁘게 이용하고 있다.

여러분은 여러분이 약속을 지킨다는 사실을 잠재 고객에게 어떻게 확신시키고 있는가?

집중의 힘

"조금씩 가다 보면 멀리까지 갈 수 있다."

—J.R.R. 톨킨

타코벨은 캘리포니아 샌버나디노의 핫도그 노점에서 시작했다.

갭은 원래 샌프란시스코의 한 음반 매장이었다.

노드스트롬은 시애틀의 작은 구두 가게에서 출발했다.

메리어트는 워싱턴 D.C.에 있던 A&W 레스토랑의 루트비어 가판대에서 시작했다.

웰스와 파고는 각각 아메리칸익스프레스와 웰스파고라는 특급 우편 서비스를 시작했다. 첫 번째는 뉴욕주 버펄로였고 두 번째는 샌프란시스코에서였다.

3M은 한때 사포, 존디어는 쟁기, 람보르기니는 트랙터만 생산하던 회사였다.

디즈니는 거의 25년 동안 흑백 만화영화를 제작하던 회사였다

(주인공 쥐의 원래 이름은 모티머Mortimer였다). 프린스턴은 목회자를 길러 내던 신학교였다. 아마존에서 파는 상품은 원래 책뿐이었지만, 지금은 책의 비중이 전체 판매량의 7퍼센트에 지나지 않는다.

훌륭한 회사들은 많은 사람에게 많은 상품을 팔려고 하지 않았다. 그들은 한 가지 강점을 발휘하는 데만 집중했다.

그들은 모두 자신이 잘하는 분야를 발견하고, 명성을 쌓은 후에 비로소 사업을 시작했다.

사업가들에게 이런 조언을 들려줘봤자 열에 아홉은 듣지 않는다. 하나의 시장에만 집중했다가 매력이 떨어지게 될까 두려운 것이다. 그들은 팔방미인이 되고자 하지만, 결국 아무도 매력을 못 느끼는 결과만 낳게 된다.

스캐든과 압스는 인수합병 전문 로펌을 개업했다. 그러자 다른 법률적 문제를 안고 있던 고객들마저 인수합병처럼 복잡한 문제를 해결하는 회사라면 사실상 모든 문제를 다룰 수 있을 것으로 판단하게 되었다.

오늘날 스캐든은 실제로 그렇게 되었고, 전국에 23개 사무소와 500명이 넘는 직원을 보유한 미국 최대의 로펌이 되었다.

맥킨지앤드컴퍼니는 고객들에게 회계 원리를 적용하는 방법을 보여주는 서비스로 시작한 회사다. 이에 고객들은 깊은 인상을 받고 더 많은 서비스를 요청했다. 오늘날 105개가 넘는 지점과 1만 7,000명 이상의 직원을 보유한 이 회사는 한 쪽에 다 담을 수 없을 만큼 다양한 산업 분야에서 컨설팅 사업을 운영하고 있다.

위대한 기업은 어디든지 처음에는 조그마한 틈새시장에서 출발했다. 여러분도 그래야 한다.

하나에 집중하라. 처음에 작은 분야에서 시작해야 점점 더 크게 발전할 수 있다.

집중, 집중, 또 집중

구시대의 경제는 종합 서비스를 제공하는 대기업을 중심으로 구축되었다. 당시 마케터들은 '원스톱 쇼핑'을 강력하고 인기 있는 판매 메시지로 제시했다. 따라서 어떤 분야에서든 백화점이 된다는 것은 좋은 일이었다.

그러나 상품이든 서비스든, 백화점은 사라져가는 데 비해(오늘날 미국 광고 업계에는 대형 기업이 네 개밖에 없다) 전문점은 점점 더 번창하는 추세다.

그리고 이 전문점이 시장을 맹공격하고 있다.

우리는 세상이 복잡해질수록 한 분야를 깊이 파고들어야 한다. 예컨대 연방세와 제휴사업, 그리고 기업 분야에 모두 전문성을 갖추고 있다고 주장할 만한 회사는 아무도 없다. 금융 분야가 놀라울 정도로 다양해진 오늘날, 누구도 모든 영역에 전문가를 자처할 수는 없다. 이런 사실은 내가 어떤 대형 변액연금 회사의 중역과 나눈 대화에서도 잘 나타난다.

나는 그에게 이렇게 질문했다. "귀사는 변액연금 분야에서 최근에 등장한 모든 금융 기법을 다 다루고 있나요?"

그는 고개를 숙인 채 어깨를 으쓱하며 대답했다. "그 누구도 그럴 수는 없습니다."

우리도 이 사실을 잘 알기에 전문가를 찾는다.

한편 아웃소싱과 다운사이징의 파도는 엄청난 규모의 경쟁을 빚어내고 있다. 그 결과가 바로 '프리랜서 국가(멜리사 쿠퍼Melissa Cooper의 책《프리랜서 국가Freelance Nation》를 인용한 문구 - 옮긴이)'다. 기업에 고용되었던 사람들이 하룻밤 사이에 1인 기업가가 되어 자신의 서비스를 여러 기업에 차례차례 팔고 있다. 오늘날 미국에는 무려 5,300만 명의 프리랜서가 활동하고 있다. 전체 근로 인구의 3분의 1에 해당하는 숫자다.

그들은 현재 시장을 온통 뒤덮어 여러분의 사업 분야마저 잠식하고 있다. 금융상담사, 경영 코치, 성형 치과의사, 개인 트레이너, 심리상담사 등 없는 분야가 없다. 미국 대법원장이 '변호사 과잉'을 경고한 후 불과 몇 해 지나지 않은 1985년에 미국의 변호사 수는 총 65만 3,668명이었다. 지금은 과잉 정도가 아니다. 현재 미국의 개업 변호사는 무려 130만 명이 넘는다. 1971년도에 미국 대학이 회계 분야에서 배출한 학사 졸업생은 2만 1,000명, 석사 학위자는 1,050명이었다. 올해에는 이 숫자가 각각 6만 1,500명과 2만 2,000명으로 늘어났다. 50년이 채 지나지 않아 거의 4배에 달하는 회계사가 신규로 쏟아져나온 셈이다.

이른바 '긱 이코노미Gig Economy', 즉 임시적 선호 경제라는 별명에 걸맞게, 오늘날에는 하나 이상의 간판을 내걸고 사업을 영위하는 사람들이 늘어났다. 당장 스타벅스 매장에 들러보면 이런 사람들을 흔히 만나볼 수 있고, 지금도 매주 늘어나고 있다.

이런 현실이야말로 초경쟁 환경의 핵심 원인이자, 여러분의 마케팅 커뮤니케이션 전략에 가장 중요한 변화 요인이다. 오늘날은 만인이 만인을 상대로 경쟁을 펼치는 사회다.

거대 경쟁 시장에 뛰어들어서는 살아남을 수 없다. 우선 작은 시장에 집중해야 한다.

유일한 존재가 될 수 있을까

내 초기 고객 중 하나는 직원이 11명인 회계사무소였다.

첫 만남에서 나는 마케팅에 관한 핵심 질문을 던졌다. "귀사의 차별화 포인트는 무엇입니까? 마케팅 메시지를 집중하기 위해 드리는 질문입니다."

담당 중역은 어깨를 으쓱하더니 이렇게 말했다. "글쎄요. 별다른 건 없습니다. 회계사무소가 다 똑같지 않습니까."

나는 순간 어이가 없었지만, 이내 정신을 차리고 대화를 이어갔다. "귀사의 차별점은 분명히 있을 겁니다. 그 어떤 집단도 똑같지 않아요. 우리는 분명히 그걸 찾아낼 수 있습니다."

그가 무뚝뚝한 표정으로 말했다. "솔직히 말해 우리는 모두 똑같습니다. 그저 꽤 훌륭한 회계사들일 뿐이지요."

나는 몇 초간 아무 말 없이 그를 응시했다. 제발 그가 정신을 좀차렸으면 하는 마음이었다. 물론 자신이 꽤 훌륭한 회계사일 뿐이라고 말하는 사람을 한 명도 만나지 않고 몇 년이나 지내는 사람도있을 것이다. 그러나 내가 만난 사람들은 열이면 열 모두 그렇게 말했다.

그러다가 다행히 어떤 이야기가 생각났다. 그 이야기가 지금 꺼내기에 완벽하다는 것을 바로 알 수 있었다. 우리가 있는 곳이 미니애폴리스였기 때문이다. 그것은 밀가루 이야기였다.

지난 750년 동안 밀가루는 그저 밀가루일 뿐이었다. 밀알을 가루로 빻은 것 말이다. 옛날 서부영화를 보면 여성이 '잡화점'에 가서 그저 '밀가루'라고만 새겨진 커다란 통에 담긴 밀가루를 사는 장면이 나온다. 밀가루는 그저 밀가루였을 뿐이다.

그러다가 1866년에 캐드월러더 워시번Cadwallader C. Washburn이라는사람이 미시시피 강변에 제분소를 하나 세운다. 그리고 1880년 즈음, 그는 자신의 공장에서 생산한 밀가루 중 최고 품질의 샘플을 신시내티에서 열린 국제 제분업 전시회에 출품하기로 했다. 그리고워시번은 금, 은, 동메달을 모두 거머쥔 채 미니애폴리스로 돌아오는 기차에 올라탔다.

그는 이 일을 통해 한 가지 영감을 떠올렸다. 자신의 밀가루를브랜드화해 보자는 것이었다. 그리고 몇 년이 지나, 전국의 모든 주부의 눈에 밀가루는 더 이상 그저 밀가루가 아니었다. '금메달 밀가루'가 훨씬 더 좋은 것이었다.

이 현상(똑같은 상품도 차별화된 브랜드가 붙으면 훨씬 더 비싸게 팔리는 현상)은 미국 전역으로 퍼져나갔다. 피츠버그에 살던 하인츠H.J. Heinz는 역시 잡화점 통에 담아 팔던 또 다른 상품을 브랜드화하여 마케팅해 보기로 했다. 그것은 피클이었다. 캘리포니아주 크로켓에서는 두 사람이 '하와이산 순수 사탕수수 설탕'이라면 미국인에게 더 비싼 값에 팔 수 있다고 생각했고, 그래서 C&H 설탕이 등장했다. 이 제품은 곧 큰 인기를 끌었다. 몇 년 후, 메릴랜드의 프랭크 퍼듀Frank Perdue라는 사람은 10명이 넘는 친구들이 자신을 향해 미쳤다며 만류하는 데도 아랑곳하지 않고 치킨을 브랜드화하기로 결심했다. 그는 틀림없이 이런 소리를 들었을 것이다. "프랭크, 뭐라고? 그 조그만 닭 엉덩이에 서클 S 렌치Circle S Ranch(호화 결혼식과 한적한 여행지를 함께 제공하는 숙박 체인 - 옮긴이) 상표를 붙인다고?"

물론 마지막에 웃은 사람은 퍼듀였다. 오늘날 '퍼듀 치킨'은 60억 달러 규모의 사업으로 성장했다.

나는 회계사들에게 이런 이야기를 해주며 사람들이 밀가루, 피클, 설탕, 그리고 치킨까지 차별화할 수 있다면 회계사무소야 더 말할 필요가 있겠느냐고 제안했다. 어쨌든 세상에 똑같은 사람은 아무도 없으니 말이다. 하물며 여러 명이 모인 집단들 사이의 차이는 더욱 클 것이다.

나는 그들에게 시험 삼아서라도 한번 해보라고 권했다.

여러분의 인생에 등장하는 수백 명의 배우를 생각해보라. 그중에 그 누구도 똑같기는커녕 '비슷하게 닮은 사람조차 아무도 없다.' 레오나르도 디카프리오는 톰 행크스와 전혀 다르며, 조니 뎁, 모건 프리먼, 매튜 맥커너히와도 닮은 구석이 전혀 없다. 세상에 호아킨 피닉스와 비슷한 사람이 또 누가 있단 말인가?

물론 일부 영화광 중에는 조지 클루니와 캐리 그랜트를 비교하는 사람도 있다. 그러나 두 사람 사이에는 가무잡잡하고 잘생긴 얼굴에 다소 자조적인 면 외에는 더 이상 공통점이 없다. (사실 캐리 그랜트조차 자기 자신이 되기가 너무나 어렵다. 한번은 기자가 캐리 그랜트에게 자신을 모방하려는 사람이 너무나 많은 것을 어떻게 생각하느냐고 물었다. 그러자 그는 이렇게 대답했다. "충분히 이해됩니다. 사실 나도 캐리 그랜트가 되고 싶다고요.")

내가 확실히 말할 수 있는 것은 두 사람 다 영화광이라는 사실이다. 이렇게 말하면 둘 다 눈썹을 치켜올리며 고개를 끄덕일 것이다.

내가 말했다. "여러분은 인간입니다. 인간은 원래 모두 서로 다른 존재입니다. 문제는 여러분이 과연 남과 '다른가'가 아닙니다. 여러분이 남들과 '어떤 면에서' 다르며, 우리가 그것을 어떻게 전달해야 더 많은 고객이 여러분을 찾을 수 있을까 하는 점입니다."

우리는 아이들에게 특별한 존재라고 말해준다. 그것은 꾸며낸 말이 아니다. 모든 사람은 유일한 존재다. 마케팅이란 그 고유함을 남들에게 잘 전달하는 일이다.

자, 여러분은 과연 어떤 점에서 남과 다른가?

확신을 팔아라: 모두가 USP를 갖고 있다

1940년대 이후 마케팅 업계를 지배해온 사고방식은 고유 판매 제안Unique Selling Proposition, USP이다. 이것은 로서 리브스Rosser Reeves라는 광고인이 성공적인 상품 광고 캠페인의 핵심을 설명하기 위해 만들어낸 개념이다.

그러나 모든 서비스는 고유한 성격을 띤다. 왜냐하면 모든 사람은 서로 달라서 똑같이 행동하는 법이 없기 때문이다.

그리고 누군가가 서비스가 필요하다고 해도 그것이 고유한가에는 관심이 없을 것이다. 그들의 관심은 오로지 그것이 원하는 결과를 달성해주는가일 뿐이다.

USP의 대체재로 흔히 언급되는 가치 제안Value Proposition 역시 서비스 마케팅에 적합하지 않기는 마찬가지다. 여러분이 어떤 가치를 제공해준다는 말은 별로 설득력이 없다. 사실 모든 서비스 제안은 사업이라는 그 행동만으로 이미 누군가에게 고유한 가치를 전달하는 셈이다.

서비스가 USP나 가치 제안이 아닌 다른 수단이 필요한 이유는, 서비스와 상품은 서로 성격이 다르기 때문이다. '먹어보면 맛을 안다'라는 속담에서도 알 수 있듯이, 상품은 그 자체로 별다른 검증이 필요 없다. 고성능 자동차는 액셀러레이터만 밟으면 우렁차게 뛰어나가고, 호프 맛이 풍부한 IPA 맥주는 말 그대로 풍부한 호프 맛이 나며, 고화질 화면에 나타난 영상은 현실처럼 생생하게 보인다. 상품의 가치 제안(성능, 풍부한 호프 맛, 생생한 화면 등)은 그 자체로 충분하다. 즉, 한 번만 경험해보면 곧바로 검증된다. 그렇지 않으면 그 상품은 살아남지 못한다. 게다가 상품은 제안을 충족하는지 미리 시험해보거나 샘플을 사용해볼 수 있다. 만약 그것이 과장 광고로 드러나면 상품의 수명은 거기서 끝나고 거짓 제안을 일삼은 브랜드도 함께 망한다.

다시 말해 상품은 그 자체로 자신을 검증한다.

그러나 서비스는 잠재 고객마다 다른 기준을 통과해야 한다. 예를 들어 어떤 컨설턴트가 나에게 도움이 되는지 아닌지를 어떻게 알 수 있을까? 주택 리모델링 업자는 과연 크리스마스 전에 일을 마무리할 수 있을까? 택시는 제시간에 도착할까? 이런 분야에는 시험 운전도, 시음회도 없고, 물건을 확인하러 들러볼 대형 매장이 있는 것도 아니다.

서비스는 미리 맛볼 샘플이 없으므로 검증할 수가 없다.

따라서 서비스는 그저 '제안'만으로는 충분치 않다. 여러분의 잠재 고객(그들은 늘 누렵고, 불확실하며, 의심에 차 있다는 점을 명심하라)은 확신이 필요하다. 그들은 '증거'를 원한다.

여러분이 성과를 달성하리라는 증거는 무엇인가?

핵심 증거 진술서를 작성하라

서비스 마케팅에서 말은 그리 중요하지 않다. 오로지 입증할 수 있는 근거만이 중요하다.

그래서 우리 모두에게 필요한 것이 바로 핵심 증거 진술서다. 더구나 이것은 간단하게 작성할 수 있다.

먼저 목표 고객을 정한다. 예를 들어 10명에서 50명 정도의 직원을 둔 소기업이나, 최소한 50만 달러 정도의 투자 자산을 보유한 부부가 될 수도 있다. 어쨌든 목표 고객을 종이에 적어보는 것이 중요하다. 이제 여러분의 제안을 적는다. 여러분의 서비스로 인해 목표 고객의 삶이 어떻게 개선될 수 있는가? 마지막으로는 여러분이 그런 약속을 꼭 달성할 수 있다는 증거, 혹은 주장을 제시한다. 이것이 바로 핵심 증거 진술서다.

실제 사례의 하나로 로리힐 사가 자산관리 회사로 새로 선보이면서 내놓은 내용을 살펴보자.

1. 로리힐의 목표 고객: 투자 자산을 최소 1,000만 달러 정도 보유한 부부

2. 로리힐의 제안: 우리는 고객의 투자, 부동산 계획, 자선단체 설립(바쁘고 부유한 부부에게 필요한 모든 일을 일괄 해결하면서도 실질 투자 수익을 극대화해준다) 또는 비용과 세금을 제외한 순수 수익 등 금융 생활 전반의 모든 측면을 관리할 수 있다.

그렇다면 로리힐이 그들의 약속을 달성할 수 있다는 증거는 무엇일까? 이 점은 그들의 업적과 자격을 살펴보면 된다(여기서 더 중요한 것은 업적이다. 자격은 단지 여러분이 뭔가를 성취할 수 있다는 힌트를 줄 뿐이다). 그들은 이 제안의 달성 가능성을 높이는 그들만의 프로세스를 가지고 있을까? 먼저 그들의 업적부터 살펴보자.

열정적인 고객들의 추천서가 있다.

5년 및 10년간 투자 성과가 다우존스나 스탠더드앤드푸어스 지수를 모두 능가한다.

이런 추세에 발맞추어 그들은 미국 내 44개 주와 전 세계 74개국에 확보한 33명의 CEO와 고객사로부터 총 60억 달러가 넘는 투자 자산을 유치했다.

고객 유지율은 거의 100퍼센트에 달한다.

연간 성장률은 11퍼센트다.

그들의 프로세스는 다음과 같다.

고객 한 사람당 로리힐 파트너 수는 평균 5명을 유지함으로써, 고객에게 충분한 집중력을 발휘할 수 있다. 로리힐은 고객별로 전문 투자 상담사만 배정하는 것이 아니라 기본적으로 2인 1조의 전담팀을 배치한다. 즉, 고객 한 명당 개인 금융 전 분야의 전문 지식을 겸비한 투자 담당과 금융 담당을 각각 한 명씩 두고 운영한다.

마지막으로 그들의 자격이다.

MBA, 재무학 석사, 법학 전문 석사(JD), 출간 작가 등이다.

대단하다. 이것은 로리힐이 자신의 제안을 달성할 수 있고, 이미 계속해서 달성해왔음을 보여주는 강력한 증거다.

그들의 약속은 계속되었다. 이후 10년 동안 이 회사는 관리 자산 규모를 6배로 키워냈다.

이는 더할 나위 없는 환상의 이야기가 분명하다. 그러나 한편으로는 다음과 같은 이상적인 프로세스를 제시해준다.

목표 고객을 정하고 여러분의 제안과 증거를 확립하라.

증거가 가장 중요할 때

수십 년 전 내가 벡위드 파트너스Beckwith Partners를 시작했을 때 나의 핵심 증거, 즉 업적과 자격은 무엇이었을까?

전국 및 국제 규모의 수상 경력을 자랑하는 광고 회사에서 여러 상을 수상한 크리에이티브 관리자와 카피라이터로 일했던 경력. 미국마케팅협회가 그해의 가장 우수한 B2B 광고(교육 컴퓨터 시스템 서비스)에 수여하는 에피Effie 상과 역시 가장 우수한 B2B 광고(생리적 심장박동 시스템과 지원 서비스)를 대상으로 하는 지역 에피상 수상 경력.

연방법원 판사 서기 경력.

6년간의 법률 분야 근무 경력.

스탠퍼드대학교 우수 졸업생.

이 경력으로 내가 어떤 고객을 목표로 삼았는지는 비교적 쉽게 알 수 있을 것이다. 실제로 나는 자연스럽게 법률 회사를 고객으로 삼았다. 그러나 시간이 지나면서 내가 그중에서도 단 하나의 목표를 따로 겨냥하게 된 일이 일어났다. 그 목표는 스스로 모습을 드러냈다.

법률 회사에서 근무했던 경력은 법률 회사를 위한 서비스로 이어졌다. 즉, 우리는 증언 요약과 배심원 조사 서비스를 제공하는 회사가 되었다. 더더욱 다행이었던 점은 내가 법률 회사에서 일했던 경험 덕분에 다른 전문 서비스 업종(특히 회계사무소)의 경영자들도 우리 회사가 도움이 된다고 판단했다는 사실이었다. 특히 우리 회사가 변호사처럼 부유한 고객을 위해 일한다는 사실은, 역시 부유한 고객을 공략하는 전문직 서비스 기업(특히 자산관리 회사)들에 우리 회사 서비스가 이용할 만하다는 확신을 안겨주었다.

따라서 법률 분야에서 시작한 목표 고객층은 회계, 금융 서비스, 나중에는 더 큰 컨설팅 회사 등으로 번져갔다. 특히 세련된 고학력층 고객층을 상대로 수준 높은 지식과 정보를 제공하는 기업들이 우리 고객이 되었다.

그리고 이것은 또 다른 의미에서 완벽하게 맞아들어 갔다. 내가 변호사들과 함께 일하기 싫어한다는 것을 알게 된 것이다.

나는 법률 관련 업무를 그다지 좋아하지 않았다. 내가 그 분야에서 가장 싫어했던 2가지 측면은 규칙과 타협이었다. 게다가 내 고객 중 최소 뚜렷한 2명의 예외를 제외한(내가 가장 좋아했던 4명의 고객 중 1명은 변호사였고, 2명은 전직 변호사였다) 거의 모든 변호사는 끔찍하리만치 나쁜 고객들이었다. 그들은 물론 다른 장점도 많지만, 여러분이 하는 일을 여러분보다 훨씬 더 잘 아는 것처럼 말할 것이라고 분명히 말할 수 있다.

여러분이 하는 일에도 이런 측면이 있을 수 있다. 여러분이 지닌 증거에 딱 맞는 목표 고객이 있음에도 그들을 위해 오랜 시간을 쓰지 않는 편을 선택할 수도 있다. 그 분야에 열정을 느낄 수 없기 때문일 것이다. 물론 어떤 분야라도 열정을 발휘할 수 없는 일을 오래 하지 않기로 결심하는 것은 훌륭한 선택이다.

그러나 걱정하지 말라. 그 분야에서 최선을 다해 일하다 보면, 내 경우에도 그랬듯 목표 고객이 점점 다가와 여러분이 진정한 관심을 기울일 분야가 눈앞에 펼쳐질 수 있다.

진정한 노력은 더 큰 목표 시장을 선사한다. 훌륭한 서비스가 창출하는 시장은 워낙 커서 눈을 감고도 공략할 수 있다.

여러분이 지닌 증거가 가장 큰 호소력을 발휘하는 시장은 어디인가?

핵심 증거를 어떻게 내밀 것인가

가는 곳마다 여러분의 핵심 증거를 계속해서 말해야 한다.

그 내용을 웹사이트 '맨 상단'에 올려두고, 이메일 마지막 서명란에도 써놓고, 잠재 고객을 처음 만난 자리에서도 설명해주어라.

자주 들여다보며 이렇게 자문해보라. 이 증거가 더욱 강력한 힘을 발휘하기 위해 할 수 있는 일은 없을까? 잠재 고객이 읽을 만한 간행물에 내 전문 분야를 알리는 글을 기고해보면 어떨까? (당연히 아주 좋은 생각이다. 수백만 명에게 내 사업을 알릴 수 있다.)

여러분의 분야에서는 어떤 인정을 받아야 하는가? 그 업계에도 우수 명단이나 지역 간행물의 '최고 명단'이 존재하는가? 아니면 인근 대학의 강연이나 기타 활동을 활용해 잠재 고객이 여러분을 꽤 괜찮은 회사로 판단할 기회를 만들 수 있는가? 올해 안에 여러분의 핵심 증거 목록에 최소한 한 줄을 더 보탠다는 목표를 세워보라.

증거를 확보하고, 하나라도 더 보태려고 노력하라.

시골 소년, 목표를 적중하다

오래전에 친구 덕 닐이 내 사무실 문을 박차고 들어온 일이 있었다. 그는 막 깨달음의 순간을 경험한 참이었다.

덕은 가족법을 전공한 젊은 변호사였다. 그는 이전에 나와 함께 일하면서 이혼법 분야의 경력을 상당히 쌓았던 적이 있었다.

그리고 그도 역시 나처럼 법조 일에 큰 흥미를 느끼지 못했다. 이혼법 분야는 그와 별로 맞지 않았다.

그러나 그는 어느 순간 영감이 떠오르는 경험을 했다. 덕은 노스다코타주 농촌 가정 출신으로, 그 당시에도 가을이 되면 추수 일을 거들곤 했다. 그는 농촌에 뿌리를 둔 청년답게 노스다코타주의 대학에 들어가 농경제학을 전공하고 다섯 개 주에 걸쳐 간행되던 〈팜앤렌치가이드Farm & Ranch Guide〉지의 편집자가 된 후에도 다시 법과대학원을 졸업한 다음 꿈에 그리던 아이오와주 연방판사 법률 서기 자리를 따냈다.

나중에 다시 설명하겠지만 우리는 공통점이 많았다. 둘 다 농촌출신으로 연방판사 서기 일을 경험했고, 법률 분야에 애증의 감정을 공유했다. 나는 모든 법률 업무가 다 그랬고, 덕은 이혼법 분야에서 경험하는 끝없이 슬픈 사연에 질려 있었다.

그러나 덕은 나와는 다른 길을 선택했다. 그는 농촌과 농사일을잘 알았고, 다코타주는 아주 일반적인 업무만 할 줄 아는 변호사 외에는 법률 서비스가 상당히 취약하다는 점도 알았다. 그들은 사무실 전화로 의뢰 들어오는 사건은 거의 무엇이든 도맡아서 처리했다. 그리고 덕에게는 법률 서기 자격과 수년간의 소송 사건 경험과새로운 아이디어가 있었다.

"만약 농업용 간행물에 작은 광고를 내고 농촌에서 일어나는 사고를 목표로 삼아보면 어떨까? 농촌 사고 피해자들은 더 이상 농사일을 할 수 없을 정도로 막대한 손해를 당하잖아. 게다가 그런 사고는 늘 일어나니 말이야."

내가 말했다. "그거라면 내가 잘 알지. 우리 아버지 주변에도 낙농업자들이 많았어. 건초 포장기에 손을 다친 사람들을 얼마나 많이 치료해주셨는지 몰라."

"바로 그거야, 해리. 더구나 농부들은 변호사를 믿지 않는다고. 하지만 같은 농부 출신이라면 틀림없이 믿을걸. 더구나 지금도 추수철마다 집안일을 거드는 청년이라면 더 말할 필요가 있겠어? 네 말대로 우리는 '같은 사람들'이니 말이야."

덕은 사실상 자신의 증거를 찾아냈고(언뜻 보기에는 법률 분야와 상관없을 것만 같은 그의 출신 배경에서 말이다) 그것을 목표로 삼았던 셈이다.

그의 선택은 두말할 필요 없이 옳았다. 우리는 즉시 작업에 착수해서 작은 광고를 만든 다음 〈다코타파머Dakota Farmer〉지에 게재했다. 광고 내용은 덕이 농촌 출신으로 농업을 전공했으며 대도시에서 수많은 소송 사건을 성공적으로 치러냈다는 점을 강조했다.

이후 2002년으로 시점을 옮겨보자. 미네소타주 대법원은 덕의 고객에게 5,200만 달러의 배상액을 안겨주라고 판결했다. 2006년에는 덕이 미네소타주 올해의 변호사에 선정되었다. 2008년에는 미네소타주 세인트폴의 판사가 덕이 변호한 농부들의 집단 소송에 6,200만 달러의 승소 판결을 선고했다.

덕은 정말 착한 사람이다. 그는 요즘 우리 지역의 폭력 방지 운동을 후원하며 매년 몇 주간이나 공익 무료 변호에 나선다. 그러나 그의 가장 큰 업적은 자신의 출발점을 정확히 직시하고 종착지점을 가장 먼저 통과했다는 점이다. 그는 자신의 목표 시장에 호소할 핵심 증거를 발견했고, 그 목표를 겨냥했으며, 직업을 마치 로또처럼 만들었다.

여러분의 배경을 살펴보라. 그 배경에 가장 적합한 잠재 고객 집단은 어디인가?

어떻게 보면 여러분의 목표 고객은 바로 자신일지도 모른다.

서비스 시장의 새로운 USP: EBC

덕 닐은 농부들에게 사고로 인한 손해를 회복하는 데 자신이 도움이 될 수 있다고 약속했고, 그 증거로 자신이 농촌 사정을 잘 안다는 점, 농업 관련 학위와 수년에 걸친 기고 경험, 그리고 미니애폴리스에서의 성공적인 소송 경력 등을 제시했다.

그의 이런 증거 기반 제안Evidence-Backed Claim, EBC은 그의 삶을 바꿔놨다.

여러분의 증거 기반 제안은 무엇인가?

EBC의 실제 사례

아내의 친구 중 한 명이 자신의 심리상담 서비스를 마케팅하겠다며 나에게 도움을 요청해온 적이 있었다.

조사를 좀 해보니 그녀는 사람들의 슬픔을 너무나 잘 이해하는 사람이었다. 그녀는 열여섯 살 되던 해에 어머니를 암으로 여읜 적이 있었고, 20대 시절에는 또 다른 일로 깊은 상실감을 맛보기도 했다.

자신의 사무실을 개업하기 전까지 그녀는 수년 동안 대형 의료 기업에서 하루에 수십 통씩 걸려 오는 우울증 환자들의 분류 업무를 맡았다. 그녀는 우울증에 시달리는 환자들에 깊이 공감했다. 그들이 호소하는 사연은 모두 자신의 이야기로 들렸다.

그녀는 그들에게 실질적으로 도움이 되었다.

자, 그녀는 어떻게 자신을 마케팅해야 할까? 그녀가 맨 먼저 할 일은 전문화의 필요성을 강조하는 것이었다. 나는 그녀가 가장 잘 아는 분야에 집중해야 한다고 강조했다. 상실감 말이다. 그녀 자신이 수십 년간 바로 그 문제로 시달려왔으며, 다른 사람이 같은 일을 당하지 않도록 도와주는 것은 바로 그녀가 열정을 발휘할 수 있는 분야였다.

그녀의 EBC는 무엇이었을까? "저는 11년 동안 깊은 상실감에 시달린 사람들을 수만 명이나 도왔고, 제 자신이 직접 그런 아픔을 겪기도 했습니다. 저는 그들과 제 자신을 도왔던 것처럼 여러분도 분명히 도와드릴 수 있습니다."

이 방법이 더 강한 효과를 낼 수 있을까? 물론이다. 그리고 그녀가 앞으로 많은 경험을 쌓을수록 더욱 효과적일 것이다. 이는 모든 서비스에 우선적으로 증거 기반 제안이 꼭 필요하다는 사실을 보여주기도 한다.

가장 먼저 EBC부터 구축하라.

이름을 정하고, 틀을 잡고, 제안하라

나는 모든 서비스에 적용되는 가장 단순한 포지셔닝 과정을 이렇게 표현한다.

"이름을 정하고, 틀을 잡고, 제안하라Name It, Frame It, Claim It, NFC."

가장 먼저 해야 할 일은 당연히 이름을 만드는 것이다. 오늘날처럼 경쟁이 치열하고 고객의 인지 공간이 한정된 상황에서는 짧고 기억하기 쉬운 이름이 무엇보다 필요하다.

두 번째 단계인 서비스를 정의하는 일은 보기보다 쉽지 않으며, 그만큼 중요하기도 하다.

마지막은 제안이다. 여러분을 차별화하는 요소는 무엇인가? 그저 독특한 정도가 아니라 실제로 남들과 어떤 점에서 다른가?

내가 다른 사람들에게 조언할 때 늘 하는 4가지 이야기를 예로 들어보자.

대담한 소송 회사의 NFC

법률 회사 그린에스펠은 1990년에 우리 집 거실에서 시작한 회사다. 이 회사는 훨씬 더 큰 법률 회사에서 일하던 스타 변호사들(2명의 수석 파트너와 2명의 유망 스타였다)이 모여 만들었다.

그들은 오로지 소송 사건만 전문적으로 다루던 변호사들이었다.

그것도 각자 가장 자신 있는 분야만 집중했다. 우리가 처음 낸 광고는 이 점을 뚜렷하게 내세웠다. "우리는 가장 잘하는 분야의 사건만 맡습니다. 그렇지 않으면 여러분에게 가장 적합한 다른 법률 회사를 주선해드립니다."

이 메시지는 먹혀들었다. 이후 몇 달 동안 그린에스펠 변호사들은 거리를 걷다가 다른 변호사들로부터 이런 말을 듣곤 했다. "당신들은 잠재 고객에게 경쟁자를 소개해준다면서요, 대단합니다." 그것은 너무나 강력한 약속이었다. 그린에스펠은 고객에게 가장 적합한 소송팀을 주선했다. 그 팀이 자기들이 아니더라도 말이다.

이 회사는 승승장구해서 현재는 그 규모가 6배로 성장했고, 일부 간행물로부터 미국에서 가장 뛰어난 소송 전문 회사로 손꼽히기도 했다.

우리는 전문가 집단이며, 여러분에게 적합하지 않다면 그런 회사를 찾아준다.

개를 좋아하는 사람들의 NFC

인비저블펜스라고 하면 아마도 펜스를 만드는 회사라고 생각할지도 모른다. 그러나 사실 이들은 개의 행동을 품종별로 각각 달리 훈련하는 전국 규모의 프랜차이즈 거래상 네트워크다(예를 들어 비글종 개는 항상 집까지 찾아올 줄 알아서, 이웃에 포식자가 있더라도 그것을 막아줄 펜스와 물리적 구조물만 갖춰놓으면 된다). 이들은 개를 좋아하기 때문에 개를 기르는 사람들이 좋아하고 이해하는 사업이라면 뭐든지 관심을 보이기 마련이다.

따라서 이 사업은 단지 펜스만이 아니라 일종의 전문 서비스인 셈이다.

실제로 인비저블펜스가 다루는 사업은 펜스만이 아니다. 그들은 개의 안전을 보장하는 모든 서비스와 상품을 일괄 제공한다. 그들은 모든 종의 개를 속속들이 알고 있다.

여러분의 개를 잘 아는 전문가만이 여러분의 개를 지킬 수 있다.

그리스 천재의 NFC

헬레닉어드벤처: 그리스 여행 전문가

이 분야는 너무나 쉽다. 여러분이 만약 레프테리스 파파조르지우Leftheris Papageorgiou 대표 겸 수석 여행 가이드의 이름을 들어봤다면 그리스 여행 전문가를 알고 있는 셈이다. 그리스의 유명 인사이자 아카데미상을 수상한 여배우인 올림피아 듀카키스조차 레프테리스를 여행 가이드로 선택할 정도다.

나는 처음에 비교적 발음하기 어려운 이 이름의 중요성을 미처 알아보지 못했다. 게다가 그들의 사랑스럽고 멋진 광고용 우편물의 한정된 지면을 더 많은 고객을 유치할 만한 내용으로 채워 넣으면 더 좋지 않았을까 생각하기도 했다.

그러나 그들의 광고물은 충분히 효과가 있었고 그들의 이름 역시 꽤 오랫동안 생명력을 이어갔으므로 이름이 약점이라고는 말할 수 없게 된 셈이다.

〈트래블앤레저〉지는 이 회사의 서비스를 세계 3대 그리스 여행 서비스에 선정했고, 〈로스앤젤레스 타임스〉도 이 회사가 주선하는 여행을 '사려 깊은 사람들을 위한 10대 여행'의 하나로 꼽았다.

이 회사는 순수한 열정이 발휘하는 위력을 잘 보여준다. 나는 그처럼 자기 일(자신의 조국을 사랑하는 일)에 열정을 쏟고 재미있게 일하는 사람을 본 적이 없다. 흔히들 고향을 다시 찾아봐야 어릴 적의 추억에 미치지 못한다는 말을 많이 하지만, 이 사람의 열정을 보면 그 말에도 예외가 있다는 것을 알 수 있다.

진정한 그리스인만이 그리스의 진면목을 보여줄 수 있다.

돌보미 서비스의 NFC

프림로즈: 기억상실증 환자와 함께하는 삶

캘리포니아 샌타로자에 있다는 이 회사가 실리콘밸리의 벤처캐피털 회사 인스티튜셔널 벤처파트너스의 소개로 나를 찾아왔을 당시만 해도, 내 칠판에 한 번쯤 오르내린 적 있는 헤리티지랜딩Heritage Landing인가 하는 이름으로 불렸던 것을 기억한다.

나는 그들의 사업 방식이 아주 신선하고 효과적이라는 점을 단번에 알 수 있었다. 전문가들은 알츠하이머를 '방황하는 질병'이라고 부른다. 알츠하이머 환자들은 스트레스를 해소하기 위해 산책하는 것을 좋아하지만, 한번 집을 나서면 길을 잃기가 너무 쉽다. 그들은 이 문제를 해결해야겠다고 생각했다. 정원과 운동장을 따라 손주들이 사는 곳까지 이어지는 아름다운 산책로를 개발하여 온 가족이 환자들을 돌볼 수 있게 했다.

우리는 이 서비스의 이름을 프림로즈Primrose라고 정하여 내부가 아니라 외부에 던지는 메시지를 강조했다. 이 시설 내부에는 언제나 장애로 고생하는 사람과 방문객들이 있었고, 그들은 기억상실뿐 아니라 요실금에도 시달렸다. 따라서 이 시설을 좋은 냄새가 나고 '점잖은' 기분이 드는 곳으로 유지하기는 쉬운 일이 아니었다. 더구나 '프림로즈'라는 이름은 그리 흔한 것이 아니었으므로, 기억하기 쉬운 이름이라는 기준에도 맞아들었다. 마지막으로 영어에는 '환락의 길primrose path'이란 말도 있으므로 프림로즈는 꽃길을 상징하는 이름으로 딱 어울렸다.

우리는 '외부'를 더욱 강조하기 위해 이 회사의 로고를 꽃 모양으로 디자인했다(내가 직접 디자인하고 그린 5가지의 로고 중 하나가 바로 이 회사의 것으로, 나에게는 특별한 의미가 있다).

로고의 꽃 모양은 십자가 형태를 띠고 있어서 믿음과 희망을 상징하고, 방문객에게 팔을 벌리며 '당신이 이곳에서 사랑받을 것'을 약속하는 의미도 있다.

이곳은 '삶'의 전체적인 의미를 강조하는 의미도 있다. 환자들을 사랑하는 사람들이 그들과 '머나먼 이별'을 준비하는 환경으로도 적합하기 때문이다.

다른 시설들은 그저 비슷한 기관처럼 보이고 실제로도 그렇게 느껴지는 데 비해, 프림로즈는 전혀 다른 느낌으로 다가왔다.

여러분이 사랑하는 사람들에게 필요한 장소는 병원이 아니라 집처럼 느낄 수 있는 곳이다.

3장

가격 책정의
딜레마에서
벗어나기

여러분의 가격은 어떤 메시지를 전달하는가

다소 이상하지만 진실을 담고 있는 이야기를 하나 해보자. 미국 최고의 컨설팅 회사들이 모이는 연례 모임에서 한 번도 아니고 두 번이나 들었던 이야기다.

그 이야기는 9월의 어느 화창한 오후, 뉴저지주 프랭클린 레이크스에서 시작된다. 오랜 경력의 컨설턴트 데이비드는 〈포춘〉 500대 기업의 한 잠재 고객에게 전화를 건다. 잠재 고객은 데이비드의 말에 솔깃하면서도 하루 2,750달러라는 컨설팅 비용이 망설여진다.

그들은 일단 헤어진다.

3주 후, 데이비드는 전국적인 명성을 자랑하는 한 컨설팅 회사의 뉴욕 사무소로 이직한다. 이틀 후, 그는 뉴욕 양키스 구장 내 핫도그 판매대 앞에서 그 잠재 고객과 우연히 마주친다.

그는 이렇게 말한다. "저는 이제 대형 회사로 옮겼습니다."

일주일 뒤, 그녀는 데이비드와 컨설팅 계약을 맺는다. 이제는 하루에 3,500달러로 오른 비용으로 말이다.

그로부터 다시 두 달이 흘러 내가 콜로라도주 덴버에서 강연을 하나 하게 된다. 연설이 끝난 후 맨 뒷줄에 앉아 있던 한 남자가 나를 향해 곧장 걸어오는 것이 보인다. 무대 앞에 도착할 때쯤 그는 거의 숨이 넘어갈 지경이다.

자신을 찰스라고 소개한 그의 이야기다. 덴버의 체리 크릭 거리에서 쇼핑하던 그는 한 매장에서 115달러짜리 랄프 로렌 안경을 발견했다. 그는 그 가게를 나와 약 6분 거리의 다른 매장에서 똑같은 안경에 70달러 가격표가 붙어 있는 것을 봤다.

찰스는 이렇게 물었다. "거북딱지로 만든 랄프 로렌인가요?" 젊은 남자 직원은 그렇다고 대답했다.

"그런데 왜 70달러밖에 안 하죠?"

"사장님이 매긴 가격입니다."

"정말 랄프 로렌 제품 맞나요?"

안경에 로렌의 이름이 선명히 새겨진 것을 보니 도저히 의문을 품을 수 없었지만, 찰스는 일단 그 가게를 나왔다. 이틀 후 그가 돌아왔을 때도 여전히 가격은 70달러였고, 그는 다시 한번 이 가격이 맞냐고 확인했다.

사흘 후, 찰스는 그 매장에 세 번째로 방문했다. 그 전날 점원은 매장 주인에게 말해서 가격을 115달러로 바꿔놓은 터였다.

찰스가 말했다. "이거 주세요."

또 다른 이야기도 있다.

이로부터 1년이 채 지나지 않은 어느 날 토론토의 어느 강연장에서 연설을 마치고 난 후, 또 한 사람이 다가와 말을 건넸다. "잠깐 말씀 좀 나눌 수 있을까요?"

그 말을 듣자마자 내 연설이 뭔가 그 사람 마음에 들지 않았나 보다고 생각했다.

그가 말했다. "제 아내는 이 지역에서 인테리어 일을 하고 있습니다. 아내는 선생님의 책을 읽기 전까지는 이 지역의 현행 요율인 시간당 55달러를 받았었습니다."

내가 말했다. "꽤 괜찮은 것 같은데요."

"예, 하지만 아내는 별로 일이 많지는 않았어요. 일주일에 일하는 시간이 채 20시간이 되지 않았거든요."

나는 움찔했다. 호황이 끝나고 있다는 것을 실감했다.

"그러다가 아내가 선생님의 책을 읽고 시간당 요금을 120달러로 올렸습니다. 그랬더니 어떻게 된 줄 아십니까?"

혹시 파산이라도? 라는 생각이 얼핏 들었다.

"아내의 사업이 워낙 번창해서 요즘은 제가 집안일을 다하고 있다니까요."

위의 이야기는 가격 책정이 잠재 고객의 의사결정에 얼마나 놀라운 영향을 미치는지를 잘 보여준다. 가격은 품질의 대변자 역할을 한다. 가격이 비싸면 잠재 고객이 여러분의 서비스를 조사하거나 품질을 확인할 수 없더라도 그에 걸맞은 품질을 갖추고 있다고 생각한다. 가격이 비쌀수록 고객이 생각하는 품질은 올라간다.

여러분이 정한 가격은 여러분의 서비스에 대해 어떤 메시지를 전달하는가?

가격에 관한 2가지 에피소드

저렴한 일본제 기타가 미국을 습격했을 당시, 깁슨 기타 경영진은 내슈빌의 한 바에서 술잔을 앞에 놓고 궁여지책을 내놓게 된다. "그냥 가격을 올려버려야겠어. 망하든 말든 목돈이나 챙기자고." 그들은 그렇게 기타 가격을 올렸다.

당연히 그날부터 기타를 팔 때마다 이윤이 늘어났다. 그런데 전혀 예상치 않았던 일이 벌어졌다. 가격이 올랐는데도 판매량이 더 증가했던 것이다.

가격은 단지 가격일 뿐만 아니라, 품질을 알려주는 신호다.

우리는 '가격 저항'이 높은 가격에 대해서만 작용하는 것으로 생각한다. 그러나 가격 저항은 낮은 가격에 대해서도 작용하며, 그럴 때는 오히려 높은 가격에 더 끌리기도 한다. 좋은 예의 하나로, 영화 〈펄프픽션〉에는 우마 서먼이 5달러짜리 셰이크를 주문하는 것을 보고 존 트라볼타가 도저히 참을 수 없다는 듯이 이렇게 말하는 장면이 나온다.

"무슨 버번이 들어가거나 한 것도 아니고?" 그렇게 하고는 마지막에 당연히 이렇게 묻는다. "그거 나도 한 모금 마셔봐도 되나요?"

높은 가격은 그에 합당한 품질의 신호를 보낸다.

사람들은 싼 가격을 좋아하기도 하지만, 그만큼 싼 가격을 믿지 못하기도 한다.

가격 책정의 2가지 좋은 예

이야기 하나

파리를 방문한 미국 여성이 거리를 걷다가 노변 카페에서 스케치를 하던 피카소를 발견했다. 그녀는 그에게 다가가 대담하게 요청했다.

"잠깐만 시간을 내어 저를 좀 그려주시겠어요? 당연히 비용은 치르겠습니다."

그 예술가는 하던 일도 바빴지만, 도저히 청을 거절할 수 없었다. 그리고 몇 분 만에 스케치가 완성되었다. 과연 피카소의 작품 그대로였다.

그녀는 오른손으로 스케치를 쥐고 흔들며 이렇게 물었다. "그래서 얼마를 드리면 될까요?"

그가 대답했다. "2,000프랑입니다."

그녀는 깜짝 놀라는 한편으로 감사함을 잊지 않았지만, 어쨌든 한번 이의는 제기해봐야겠다고 생각했다.

그래서 애원하듯이 이렇게 말했다. "하지만 이걸 그리는 데 겨우 3분밖에 안 들었잖아요."

피카소가 대답했다. "아닙니다. 제 평생이 걸렸죠."

이야기 둘

한 여성이 집에 지니고 있던 고질적인 문제를 해결하고자 목수를 불렀다. 그녀는 아무리 애써도 삐걱대는 마룻바닥을 도저히 고칠 수 없었다.

목수가 도착해서 삐걱거리는 지점 주변을 몇 발자국 걷더니 가방에서 못을 세 개 꺼냈다. 그리고 바닥에 박아넣은 뒤 다시 그 지점에 서서 몇 번 걸어보았다. 삐걱거리는 소리가 사라졌다. 단 몇 분 만에 해결한 것이다.

그리고 기뻐하는 집주인에게 청구서를 써서 건네주었다.

"못질: 5달러, 못질할 지점을 알아낸 비용: 70달러."

서비스에 들어간 시간이 아니라, 그 수준에 도달하는 데 들인 노력을 청구하라.

중요한 2가지 고려 사항

팀버랜드는 전통 보트슈즈 메이커인 스페리 탑사이더라는 고가 브랜드의 추격에 시달렸다. 이에 그들은 광고를 강화하고 스페리보다 20퍼센트 더 높은 가격에 소매 정가를 맞추었다.

그러자 매출이 급상승했다.

로버트 치알디니Robert Cialdini의 명저《설득의 심리학》에는 뉴멕시코주 산타페의 한 인디언 상점에서 터키석 제품 재고가 너무 많아 골치를 썩던 이야기가 나온다(가본 사람이면 알겠지만, 산타페에는 터키석이 워낙 많아 상점 내부가 마치 수영장 바닥처럼 보이는 곳도 많다).

가게 주인은 점원에게 터키석 제품의 가격을 모두 절반으로 내리라고 일러두고 휴가를 떠났다. 휴가에서 돌아온 주인은 놀라운 소식을 들었다. 터키석이 완판되었다는 것이었다. 할인 효과가 적중했던 것일까?

사실은 정반대였다.

점원이 주인의 말을 잘못 알아듣고 모든 가격을 2배로 매겨버린 것이었다.

가격은 그저 가격이 아니다. 그것은 하나의 신호다. 가격은 여러분이 제공하는 서비스에 여러분과 시장이 어느 정도의 가치를 부여하는지를 보여준다. 가격이 높을수록 여러분의 서비스가 훌륭한 것이다. 가격이 낮으면 싸구려 서비스가 된다. 가격을 중간 정도로 매기면 여러분의 서비스도 중간이 된다.

여러분이 가격을 어떻게 매기건 가격은 고객에게 그에 걸맞은 메시지를 전달한다. 숫자가 말하는 셈이다. 오늘날처럼 바쁘고 정보가 넘쳐나는 세상에서 잠재 고객은 자그마한 신호를 놓치는 법이 없으며, 여러분이 매긴 가격 이상으로 가치를 쳐주지 않는다.

여러분의 가격은 어떤 메시지를 전달하는가?

프리미엄 가격과 열광적인 팬

비싼 가격이 좋은 품질을 알리는 강력한 신호가 된다는 사실은 서비스의 요금이나 가격을 인상해야 할 충분한 이유가 된다. 그러나 그 전략이 효과를 거두기 위해서는 최소한 2가지 요건을 더 갖추어야 한다.

연구자들은 유기농 커피에 대해 프리미엄 가격을 실험해봤다. 편의상 커피의 무게 단위당 시장 가격을 10달러라고 해보자. 피험자들은 공정무역 커피에 대해 추가 비용, 즉 프리미엄 가격을 2달러 더 치를 용의가 있다고 밝혔다.

그런데 만약 똑같은 커피에 18달러라는 가격을 붙이면 어떻게 될까? 고객들은 과연 어떤 반응을 보일까?

여기에서 긍정적인 작용을 일으키는 요인이 바로 열정이다. 18달러를 기꺼이 치르는 고객은 12달러나 10달러짜리 커피를 사는 사람보다 훨씬 더 열정적인 팬이다.

이들은 진정한 의미에서 팬이 된다. 응원팀의 출전 명단을 줄줄 외고 선수들의 성적을 훤히 꿰는 스포츠 팬들처럼, 18달러 커피 고객은 그저 열정적인 사용자에 그치지 않고 그 제품에 대해 열렬한 학생이 된다. 그들은 싼 커피를 마시는 사람보다 커피에 대한 지식이 2배는 충분히 될 것이다.

프리미엄 고객은 단지 제품을 사는 데 그치는 것이 아니라 직접 입소문을 통해 여러분의 상품을 세일즈하는 수준에 올라선다. **고객 만족을 증대하기 위해서는 가격을 올려보는 것도 좋은 출발이 될 수 있다.**

어중간이 제일 치명적이다

《보이지 않는 것을 팔아라》는 독자들에게 최근의 경향을 한 가지 경고했다. 나는 그것을 '치명적인 중간지대'라고 부른다. 그 책이 나온 지 8년이 지난 후, 샤론 스톤은 이 현상을 더욱 사람들에게 널리 알린 적이 있었다.

샤론 스톤은 아카데미상 여우주연상 시상자로 선정되자, 전날 밤 옷장에서 자신이 가장 좋아하는 옷을 다섯 벌 꺼내 들었다. 그리고 절친인 엘런 디제너러스Ellen DeGeneres의 제안에 따라 최종 세 벌로 결정했다. 발렌티노 스커트, 평소 코트로 즐겨 입던 아르마니 드레스, 그리고 검은색 갭 티셔츠였다. 각각 비싸고, 화려하며, 더할 나위 없이 저렴하다는 메시지를 주는 옷들이었다.

스톤의 행동은 평범한 미국인이라면 누구나 하는 행동이었다. 가장 비싸거나 아주 싼 것을 사는 것 말이다. 양극단의 가치(최고의 품질이나 가장 훌륭한 가격)를 제공하지 않는 상품은 설 자리가 없다. 그것은 지금도 마찬가지다. 우리는 치명적인 중간지대에 빠져 있다.

이런 현상을 어떻게 설명할 수 있을까?

뭔가 특별하고 일반적이지 않은 것을 소유한다고 생각해보라. 그러면 자아의식이 고취되는 것을 느낄 수 있다.

특별한 물건을 구매하면 왠지 좀 똑똑한 사람이 된 듯한 기분이 들기도 한다. 사람들이 비싼 옷을 사면서 '옷에 투자한다'고 말하는 이유가 바로 그것이다.

마찬가지 원리로 아주 저렴한 옷도 현명한 소비라는 느낌을 주면서 자아의식에 도움이 된다. 40달러짜리 검은색 티셔츠 대신 9달러짜리 갭 티셔츠를 사 입고 나머지 30달러를 다른 데 쓸 수 있다는 점도 여전히 남들에게 자랑거리가 되는 것이다.

그러나 특별히 뛰어나지도(남들 눈에 띄지도) 않고, 그리 돈을 절약할 수도 없는 제품이라면 어떨까? 그런 제품에서 얻을 수 있는 만족이란 어떤 것일까? 사실 별로 없다. 그런 제품을 선택하기는 썩 내키지 않는다. 거기에 투자해서 얻을 수 있는 만족이 별로 없기 때문이다.

적당한 가격에 적당한 서비스를 제공하는 것의 문제가 여기에 있다. 그것은 어떤 면에서도 좋은 일이 아니다. 우선 우리 자신부터 별로 마음에 들지 않는다.

치명적인 중간지대에 발이 묶이면 곤란하다.

진퇴양난에 빠지지 않도록 조심해야 한다.

싼 가격은 대가를 두 번 치른다

서비스 요금을 아주 싸게 매기면 대가를 두 번 치러야 한다.

싼 가격 때문에 매출 기회를 놓치고, 버는 돈도 적다.

그러나 두 번째로 치르는 대가는 많은 사람이 알아차리지도 못한다. 그것은 바로 여러분이 그리 대단한 평판을 얻지 못한다는 것이다.

서비스를 싼값에 내놓을 때 가장 비싼 대가를 치르는 사람은 바로 여러분 자신이다.

여러분은 과연 최저가 서비스를 감당할 여유가 있는가?

저가 포지션은 죽는 자리다

《보이지 않는 것을 팔아라》를 모든 사람이 좋아하지는 않았다. 그 책이 베스트셀러가 되었을 때조차 〈월스트리트 저널〉의 한 평론가는 나를 '중서부 출신의 광고쟁이'라고 불렀다(아마도 '서부 해안 출신의 변호사'라고 했다면 내 신뢰도가 더 올라갔을 것이다). 그 평론가는 사우스웨스트 항공과 월마트의 사례를 들며 저가 포지션이 시장에서 매우 불리한 위치라는 나의 주장을 아주 순진한 것쯤으로 치부했다.

일부 예외가 존재한다고 해서 예외가 규칙이 될 수 없다는 생각은 그의 안중에 전혀 없었다. 물론 저가 항공과 저가 유통 업체가 존재하는 것은 사실이다. 그러나 그들은 해당 업종에서 유일한 존재일 뿐이다. 저가만 내세운 서비스가 얼마나 망하기 쉬운지는 법원이 선고한 파산 명단만 봐도 쉽게 알 수 있다. 칼도어, 브래들리스, 제인웨이, 아메스, 필렌스, 고드먼스, 내셔널스토어스, 그리고 시어즈와 JC페니 등이 그들이다. 실제로 그들의 운명은 이미《보이지 않는 것을 팔아라》에서 이미 예견되기도 했다. 그리고 이 책이 출간될 때까지 더 많은 저가 할인점이 문을 닫을 것은 불을 보듯 자명하다.

실제로 저가 포지션은 죽을 자리다.

그들은 너무나 분명한 문제에 시달리고 있다. 최저가를 내세운 업체가 노릴 수 있는 틈새시장은 오직 하나뿐이다. 누군가가 나보다 더 싼 가격을 약속하는 순간 그 자리는 더 이상 내 것이 아니다.

더 큰 문제는, 그렇게 해서 내가 다른 포지션을 제안하려고 할 때는 이미 고객들이 나를 싸구려라고 생각한 뒤라는 것이다.

저가 포지션은 죽는 자리다.

공짜는 어떨까?

공짜는 가격이 아니다. 그것은 특수한 조건이 붙은 별도의 제안이다.

아마존의 무료 배송은 사실 공짜가 아니다. 우선 주문 금액이 최소 25달러가 되어야 한다. '무료'라는 것 때문에 쇼핑객들이 다른 물건을 이것저것 사다 보면 25달러는 금세 넘기게 된다.

식당 벽에 붙은 '월요일에는 어린이 공짜'는 일종의 속임수다. 아이들이 공짜로 먹는 비용을 사실 여러분이나 배우자가 대신 치르는 것에 불과하다.

무료가 효과를 발휘할 때도 있지만, 거꾸로 말하면 저가 전략이 치명적인 결과로 돌아온다는 것을 보여주는 것이기도 하다. 다시 말하지만, 공짜는 가격이 아니라 단지 술책일 뿐이다.

무료는 효과적인 전략일 수 있다. 그러나 최저가(특히 서비스에서)는 그런 경우가 거의 없다.

왜 할인이 존재하는가?

몇 년 전에 아내 수전이 무의식중에 할인이 존재하는 이유를 설명해준 적이 있다. 그것은 바로 '사람들의 마음에 들려는 강력한 욕구' 때문이라는 것이었다. 이것 때문에 고생하는 사람이 꽤 많다.

그들은 사람들의 마음에 들기를 갈망한다. 그래서 서비스를 아주 싸게 제공한다. 그러면 사람들이 "마음에 드는데. 거의 공짜나 다름없어"라고 생각할 줄 아는 것이다.

유능한 세일즈맨이 과연 이렇게 할까? '결코 아니다.' 최고의 세일즈맨이 보여주는 특징 중 하나는 가격을 앞세우지 않는다는 것이다. 그들은 가격을 맨 마지막에 언급한다. 가격을 흥정할 때쯤에는 이미 상대방은 살 마음이 있는 정도가 아니다. 그 서비스에 이미 홀딱 빠졌다.

사람들의 마음을 진정으로 사로잡고 싶다면 더 큰 금액을 치르고서라도 살 만한 품질을 제공해야 한다.

그런 다음 최고 예상가보다 살짝 낮은 가격을 제시하라.

4장

마케팅 계획의 원칙

배우기 위해 계획하라

계획이 없으면 실패한다는 사실은 분명하다. 모든 계획에는 배움이 있다. 지식이 있어야 계획을 세울 수 있고, 계획을 통해 배울 수 있다.

계획을 세웠어도 일이 진행되면서 바뀔 기회는 얼마든지 있다. 때로는 상당 부분이 바뀔 수도 있다. 그렇다고 계획의 가장 큰 가치가 훼손된다고 볼 수는 없다. 바로 계획의 원인이자 결과인 학습의 가치 말이다.

성공의 비결을 배우고 싶다면 계획을 세워야 한다.

'베스트 프랙티스'를 믿지 마라

어떤 사업이든 귀감이 될 베스트 프랙티스Best Practice, BP를 파악하는 방법은 간단하다. 고객에게 물어보는 것이다. 그 외에 이른바 BP라고 알려진 것은 그리 믿을 만한 것이 못 된다. 누군가에게 효과가 아주 좋았던 방법도 어떤 사람에게는 형편없을 수 있다.

무엇이 효과 있는지 가장 잘 아는 사람은 고객이다.

다른 사람이 하지 않는 것에 주목하라

모든 종류의 사업에서 사람들은 남과 똑같은 방법을 약간 더 빠르게 해보려고 노력한다. 즉, 작은 발걸음을 내딛는 것이다.

이들은 이렇게 질문한다.

"저걸 조금만 더 낫게 하는 방법은 무엇일까?"

그러나 혁신가들은 이렇게 질문한다.

"사람들은 왜 저렇게 하고 있지?"

크게 도약하려면 이렇게 물어야 한다.

"이 사업에서 우리가 미처 못 보는 지점은 무엇일까? 그렇게 하면 안 되지만, 다른 사람들이 한다는 이유만으로 모든 사람이 똑같이 하고 있는 건 아닐까?"

다른 사람이 못 보는 지점을 찾아야 한다.

가장 시끄러운 목소리를 조심하라

계획이 실패하는 가장 흔한 이유는 사람들이 결국 집단 내의 가장 시끄럽고 고집스러운 목소리에 굴복하기 때문이다. 그 사람에게 휘둘리지 않겠다고 단단히 결심하지 않으면 결과는 이미 정해진 것이나 마찬가지고 그들의 주장대로 그저 끌려다니기만 할 것이다.

소음은 무시하라.

자의식에 주의하라

어느 집단이든 사람들의 자의식이 충돌하기 마련이고, 그런 강한 자의식에 못 이겨 계획을 정하게 되는 경우가 많다. 이렇게 되면 이후의 모든 과정이 낭패를 겪게 되므로 주의해야 한다.

자아도취에 빠진 사람(계획을 세우는 집단에는 어디나 한 명쯤 있을 것이다)은 특히 위험하다. 오라클 직원들은 CEO 래리 엘리슨Larry Ellison을 두고 이렇게 말한다고 한다. "하나님과 래리의 차이는 무엇일까? 하나님은 자신이 래리라고 생각하지 않는다는 거야."

자아도취에 빠진 사람은 자기 생각이 뛰어나다고 믿을 뿐만 아니라 타인의 생각에 공감하지 못하므로 의견을 달리하는 사람을 공격하게 된다.

모든 것을 안다고 생각하는 사람은 일단 배제하라.

확신을 믿지 마라

누군가가 직접 봤다고 해서 그것이 모두 옳다는 법은 없다(법에도 이런 원리가 적용된다. 목격자의 말이 사실이 아닌 경우가 허다하다).

우리가 안다고 생각하는 것, 보고 경험한 것 등은 모두 과대 포장되기 일쑤다. 우리는 지나친 확신(심리학자들은 이를 '과잉 확신 편향'이라고 한다) 때문에 성공적인 계획을 그르치는 경우가 너무 많다.

자신이나 다른 사람의 지식을 너무 믿지 말라.

과거를 믿지 마라

한번 해봤지만 실패했다. 그리고 시간이 흘러 비슷한 일을 다시 하려고 한다. 어떤 일도 똑같은 것은 없다. 서로 다른 시간에 비슷한 일을 한다고 해서 결과도 같을 것이라고 볼 이유는 없다.

"한번 해봤다"고 해서 비슷한 일을 다시 하면 안 된다는 법은 없다.

확실한 것은 없다(나도 마찬가지다)

확실한 것만 찾아다니면 안 된다. 그런 것은 없다. 모든 것이 확실해질 때까지 기다리는 사람은 사업을 할 수 없다. 영원히 기다리기만 할 것이다. 볼테르는 이렇게 말했다.

"의심은 기분 좋은 일이 아니지만, 확실함은 터무니없는 것이다."

다른 사람의 확신을 믿지 말라고 말하는 것이 옳다면 자신에 대해서도 똑같은 잣대를 적용해야 한다.

완벽을 거부하라

완벽은 위대함을 넘어서는 단계가 아니다. 오히려 방해만 될 뿐이다.

조사 결과를 경계하라

우리는 항상 '조사 결과 어떠어떠한 사실이 드러났다'는 말을 듣는다. 그러나 조사 결과는 항상 미국인이 식스티미니츠60 Minutes와 스마트폰 카메라를 싫어하고 뉴코크와 팜파일럿, 세그웨이를 좋아한다고 주장한다.

조사 결과는 사실이 아니라 주장일 뿐이다.

작게 시작해서 크게 키워라

"먼저 총을 쏜 다음에 대포를 발사한다." 경영 컨설턴트이자 유명 작가인 짐 콜린스가 위대한 기업들의 행동을 묘사할 때 즐겨 쓰는 표현이다. 그들은 처음에 몇 가지 방식을 시험해보고 그중 효과가 있는 것에 모든 자원을 집중한다. 여러분도 그래야 한다.

우선 작게 시작한 다음 크게 키워라.

실행하라

1989년, 영국 샌드위치의 화이자 연구실에서 근무하던 피터 던Peter Dunn과 앨버트 우드Albert Wood는 획기적인 발견을 이룩했다. 그들은 협심증의 치료법을 발견했다고 생각했다. 협심증이란 심장에 도달하는 혈류가 너무 약해서 발생하는 호흡 곤란과 가슴 통증을 말한다. 그들이 발견한 구연산 실데나필sildenafil citrate은 심장의 동맥을 열어 필요한 혈류를 확보해주는 것이었다.

1989년에 화이자는 그들이 발견한 물질을 테스트하기 시작했다. 그리고 2가지 놀라운 사실이 밝혀졌다.

구연산 실데나필은 사실상 실패했다. 피험자의 가슴 통증은 가라앉지 않았다. 그런데 일부 남성 피험자들이 그 작은 알약을 계속해서 복용하고 싶다는 것이었다.

연구자들은 처음에 이들이 왜 그런 반응을 보이는지 의아했으나 곧 그 이유가 분명하게 드러났다. 요즘 TV 광고에서 즐겨 쓰는 완곡 화법으로 표현하자면, 구연산 실데나필은 그들이 "필요할 때 준비된 몸"을 갖추는 데 필요했다.

그렇게 해서 세상에 나온 제품이 바로 비아그라다. 우연히 발견된 좋은 결과인 셈이다.

성공을 거둔 상품이나 서비스 중에 우연히 발견된 것은 수백만 가지에 달한다. 3M 연구실에서 일하던 아트 프라이Art Fry는 차세대 강력 접착제를 연구하다가 어디에나 겨우 달라붙는 물질을 발견했는데, 그것이 바로 포스트잇 메모지가 되었다.

다이너마이트, 테플론, 나일론, 엑스레이, 사진, 로게인(탈모 개선제), 경화 고무, 벨크로, 마취술 등은 모두 우연히 발견된 것들이다. 가수 폴 사이먼이 활동을 재개할 수 있게 해준 음반 〈그레이스랜드Graceland〉나 록 음악에서 사용되는 피드백 등도 모두 마찬가지다(피드백은 비틀스가 〈아이 필 파인I Feel Fine〉을 녹음하면서 처음으로 발견했다고 한다). 다다이즘이나 플럭서스 같은 예술 사조 역시 우연히 발견된 것이다.

워런 버핏은 자신을 세계 최고 부자의 자리에 앉혀준 회사 버크셔해서웨이를 설립할 때 종합적인 계획 같은 것은 없었다고 말한다. 버핏의 회사는 여러 차례의 '우연한 발견'이 겹쳐서 이루어진 결과였다.

음식의 역사에는 우연한 발견이 무수히 많다. 사카린, 전자레인지, 셀로판, 브라운 앤 서브 롤, 시저 샐러드, 나초스, 위티스 시리얼, 콘플레이크 등이 그렇다. 과식한 다음에 소화제로 마시는 알카셀처 Alka-Seltzer 역시 우연히 발견된 것이다. 식품 산업에서 우연히 발견된 상품만 해도 책을 한 권 쓸 수 있을 정도로 많다. 물론 지금 쓰기에는 이미 늦었다. 조시 챗윈드 Josh Chetwynd 의 책 《핫도그가 빵을 만났을 때 How the Hot Dog Found Its Bun》가 진작에 나왔기 때문이다.

커트 보니것 Kurt Vonnegut 의 소설에 등장하는 엘리엇 로즈워터 Eliot Rosewater 가 착안한 것도 바로 이 점이었다. 어린 엘리엇은 어떤 일에도 재능이 없었다. 그러다가 친하게 지내던 삼촌의 조언으로 인생이 바뀌게 된다. "애야, 언젠가 막대한 금액이 오갈 길목을 네가 미리 차지하면 어떻겠니."

나는 그 소설에 나오는 이야기를 읽을 때마다 고개를 끄덕이지 않을 수 없다. 내가 이 책을 쓰게 된 것도 《보이지 않는 것을 팔아라》를 쓴 덕분이다. 최소한 세 번의 우연한 발견이 겹친 결과다.

수십 년 전에 나는 어떤 고객이 자신의 사업을 키울 아이디어를 10여 가지나 말하는 것을 들은 적이 있다. 약 한 달이나 그 고객의 말을 잠자코 듣고 있던 나는 어느 날 프린터로 딱 한 줄을 출력해서 그에게 건넸다. "그중에 아무거나 실행하세요."

나는 우연한 발견의 기회는 어디에나 있다는 것을 잘 안다. 여러분이 할 일은 거기에 뛰어드는 것이다. 기회가 스스로 찾아오는 법은 없다. 우리가 찾아가야 한다. 그러면 기회의 문이 열린다.

일단 행동하라.

망설이면 진다

　모차르트의 오페라 〈돈 조반니〉의 초연에 참여한 일부 연주자들
은 손이 온통 잉크로 더럽혀졌다. 그럴 만한 이유가 있었다. 모차르
트가 그 서곡을 초연 전날 밤에야 완성하는 바람에 악보를 쓴 글씨
가 아직 마르지도 않았던 것이었다.

　허먼 멜빌은 《모비 딕》의 탈고를 자꾸만 미루던 어느 날, 이번에
는 꼭 마무리 지으리라 마음먹고 아내에게 자신을 책상에 묶어달라
고 부탁했다.

　그러나 역사적으로 일을 자꾸만 미루는 것으로 유명했던 사람들
은(프랭크 로이드 라이트, 빅토르 위고, 빌 클린턴 등이다. 특히 앨 고어는 클
린턴을 '시간을 못 지키는 사람'이라고 했다) 계획을 세우기보다는 충동
에 따라 움직이는 편이었다.

　사업 계획을 세우라고 해보면 7명 중에 6명은 마치 암탉이나 되
는 듯이 몇 달이고 알을 품고 있다. 그런 사람들에게 나는 이렇게 말
한 적이 있다. "저는 전략계획 위원회에 참석하기 전에는 시간이 무
한한 줄 알았습니다." 그들은 계획은 세우지 않고 이런 말만 한다.

　"정보가 더 필요합니다."

　"이건 증명되지 않았어요."

　"지금까지 아무도 해보지 않은 일이에요."

　"예전에도 이런 비슷한 일을 해봤는데 소용없었습니다."

　계획을 억누르는 것은 다름 아닌 우리의 두려움이다. 이런 두려

움 때문에 계획을 세우는 일이 바보 같다고 생각하는 것이다. 꽤 좋은 계획인 것 같지만, 과연 완벽할까? 우리가 모든 요소를 고려한 것일까?

그렇게 완벽을 추구하며 정작 아무 행동도 하지 않는다.

완벽한 사람이 없듯이, 계획도 마찬가지다. 계획을 완벽하게 세운 다음에 행동한다는 생각은 잘못됐다. 우선 계획을 세운 다음 실행하면서(그 과정에서 얻는 경험이야말로 소중한 배움의 기회다) 하나하나 고쳐가는 것이 올바른 방법이다.

"작전 계획을 아무리 세워봐야 적군을 만나고 나면 소용이 없다." 전쟁 전략가 헬무트 폰 몰트케Helmuth von Moltke가 한 말이다. 훗날 권투 선수 마이크 타이슨은 이렇게 표현했다. "누구나 계획이 있다. 한 대 얻어맞기 전까지는."

우선 계획을 세우고 전황에 따라 조금씩 조정하면 된다. 아니, 그렇게 해야 한다. 계획을 세우고, 실행한 다음, 얼굴을 한 대 맞아보고 어떻게 살아남을지 궁리해야 한다. 그렇게 계획을 수정하는 것이다. 완벽을 추구하다가는 점점 일을 미루게 된다.

어서 실행하라.

2부

설득

어디서 시작할 것인가?

캐나다 브리티시컬럼비아주(BC주) 캠루프스라는 도시에는 우리 가문의 성姓과 같은 이름의 호수가 있다. 둘 사이에 관계가 있느냐고 질문한다면 그렇다고 말씀드릴 수 있다. BC주 정부는 캠루프스의 수많은 송어를 파리로 꼬여내서 대나무 제물낚시대로 낚아 올린 아버지의 공로를 기려 호수 이름을 우리 가문의 성으로 정했다.

아버지가 한번 낚시에 나서면 그 어떤 물고기도 살아남을 보장이 없었다. 그는 물고기보다 물고기를 더 잘 알았다. 어느 날 오후 아버지가 약 30미터 앞을 가리키는 곳을 보니 파리 몇 마리가 파닥거리는 모습이 햇빛에 비치고 있었다.

아버지가 속삭이며 말씀하셨다. "저기 송어 세 마리가 먹이를 먹고 있네." 처음에 한 마리를 낚고 나니 몇 초 후 두 마리만 남았다.

뛰어난 낚시꾼은 낚시뿐 아니라 물고기 자체를 잘 안다. 훌륭한 마케터도 마찬가지다. 그들은 각종 마케팅 수단을 아는 것은 물론, 그들이 목표로 삼는 사람들을 이해하려고 노력한다. 그들은 물고기가 어디에 많이 모이는지, 무슨 생각을 하는지, 어떤 먹이를 왜 먹는지를 이해한다.

따라서 이 새로운 세계에서 마케팅의 가장 중요한 핵심 과제는 바로 관점을 정립하는 것이다. 아버지가 물고기의 생각을 이해했듯, 여러분도 다음 3가지를 이해하면 마술의 주인공이 될 수 있다.

1. 잠재 고객들은 여러분이 제공하는 것과 같은 서비스에 관해 어디에서 정보를 얻는가?
2. 그들은 그 정보를 어떻게 처리하는가?
3. 그들이 유사한 서비스 중에서 어느 하나를 선택하는 기준은 무엇인가?

지금부터 하나씩 살펴보자.

5장

잠재 고객의
사고방식

과장 광고의 시대는 끝났다

스타벅스에 가서 메뉴판을 볼 때마다 감미료의 종류가 어찌나 많은지 당황스러울 지경이다. 설탕, 꿀, 그리고 블루, 옐로우 등의 색을 가진 온갖 인공 감미료가 다 있다.

어느 '베스트셀러 저자'가 주최한 작가 워크숍에서 있었던 일이다. 그녀는 국제적 규모의 도서 상을 무려 아홉 개나 받은 작가였다.

아는 국제 도서 상이라고는 문학 분야의 부커상이 고작이었던 나는 아마존 추천 도서에 그녀의 책이 오른 것을 본 적이 있었다.

그녀의 책을 읽은 사람은 아무도 없는 것 같았다. 리뷰가 네 건 올라와 있었지만, 모두 같은 날 작성된 것이었다.

그 순간, 최근에 또 다른 작가가 페이스북에 '아마존 베스트셀러 1위'라면서 자신의 책을 자랑해놓은 것이 생각났다. 나는 그 책도 아마존에서 찾아보았다. 그런데 그런 책이 없었다. 오디오북만 존재할 뿐 실제로 출간된 적이 없는 책이었다. 게다가 그는 단독 저자가 아니라 총 17명의 공동 저자 중 한 명일 뿐이었다.

나는 그에게 이메일을 보냈다. 그는 그 책이 해당 하위 범주의 선주문 비즈니스 오디오북 중에 베스트셀러 1위였다고 해명했다.

"그러니까 귀하의 책이 그 범주에 속하는 미출간 오디오북 중에 베스트셀러 1위라는 말씀이십니까?"

다음 날 답신이 왔다. "그렇게 말씀하신다면 그렇다고 생각합니다." 요즘은 베스트셀러가 수백만 권이나 난무하는 시대다. '무엇무엇을 완전히 바꿔놓을' 물건이 정말 백만 개는 된다. 그야말로 과장이 끊이지 않는 시대라고 할 수 있다.

그런 추세에 따라 '독특한unique'이라는 단어도 이상한 의미로 변했다. 이 단어는 사실 유일한, 또는 단 하나라는 뜻이다. 그런데 요즘에는 유일한 것보다 못하거나 더한 것이라는 뜻으로 사용되는 것 같다. '가장 독특한'이라는 표현도 부족해서 '정말 가장 독특한'이라는 말이 쓰이더니, 마침내 '태어나서 처음 보는 정말 가장 독특한'이라는 문구로 진화했기 때문이다.

오늘날과 같은 과장의 시대에는 표현에 인플레이션이 발생한다. 미국 최고의 경영 컨설팅 회사 두 곳에서는 한껏 권위를 뽐내는 직함이 사용된다. '디렉터'라는 직함을 듣고 꽤 인상적이라고 생각했는데(기업의 이사도, 영화감독도 '디렉터'다) 사실 '매니징 디렉터'는 어디에나 있다. 그런데 알고 보면 이들조차 그저 중간관리자에 불과하다. 그보다 훨씬 더 높으신 '매니징 디렉터 겸 파트너'라는 분들이 있기 때문이다. 그런데 이 두 회사에는 우리가 아직 언급도 하지 않은 '대표'만 해도 여러 명이 있다.

나의 두 번째 직업인 광고야말로 이런 현상을 불러온 주범이다. 요즘 웬만한 직장인이라면 10명 중 4명은 '부사장'이라는 명함을 가지고 다니고, 모든 제품은 다 신제품이다. 그저 신제품이기만 한 것도 아니다. 하나같이 '새롭게 개선된' 제품이란다. 게다가 모두 첫 글자가 대문자로 시작한다. 폴 발레리Paul Valéry가 말했듯이, "광고는 최상급 형용사의 의미를 모두 죽여놨다."

우리는 과장의 시대에 살고 있다. 그러나 안타깝게도 여러분의 잠재 고객 또한 이 사실을 안다. 따라서 여러분의 첫 커뮤니케이션은 강력한 주장으로 고객을 질리게 하는 것이어서는 안 된다. 어떻게든 여러분의 말을 들어볼 만하다고 느끼게 해주어야 한다.

과장의 시대에 가장 중요한 것은 신뢰를 얻는 것이다.

계략과 꿈, 서커스 광대

인터넷에는 '여러분의 사업을 완전히 바꿔줄' 계략에 관한 아이디어로 넘쳐난다. 그런데 이들을 아무리 자세히 들여다봐도 쓸 만한 것이라고는 단 하나도 눈에 띄지 않는다. 그래도 왠지 안 보면 뭔가 놓치는 것이 아닌가 하는 걱정이 드는 것이 사실이다.

그렇지 않다. 전혀 아쉬워할 필요가 없다.

제너럴 모터스는 사람들이 좋아하지도 않는 자동차를 팔아먹을 계략을 찾아냈다고 생각했다. 그것은 바로 할인이었다. 몇 년이 지나지 않아 제너럴 모터스는 미국 역사상 가장 떠들썩한 파산을 선언하고 말았다. 제너럴 모터스에 필요했던 것은 계략이 아니라 품질 좋은 자동차였을 뿐이다. 그들은 결국 자동차 생산을 재개한 후 매출을 회복할 수 있었다.

서비스를 팔기 위해 계략이 필요한 회사라면 변변한 서비스도 없다는 소리다. 그저 계략만 있을 뿐이다.

계략이란 다단계 사기에 지나지 않는다.

합리적이지 않은 소비

내가 광고 경력을 시작한 분야는 트랙터 업계였다.

틸라묵 치즈로 유명한 고장에서 자란 카피라이터라면 당연히 트랙터를 잘 알 거라고 생각한 우리 회사 크리에이티브 책임자는 나에게 트랙터 회사인 심플리시티를 담당하라고 정해주었다.

사실 그 일은 흥미진진한 기회였다. 나는 돌리 파튼식 조크를 따서 만든 광고 노래로, 일본 정원 트랙터를 사려면 우선 일본 정원 사진을 오랫동안 진지하게 쳐다보아야 한다는 식의 메시지를 전했다.

나는 이 일을 통해 잠재 고객의 사고방식을 똑똑히 알게 되었다.

내 전임자들이 만들어둔 효과적인 광고 전략이 있었다. 심플리시티 트랙터를 업계 1위인 존디어 사 트랙터와 비교함으로써 잠재 고객의 뇌리에 우리 제품이 그에 못지않다는 인상을 심어주려는 것이었다. 그렇게 해서 하나하나 존디어의 시장(최소한 열세 곳)을 잠식한다는 전략이었다.

그러나 그 전략은 먹히지 않았다. 사실 존디어의 매출만 더 증가했을 뿐이다.

그토록 설득력 있는 주장이 어떻게 먹혀들지 않았던 것일까? 그로부터 15년이 지난 후에 책을 한 권 읽다가 그 이유를 깨닫게 되었다. 그리고 그것은 마케팅에 관한 나의 사고방식을 완전히 바꿔놓았다.

마시모 피아텔리 팔마리니Massimo Piattelli-Palmarini의 《불가피한 환상Inevitable Illusions》이라는 책의 요점은 사람은 원래 생각을 잘 하지 않으며, 그럴 만한 이유도 있다는 것이었다. 생각하지 않는 것이 오히려 더 현명할 때가 있기 때문이다.

왜 그럴까? 먼 옛날 우리 조상이 동굴에서 살던 시절을 생각해보면 된다. 갑자기 사나운 맹수가 나타났다. 그럴 때는 생각할 시간도 필요 없이 즉각 행동해야 한다. 생각하느라 조금이라도 지체했다가는 목숨을 빼앗기고 만다.

우리가 생각하기를 싫어하는 두 번째 이유가 있다. 생각은 그 자체로 매우 고된 일이라는 것이다. 뛰어난 작가조차 하루에 글 쓰는 시간이 3시간밖에 안 된다는 뉴스를 들으면 작가가 꽤 쉬운 직업이라고 생각할지도 모른다. 그러나 그렇지 않다. 나는 30대에 전국 규모의 마라톤 대회에 출전하기도 했지만, 글쓰기는 마라톤보다 훨씬 더 어려운 일이다. 글을 쓸 때는 일분일초도 생각을 멈출 수 없기 때문이다. 반대로 마라톤에서는 거의 모든 시간 동안 아무 생각 없이 뛰기만 하면 된다. 2시간 마라톤을 뛰는 일이 3시간 동안 글을 쓰는 것보다 훨씬 더 쉽다.

한마디로 생각이란 매우 어려운 일이다.

생각이 우리의 에너지를 축낼 정도로 어려운 일이라는 것을 본능적으로 알기 때문에, 우리는 언제 생각하고 언제 멈춰야 하는지를 선택할 줄 안다.

우리는 생각이라는 자본을 현명하게 소비한다. 다시 말해 우리는 본능적으로 너무 많이 생각하지 않는 편을 선택한다. 따라서 마케터들이 아무리 '신중하게 고려하는 구매'라는 상품 카테고리를 따로 정해두었다고 해도(자동차, 텔레비전, 주택이 가장 대표적이다), 실제로 신중하게 고민해서 구매하는 소비자는 거의 없다.

심플리시티와 존디어를 비교한 우리의 전략도 바로 이 점이 문제였다. 우리는 구매자에게 차분히 앉아서 13가지나 되는 제품의 특장점을 신중하게 고려하라고 했다. 그들에게 힘든 일을 시킨 셈이다. 그러나 잠재 고객들이 원한 것은 그저 잔디 깎기일 뿐이었다.

우리는 꼭 필요한 경우에만 생각한다. 그렇지 않은 경우, 그저 결정만 할 뿐이다. 우리는 고의로 비논리적인 행동을 한다.

이 사실이 여러분에게 의미하는 바는 무엇일까?

잠재 고객이 빨리 결정할 수 있도록 해주어야 한다는 것이다. 천천히 힘들여 생각하라고 했다가는 점점 일이 힘들어진다.

그러므로 심플리시티처럼 사람들에게 사야 할 이유를 13가지나 제시해서는 안 된다. 압도적인 장점 한 가지로 족하다.

생각하게 만들지 말고, 결정할 수 있게 하라. 빨리.

욕망보다 두려움을 노려라

상품 마케팅은 우리의 욕망을 충족하는 데 집중한다. 그래서 점점 더 매력적으로 보이고, 감탄을 자아내려고 하며, 건강을 선사하고자 한다. 그러나 유능한 서비스 마케터는 특히 오늘날과 같은 불신의 시대일수록 두려움의 영향이 더욱 커지고 있음을 절감한다.

우리는 두려움에 따라 행동한다. 매슬로의 유명한 욕구 단계 이론은 은연중에 이런 사실을 전제로 한다. 우리는 먹을거리와 옷, 집이 없어 생존이 위협받는 두려움을 극복한 후에야 비로소 두 번째 욕구를 생각하는 단계로 나아갈 수 있다.

위험회피에 관한 유명한 연구만 봐도 우리의 행동이 기본적으로 두려움에 바탕을 두고 있음을 알 수 있다. 그 연구에 따르면 20달러를 우연히 손에 넣었을 때의 기쁨보다 20달러를 잃은 데서 오는 고통이 훨씬 더 크다고 한다.

우리가 특히 두려워하는 일은 잘못된 결정을 하는 것이다. 물론 이것은 자아의식과도 관계가 있다. 잘못된 선택은 스스로 바보 같다는 생각을 하게 만든다. 2가지 종류의 딸기잼 중 하나를 고르라고 하면 우리는 어쨌든 하나를 선택하지만, 다섯 종류를 앞에 두면 하나도 못 고른다는 것이 실험으로 밝혀졌다. 첫 번째 경우는 잘못된 선택을 할 확률이 50퍼센트지만, 두 번째는 그 확률이 무려 80퍼센트로 올라가기 때문이다.

그래서 결국 잼을 못 고르고 상점을 나서게 된다.

그러므로 잠재 고객에게 서비스를 팔기 전에 먼저 자신과 믿을 만한 조언자에게 2가지 질문을 던져볼 필요가 있다.

'잠재 고객이 내 서비스에 대해 두려워할 만한 일이 뭐가 있을까?'

'내 서비스가 그들의 두려움을 어떻게 해소해줄 수 있을까?

잠재 고객의 욕망에만 초점을 맞추면 안 된다.

그들의 두려움을 파악해야 한다.

고객이 갖는 고정 관념

2015년 6월, 내셔널 풋볼 리그NFL의 뉴잉글랜드 패트리어츠 팀은 신인 드래프트에서 수비수 조던 리처즈Jordan Richards를 지명했다. 리처드는 스탠퍼드대학교 소속의 풋볼 선수였다. 고교 교사들 사이에서 HYPSM(하버드, 예일, 프린스턴, 스탠퍼드, 그리고 MIT) 중 S로 불리던 학교였다.

리처즈는 첫 출전 경기에서 패트리어츠 코치진에게 깊은 인상을 남겼고, 이 사실은 2015년 8월 4일자 〈보스턴 글로브〉가 리처즈를 처음으로 보도한 기사에도 그대로 실렸다.

"리처즈는 신인으로 지명될 때부터 매우 똑똑한 선수라는 평이 많았다."

"그의 팀 동료인 수비수 데빈 맥코티Devin McCourty는 '그에게 가장 눈에 띄는 점이 있다면 아주 똑똑한 친구라는 겁니다'라고 말했다."

"빌 벨리칙Bill Belichick 감독은 그가 '아주 똑똑한 선수라 뭐든 가르치면 금방 배웁니다'라고 말했다."

사실 나도 리처즈가 고교 2학년 시절 이후로 그가 선수로 뛰는 모습을 서른 번 이상이나 지켜봤다. 그는 매우 똑똑한 젊은이다. 그러나 그는 95킬로그램의 체중에 체지방은 9퍼센트에 불과하며, (스피드가 가장 중요한 포지션을 맡고 있으면서도)조각 같은 상체와 팔뚝을 자랑하는 선수다. 더구나 정지 상태에서 35미터 지점까지 4.5초에 주파한다. 그러나 리처즈라고 하면 누구나 가장 먼저 떠올리는 인상은 무엇일까?

엘리트 대학 축구 졸업생 조던 리처즈는 누가 뭐라 해도 똑똑한 선수라는 것이다.

우리가 뭔가 새로운 것을 봤을 때 가장 먼저 하는 일은 틀 안에 가두는 것이다. 우리는 낯선 대상을 만나면 우선 어떤 범주에 넣고

꼬리표를 붙인 다음 그에 따라 대우한다. 따라서 아이오와주 선수는 시골 출신답게 거칠고, 독일제 상품은 기술 수준이 뛰어나며, 이탈리아 의류는 멋있는 상품이다. 나아가 미니애폴리스주 출신의 전 카피라이터는 '소박한 광고쟁이'가 된다. 물론 이 표현을 친한 친구가 들었다면 배꼽을 잡고 웃었겠지만 말이다.

그러나 우리는 모두 이런 고정 관념을 가지고 있다. 범주화는 결정을 단순화할 수 있다는 장점이 있다. 물론 대개는 잘못된 방향으로 흐르게 되지만 말이다.

회계사와 엔지니어, 심리치료사, 보험 설계사 등 모든 분야의 직업에는 고정 관념이 따를 수밖에 없다.

나는 신입 시절에 어떤 컴퓨터 모니터 생산 업체의 CMO를 상대로 우리가 준비한 마케팅 시안 발표를 주도한 적이 있었다. 그러나 처음부터 한 가지 문제가 꺼림칙했다. 우리 회사의 사장이 내 경력에 너무 심취해 있다는 점이었다. 그는 만나는 사람마다 오리건주 변호사이자 법률지 편집장 출신인 내가 미니애폴리스의 이 회사까지 오게 되었다고 소개하곤 했다. 게다가 그는 내가 발표하기 직전에 고객에게 그 점을 강조하기까지 했다.

어쨌든 발표는 대성공을 거두었다. 고객 측은 우리의 마케팅 안과 새로운 브랜드명을 진심으로 칭찬해주었다. 그는 우리 CEO에게 이 안의 저작권을 구매할 수 있느냐고 물어보기까지 했다.

그런데 결국 일감은 보젤이라는 회사로 돌아가고 말았다.

우리 사장은 당황하여 그에게 전화했다. "우리 마케팅 안이 다른 회사보다 훨씬 낫다고 하지 않으셨습니까?"

그가 말했다. "그 점은 지금도 변함이 없습니다."

"그런데 왜 우리에게 일을 안 주시죠?"

"솔직히 말씀드리면 담당하시는 분이 변호사라서 그렇습니다. 변호사는 아무래도 창의력이 떨어지지 않습니까."

그렇다. 고정 관념은 인간의 본능이다. 우리는 고정 관념 덕분에 선택을 단순화한다. 물론 지나칠 때가 있지만 말이다. 그는 처음에 우리 마케팅 시안이 대단히 창의적이라고 생각했지만, 결국 그럴 리가 없다고 판단했다. 그 시안을 변호사가 만들었기 때문이다.

우리가 고정 관념에 사로잡힌 존재임을 이보다 더 잘 보여주는 사례가 있을까?

고정 관념은 어디에나 존재한다. 고정 관념에 따르면, 금융 상담가는 보수적인 백인 공화당 지지자에 유머 감각이라고는 조금도 없는 사람이다. 패션모델은 똑똑하지 않다(신디 크로퍼드가 아무리 노스웨스턴대학교 공과대학을 전액 장학생으로 졸업했더라도 말이다). 설교자들은 열정적이다. 교수는 상아탑에 사는 외골수들이다. 변호사들은 오직 돈 때문에 그 일을 한다. 회계사들은 여러분을 만나자마자 구두부터 쳐다본다. 그리고 보험 계리사들은 자기 구두만 쳐다본다.

사람들은 여러분과 여러분이 속한 업계의 첫인상에 따라 고정 관념을 갖게 된다. 그것은 잠재 고객의 신뢰를 얻기 위해 반드시 넘어야 할 두 장벽이다.

여러분의 잠재 고객이 여러분에 대해 가지는 고정 관념은 무엇인가? 종이에 한번 적어보라. 그리고 그 첫인상을 극복하기 위해 무슨 말과 행동을 해야 할지도 함께 써보라.

'창의적이지 못한 변호사'의 사례처럼, 여러분의 경력에서 혹시 겉으로 드러내기 꺼려지는 측면이 있는가? 그것 때문에 잠재 고객이 여러분에 대해 가질 수 있는 고정 관념이 있을까? 물론 억울하지만 말이다.

잘못된 첫인상을 극복해야 한다. 잠재 고객은 여러분과 여러분의 업계를 고정 관념으로 바라본다.

해결책: 반대로 가라

광고 업계 사람들이라면 누구나 예술가들의 주말 복장을 따라 하던 시절에, 톰 맥엘리것 Tom McElligott의 옷차림만은 남달랐다. 겨우 47세의 나이에 광고 명예의 전당에 들어갈 정도로 대담한 그의 광고 카피만큼이나 눈에 띄었다. 그의 가장 대표적인 카피는 성공회 성경 광고 문안이었다(맥엘리것의 부친이 목사였다).

"영웅은 결국 목숨을 잃는다."

그가 운영하던 광고 에이전시의 잠재 고객들은 여러 광고상을 받은 카피들을 보면서 그가 미술 작품이나 술 종류의 광고에 나올 듯한 불만에 찬 극작가와 비슷할 것이라고 짐작했다. 그들이 이 회사에 방문해서 위층으로 안내받으면 회계 담당 책임자를 만나게 된다. 그는 말쑥한 넥타이를 매고 긴소매 버튼다운 셔츠를 입었으며, 단정하게 빗은 짧은 머리에 근시 교정용 뿔테 안경을 쓴 사람이다.

그 회계사가 바로 맥엘리것이다.

맥엘리것이 사람들의 눈을 속이려는 의도로 매일 아침 옷을 차려입었다는 증거는 어디에도 없다. 그는 진정한 중서부 사나이였고, 평소 진을 '작업복'이라고 부르는 그답지 않게 평범한 옷차림이었다. 그러나 그의 옷차림이 효과가 있다는 강력한 증거가 있다. 고객들은 그를 만나기 전까지만 해도 그가 예술가인 줄 알았다가 막상 만나고 보니 비용 효과를 꼼꼼히 따져가며 광고 문안을 만드는 과학자라고 생각하게 되었다는 것이다. 그의 옷차림이 고객을 안심시켰다.

실리콘밸리의 벤처캐피털리스트vc들도 이 점을 즉각 간파했다. VC라고 하면 어떤 모습이 연상되는가? 사람들은 그 약자를 기업 사냥꾼vulture capitalist 쯤으로 생각한다. 더구나 누구든지 그들이 호화 요트를 타는 부자라고 알고 있다. 그런 VC들이 어떤 옷차림을 하고 있겠는가?

그러다가 회의에서 말쑥한 정장에 넥타이까지 맨 그들의 모습을 보는 순간 여러분은 속으로 '내가 도대체 무슨 생각을 했던 거지?'라는 말이 절로 나올 것이다. VC들이 입고 있는 셔츠와 바지, 신발 등은 노드스트롬 백화점에서 방금 산 듯한 물건들이다. 화려한 넥타이나 예거 르쿨트르 시계, 400달러짜리 구두와는 거리가 멀다.

그들은 전혀 부자가 아니라 그저 주변에서 흔히 볼 수 있는 사람들이다.

여러분의 잠재 고객이 여러분에 대해 가지고 있는 고정 관념은 무엇일까?

그들이 여러분을 실제로 만났을 때 어떤 환상을 깨주고 싶은가?

여러분에 대한 고정 관념을 타파하라.

현상유지 편향의 문제

모든 서비스 마케팅은 암묵적으로 잠재 고객에게 변화를 요구한다. 그들이 지금까지 누려보지 못했던 서비스를 추구하거나, 적어도 지금껏 그것을 제공해왔던 공급처를 바꿔보라고 제안한다.

따라서 모든 마케팅은 사람들이 가장 싫어하는 일을 해보라고 권하는 셈이다. 변화 말이다.

변화에 대한 저항은 워낙 강해서 일종의 인지 편향으로 분류되었고, 고유한 이름까지 붙었다. 이것이 바로 '현상유지 편향'이다. 우리가 현 상황을 아무리 싫어하더라도 그것보다 훨씬 더 싫은 것이 바로 변화다. 변화는 생각하는 것조차 싫다. 변화가 더 나은 방안이라는 것을 끝까지 믿지 못하는 이유도 바로 여기에 있다. 우리는 변화가 늘 나쁜 결과를 낳을 것으로 생각한다.

여기에 또 다른 요소도 작용한다. 그들이 기존 공급자 대신 여러분을 선택하기 위해서는 노력이 필요하고, 여러분과 같이 일하는 데는 더 큰 노력이 들어간다. 다소 마음에 안 들더라도 현상을 유지하는 데는 노력이 전혀 필요 없다. 즉 아무것도 하지 않는 것이 더 편한 일이다.

따라서 여러분이 처음에 집중해야 할 일은 "내가 왜 다른 선택지에 비해 더 우월한지"가 아니다. 중요한 것은 "잠재 고객이 현상 유지 대신 나를 선택하는 것이 왜 훨씬 더 나은 것인지"이다.

사실 존디어가 우리 트랙터에 대항해 들고나온 전략이 바로 그것이었다. 그들은 '현상유지'의 지위를 차지했다. 심플리시티가 사업을 영위하기 위해서는 존디어가 가지고 있던 시장을 뺏는 수밖에 없었다. 존디어 구매자는 존디어에 익숙해 있었으므로 우리로서는 그들이 현상유지를 깨고 다른 제품으로 바꾸도록 설득해야만 했다.

그러나 우리가 모두 그렇듯이 존디어 사용자들도 변화를 두려워했다.

여러분의 서비스를 파는 것만으로는 부족하다.

현상유지를 타파해서 얻는 좋은 점을 함께 팔아야 한다.

해결책: 필수품으로 만들어라

상품과 서비스의 차이를 다시 생각해보자. 상품은 주로 식품, 옷, 주택 등의 필수품과 치약, 비누, 세제, 자동차, 휘발유와 같은 사실상의 필수품으로 구성된다.

그와 달리 서비스는 대부분 사치품이다. 사실 변호사가 없어도 법정에서 스스로 변호할 수 있다. 장부 처리나 세금 신고도 직접 할 수 있다. 결혼식 사진은 친구에게 부탁하면 되고 이발도 혼자 할 수 있다. 또 다른 예로, 광고를 원하는 기업은 오랫동안 광고 에이전시 없이도 아무런 문제가 없었다. 출판사나 제작사가 광고주를 위해 광고를 만들거나 광고주가 직접 만들면 되었기 때문이다. 그리고 지난 수십 년간 미국 기업들은 맥킨지 같은 컨설팅 회사 없이도 잘만 성장해왔다. 미국 가정이 출산과 장례를 모두 직접 처리해왔듯이 말이다.

이 둘 사이의 차이점(필수품과 사치품)은 매우 중요하다. 필수품을 파는 것은 비교적 쉬운 일이지만, 사치품을 팔기 위해서는 용기와 품질, 자본, 상상력, 거기에 운까지 필요하다. 우선 다른 것은 제쳐 두고 네 번째 요소인 상상력만 생각해보자.

여러분의 서비스는 여느 사치품과 비슷해 보인다. "여러분의 서비스를 어떻게 필수품으로 보이게 할 수 있을까?"

이 점을 집중적으로 연습해야 한다. 잠재 고객에게 연락했더니 이렇게 거절당했다고 해보자. "지금은 우리에게 그 서비스가 사치입니다. 우리는 그럴 형편이 안 돼요."

이런 말에 어떻게 대응해야 할까? 잠재 고객이 놓치거나 오해한 부분은 없을까?

"이해합니다. 저도 그렇게 생각했거든요. 그런데 사실은 말입니다…" 하고 되받아칠 줄 알아야 한다.

여러분의 서비스를 어떻게 필수품으로 만들 수 있을까? 혹은 어떻게 다른 서비스 대신 여러분의 서비스로 바꾸게 만들 수 있을까?

모호성의 오류 문제

나는 장장 16개월에 걸쳐 마케팅의 전형적인 어려움과 씨름했던 적이 있다. 그것은 누구나 가지고 있는 물건, 즉 마룻바닥이었다.

스테파니라는 고객의 주방에서 그녀를 처음 만난 날, 내 눈에 가장 먼저 띄었던 것은 조그마한 나무 블록 샘플 세 개였다.

"마룻바닥 소재로 생각하는 샘플입니다. 마루를 전부 새로 갈고 싶어서요."

그 이후 18개월이 흐르면서 블록 샘플은 여러 번 바뀌었고 새로운 블록이 추가되었다. 그러는 동안 스테파니는 유명한 인지 편향의 하나인 모호성의 오류와 씨름하고 있었다. 그녀는 최종 결과를 머리에 그릴 수 없었다. 그저 모든 것이 모호했을 뿐이다.

지금 있는 마룻바닥은 마음에 안 들었지만, 자신이 무엇을 원하는지는 분명하지 않았다. 그런 상황에서 자신이 감당할 수 없는 수준의 선택지가 주어졌다. 6가지 주요 브랜드, 나무와 울, 합성수지 사이의 선택, 얼룩 방지, 반려동물 분뇨 방지, 비용, 거기에 이보다 훨씬 더 많은 색상, 질감, 패턴의 조합이 더해지며 나조차 생각하기 괴로울 정도로 선택지가 늘어났다.

결국 그녀는 어떤 마루를 더 좋아하는지 자신조차 모르는 지경이 되고 말았다. 그중에는 아직 세상에 나오지 않은 제품도 있었다.

상품 마케팅에서 모호성 편향이 발생하는 경우는 스테파니처럼 100가지 마룻바닥과 500가지 카펫 사이에서 선택해야 하는 특수한 상황에서나 가능한 일이다. 자동차 구매자들이 신형 캠리의 조향이나 가속력, 또는 버킷 시트의 느낌을 두고 의심하는 일이란 없다. 한 번만 시승해보면 모든 의심을 불식할 수 있기 때문이다.

그러나 서비스 마케팅(말 그대로 보이지 않는 것을 팔아야 하는 상황)에서는 모호성 편향이 거의 언제나 일어난다고 봐도 된다. 심지어 여러분의 서비스는 잠재 고객이 고려하기 전까지는 존재하지도 않는다고 볼 수 있다. 그것은 여러분이 장차 뭔가를 이행하겠다고 내거는 약속에 불과하다. 그러므로 자동차를 살 고객은 눈과 귀, 심지어 코를 동원하여 판단할 수 있지만, 서비스 잠재 고객이 기댈 것이라고는 단지 믿음밖에 없다.

이른바 디지털 시대가 도래하면서 이 문제는 더욱 복잡해졌다. 인터넷이 등장하기 전에 서비스 잠재 고객은 자신이 확보할 수 있는 정보가 제한되어 있다는 점을 알고 있었다. 그가 할 수 있는 일이라고는 안내 책자를 요청하거나 친구들에게 물어보는 것이 고작이었다.

그런데 요즘은 앤지 리스트Angie's List(객관적인 상품평으로 바이럴마케팅의 선두 주자가 된 미국의 여성 파워블로거, 또는 그녀의 상품평-옮긴이), 옐프 리뷰Yelp review(샌프란시스코 소재 다국적 지역 검색 서비스의 상품평 – 옮긴이), 여러 업계의 서비스 순위, 수십 종의 웹사이트, 투자 상담가를 선택하는 수백 가지의 기사 검색 사이트 등이 존재하는 시대다.

이런 정보 과잉 시대에는 잠재 고객이 모호성 편향에 사로잡히기라도 하면 그 어떤 결정도 내리지 못한다. 그는 그 모든 정보를 자신이 다 검토할 수 없다는 사실을 안다. 또는 자신이 그 모든 정보를 모른 채 결정을 내릴까 봐 두려운 나머지 여러분이 잘 아는 문제에 빠지게 된다. 즉, 사고 난 뒤에 후회하는 것이다.

이 또한 여러분의 경쟁 상대다. 여러분의 틈새시장에서 활동하는 경쟁자가 문제가 아니다. 여러분의 잠재 고객이 문제다.

모호성의 오류를 극복해야 한다.

해결책: 직접 경험하게 하라

그렇다면 모호성의 오류를 극복하는 방법은 무엇일까? 잠재 고객의 의심을 최소화하려면 어떻게 해야 할까?

피트니스 클럽의 사례가 하나의 답이 될 수 있다. 크로스핏, 파워트레인, 스냅피트니스, 애니타임피트니스, 골드짐 등은 모두 무료 체험 서비스를 제공한다. 자동차의 시승 행사와 같은 것이라고 할 수 있다. 이혼 전문 변호사도 마찬가지다. 그들은 첫 상담을 무료로 제공한다.

자문 서비스가 제공하는 의견서도 이런 종류에 속한다. 여러분의 웹사이트에 이렇게 홍보해보는 것이다. "특별히 궁금한 질문에 대해 전문가의 의견이 필요하십니까? 주저 말고 보내주시면 답신을 보내드립니다."

그 질문에 20분 이내로 답할 수 있다면 그렇게 하면 된다. 그보다 오래 걸릴 질문에 대해서는 이렇게 답신한다. "귀하의 질문에 모두 답해드리려면 몇 시간이 필요합니다만, 우선 도움이 될 만한 몇 가지 의견을 보내드립니다."

물론 이것은 잠재 고객과의 첫 만남에서 원하는 목적이기도 하다. 즉 그때야말로 고객이 여러분과의 첫 만남을 체험하고 느껴볼 기회인 셈이다. 그것이 바로 여러분의 마케팅에 결코 빠질 수 없는 요소이자 원동력이다.

무조건 고객과 연결되어야 한다.

앵커링 효과를 극복하라

지금까지 내가 만났던 스타트업 중에 단 세 곳을 제외하고는 모두 앵커링 효과에 시달렸다. 즉 닻이 묶인 처지에서 벗어나지 못했던 것이다. 그리고 그 한계는 모두 그 회사가 속한 사업에 대한 창업자의 인식과 관련이 있었다.

그들은 온통 틀에 박힌 본보기만 따를 뿐, 사업에 대한 독자적인 아이디어라고는 없었다. 그들의 명함과 사무실, 직원, 보상 모델, 광고 미디어 등은 모두 똑같아 보였다.

변호사들은 그리스식 기둥과 정의의 저울을 좋아하며, 흰색 종이에 검은색으로 인쇄된 타임스뉴로먼 서체만 고집한다.

결혼사진을 찍는 사람들은 항상 사진에 결혼식 부케가 들어오도록 하고, 로맨스와 영원한 사랑을 상징하기 위해 배경을 연한 색상으로 처리한다.

노인 보건 서비스 회사들은 백발에 10대 피부처럼 보이는 행복한 부부의 사진을 즐겨 쓴다. 그리고 꼭 해변을 거닐고 있어야 한다.

모든 서비스 회사의 안내실에는 아무도 관심이 없지만, 누구에게도 거슬리지 않는 미술품이 걸려 있다. 마치 벽을 썰렁하게 놔두지 않을 정도의 자금력은 있다고 과시하려는 것만 같다.

그들이 잠재 고객에게 던지는 메시지는 다음과 같다. "걱정하지 마세요. 우리는 특이한 회사가 아닙니다. 우리도 여느 회사와 다를 바가 하나도 없어요."

이렇게 되는 이유는 무엇일까? 바로 앵커링 효과다. 해당 업계에 속한 회사라면 누구나 항상 해오던 방식이다. 이 업계에서는 누구나 이렇게 한다는 것이다. 그래서 모든 회사가 비슷비슷한 모습이 된다.

그래서는 안 된다.

여러분은 어떤 닻에 묶여 있는지 주시하라.

어떤 손실을 없애줄 수 있을까

풋볼 시즌이 시작되면 대학 축구 시청자의 절반은 응원팀의 패배에 매달린다. 이긴 팀 팬의 환희는 일요일까지 지속될 뿐이며, 곧장 다음 경기에 신경을 곤두세운다. 진 팀의 팬은 결코 패배를 잊을 수 없다.

패자는 패배에 매달리는데, 승자는 곧 잊고 다음 경기를 생각한다. 패자는 기억하고 승자는 잊어버린다. ABC의 〈와이드월드 오브 스포츠〉가 늘 강조하듯이 승리는 한순간의 짜릿함일 뿐이지만, 패배는 잊을 수 없는 고통이다.

더그 샌더스Doug Sanders는 선수로 활약하는 동안 무려 20회의 우승 경력을 쌓아 '페어웨이의 공작새'라는 별명을 얻기도 했지만(그는 수백 벌의 화려한 바지와 그에 맞는 색상의 골프화를 신은 것으로 유명하다), 한편으로는 1970년 브리티시오픈에서 80센티미터 퍼트에 실패해서 단 한 번 우승을 놓친 것이 사람들의 뇌리에 각인되어 있다.

승리는 그저 좋은 일일 뿐이지만, 패배는 잊을 수 없는 아픔이 된다.

그것은 누구나 마찬가지다. 지미 코너스Jimmy Connors나 랜스 암스트롱Lance Armstrong을 비롯해 수십 명의 운동선수가 이구동성으로 한 말이 있다. "승리를 좋아하는 것보다 패배를 싫어하는 마음이 더 큽니다."

나는 지금까지 노트북 컴퓨터를 세 대 가지고 있었다. 하나는 16

년 전에 샀는데 고장 났고, 또 하나는 주차장에서 SUV 한 대가 밟고 지나가는 바람에 망가졌다(오래전에 있었던 슬픈 이야기다). 그런데 둘 다 벽장 안에 고이 모셔두었다. 비록 오래되고 작동도 멈췄지만, 결코 싼 물건이 아니어서 그냥 버릴 수가 없었다. 지금 이 글을 쓰고 있는 맥북은 아주 잘 돌아간다. 그런데도 그 두 대를 결코 버릴 수 없다. 여러분도 3년이 넘도록 한 번도 입지 않은 옷이 옷장 안에 여러 벌 걸려 있을 것이다.

우리는 뭐든 쉽게 손에서 놓지 못한다. 잃기가 싫은 것이다.

우리는 이기기를 좋아하지만, 지는 것은 그보다 배나 더 싫어한다. 노벨상을 받은 경제학자 대니얼 카너먼Daniel Kahneman의 유명한 연구 결과다.

여러분의 잠재 고객도 이기기를 좋아하기보다 지는 것을 더 싫어한다. 이익을 탐하기보다 고통을 더 두려워한다.

그러므로 고객에게 무엇을 안겨줄 수 있을까 하는 고민은 잠깐 내려놓자.

그들이 어떤 손해를 피할 수 있게 해줄 것인가가 더 중요한 문제다.

비타민이 아니라 진통제를 팔아라

'특징이 아니라 혜택을 팔아야 한다.' 이 말은 어디에서나 찾을 수 있다.

포지셔닝 이론을 보면 늘 여러분의 차별점과 그것이 잠재 고객에게 주는 이익을 말하라고 한다. 그래서 다들 이익이라는 관점에 얽매여 있다. 이 때문에 우리는 스스로 내면을 들여다보면 뻔히 알 수 있는 사실을 놓치고 말았다.

불교 신자를 비롯한 모든 동기부여 전문가들의 말에 따르면 우리에게는 4가지 중요한 욕망의 조합이 있다고 한다. 첫 번째는 즐거움을 추구하고 고통은 피하려는 욕망이다. 그러나 유독 마케터들은 고통을 피하는 것이 욕망이라는 생각을 미처 못 한다. 그들은 진통제란 삶에 유익을 안겨주는 것이 아니라, 원래 상태대로 돌려주는 것뿐이라고 생각한다.

따라서 마케터들은 '이익'이라는 사고방식에 따라 다음과 같은 표준 목록을 생각해낸다.

돈을 더 많이 벌 수 있다.
외모를 더 매력적으로 가꿀 수 있다.
주행 거리를 늘릴 수 있다. 또는 더 빨리 달릴 수 있다.
멋진 여성(남성)을 만날 수 있다.

여기서 우리가 놓친 것은 무엇일까? "사람들은 즐거움을 원하는 것보다 고통을 피하려는 욕망이 더 크다는 것"이다. 당장 내가 아플 때는 약국에서 진통제가 값이 비싼지, 고통을 참고 집에 가야 하는지 판단할 겨를이 없다. 그럴 때 진통제는 원해서가 아니라 필요해서 사는 것이다.

이익을 팔려고 할 때, 여러분은 '있으면 좋은 것'을 판다. 그러나 고통을 피하는 법을 팔 때, 그것은 '필수품'이 된다. 어느 편이 더 쉬운 일일까?

재무 설계사의 경우를 예로 들어보자. 대개 그들은 잠재 고객을 향해 인생에 확실한 것은 아무것도 없다면서 이렇게 말한다(채권조차 언젠가는 손해가 난다). "주식과 채권으로 균형 잡힌 포트폴리오를 구성하면 높은 투자 수익을 기대할 수 있습니다. 지금보다 내년에 자산이 더 증가할 것입니다."

이 말이 어느 정도나 설득력이 있다고 생각하는가?

이익이 아니라 손실 회피에 초점을 맞추면 어떻게 될까?

"투자에 실패하면 당장 손해를 입게 됩니다. 현재 수준의 물가상승률을 생각하면 1년 후 귀하의 자산 가치는 지금보다 떨어지기 때문입니다. 실질 구매력이 줄어드는 셈이지요. 게다가 모든 증거를 종합하면 올해 시장 증가율은 6에서 7퍼센트에 달할 가능성이 큽니다. 이번 기회를 놓치면 올해 전체로 볼 때 약 1만 4,000달러를 손해 보게 됩니다. 매주 300달러나 말입니다."

흔히 볼 수 있는 예가 또 하나 있다. 운동을 시작해야겠다고 생각한 55세 남성에게 운동 코치가 다가간다. 그 코치는 고객의 몸을 단련해주겠다고 말할 수도 있다. 아니면 그 나이대의 모든 남성이 그렇듯이, 그가 매년 체중이 줄고 있다고 말해줄 수도 있다. 운동하지 않으면 어깨와 팔근육이 점점 작아지고 약해진다. 즉 그가 잃어버릴 것을 말해주는 것이다.

누구나 알다시피 남자는 체구를 중요시한다. 그러니 위의 2가지 방식 중 어느 편이 더 설득력이 있겠는가?

그러니 이제부터는 목표 고객이나 증거, 제안 진술서를 작성할 때 이익은 잊어버리는 편이 좋다. 손실이 가장 중요하다. 여러분은 어떤 손실을 방지할 수 있는가?

여러분은 고객의 어떤 고통을 덜어줄 수 있는가?

벤처캐피털리스트들이 흔히 하는 말이 있다. "여러분이 비타민을 파는 데는 관심이 없습니다. 비타민은 그저 사람들의 건강을 유지해줄 뿐입니다. 만약 진통제를 판다면 이야기가 다릅니다. 진통제는 훨씬 더 쉽게 팔 수 있습니다."

여러분의 서비스가 제공하는 이익을 생각하라. 단, 여러분이 해소해주는 고통과 방지해주는 손실이 무엇인가에 집중해야 한다.

궁극의 진통제 광고

잠재 고객의 손실에 초점을 맞추는 데 참고할 만한 훌륭한 모델이 하나 있다. 2006년에 크리스핀 포터 보거스키사가 진행하여 2007년 광고상을 수여한 "무사히 Safe Happens"라는 폭스바겐 자동차 광고다.

다큐멘터리 형식으로 만든 이 연작 광고물은 도심의 일상적인 도로를 달리는 자동차 안에서 운전자와 동승자가 대화를 나누는 장면으로 시작된다. 이야기의 주제에 관심이 쏠릴 때쯤, 창밖으로 자동차 충돌 사고가 현실감 있게 펼쳐진다.

그리고 잠깐 침묵이 이어진다. 그 순간 시청자는 궁극의 두려움인 죽음을 연상한다.

그런데 다음 화면에서 운전자와 동승자가 자동차 밖에 서서 사고를 점검하는 모습이 보인다. 운전자의 입에서는 그런 상황에서 누구나 할 법한 말이 튀어나오고, 그것이 바로 광고의 마지막 대사다. "이런, 세상에."

그리고 증거가 제시된다. "정부 최고 안전 등급."

잠재 고객을 자동차 사고에서 지켜주는 것은 무엇인가?

잠재 고객이 두려워하는 손실은 무엇인가?

정점과 마무리의 법칙

아래 3가지 사례는 고객을 설득하려는 사람이라면 누구나 명심해야 할 중요한 법칙을 보여준다.

1. 정규 시즌을 10승 2패로 마치고 포스트 시즌에서 우승한 풋볼팀의 팬이, 정규 시즌에 11승 1패를 거두고도 포스트 시즌 경기를 진 팀의 팬보다 더 행복하다.

2. 디저트는 식사 맨 마지막에 먹는다.

3. 계산대에서 직원이 사탕을 건네주면 우리는 보통 팁을 15에서 20퍼센트 정도 더 주는 경향이 있다.

이런 현상을 정점과 마무리의 법칙이라고 한다. 사람들은 자신이 경험한 일을 처음부터 끝까지 전체적으로 보는 것이 아니라, 말그대로 정점과 맨 마지막에 벌어진 일에 대한 느낌만 기억한다는 것이다.

풋볼팀의 팬은 맨 마지막에 경험한 일로 한 시즌 전체를 기억한다. 시즌 성적은 비록 9승 3패였어도 포스트 시즌만 우승하면 정규 시즌 11승 1패를 거둔 팀의 팬보다 더 기분이 좋다.

잠재 고객이나 고객도 여러분이 일을 어떻게 마무리했는지를(첫미팅, 발표, 그리고 매번 만날 때마다) 생생히 기억한다.

정점과 마무리 법칙은 마케팅에서 중요한 모든 순간에 적용된다. 발표, 고객 면담, 기타 모든 마케팅 활동 등 말이다. 이 책에서도그런 순간을 훌륭하게 마무리 짓는 법을 몇 가지 제안할 것이다. 그러나 지금은 우선 이 질문에 집중해야 한다. 여러분이 보내는 이메일의 마무리는 얼마나 강력한가? 잠재 고객과의 면담이나, 발표는또 어떤가?

마무리를 잘 지어야 한다. 거기에 모든 결과가 달려 있다.

밴드웨건 효과

2012년 대선 후보들은 아이오와주에서 5,100만 달러가 넘는 돈을 선거 운동비로 썼다. 공화당 후보들만 해도 이 주를 샅샅이 찾아다니는 데 500일 이상의 시간을 쏟아부었다. 전국 총 538명의 선거인단 중 겨우 6명뿐인 이곳에서 말이다.

그들이 수백만 달러의 돈을 써가며 신발이 닳도록 다닌 이유가 오직 '아이오와주에서의 승리'를 위한 것뿐이었을까?

그렇지 않다. 그들의 목적은 최종 후보로 지명되는 데 있었다. 그들은 마케팅 이론에 나오는 밴드웨건 효과를 숙지했다. 사실 이 용어의 기원이 바로 대선 운동이다. 1848년, 전국적인 유명세를 자랑하던 댄 라이스Dan Rice(그는 동물의 연기와 곡예, 그리고 광대가 뒤섞인 현대 서커스를 창시한 인물이다)라는 서커스 광대가 자신이 지지하던 재커리 테일러Zachary Taylor라는 후보를 위해 서커스 마차를 타고 선거 운동을 시작했다. 그는 가는 곳마다 유권자들을 향해 "밴드웨건에 올라타세요"라고 외쳤고, 사람들은 실제로 그의 운동에 편승했다. 그 덕분인지 정규 교육도 받지 못한 장군 출신의 테일러는 결국 대통령에 당선되었다.

2012년에 후보들은 아이오와 전역을 몰려다녔고 그다음 주 뉴햄프셔에서도 마찬가지였다. 인구 100만의 아이오와주에서 승리를 거두면 마치 1억 명이 넘는 미국인의 선택을 받은 후보로 보일 수 있기 때문이었다.

출판업자들도 밴드웨건 효과를 알고 있다. 그들은 어떻게든 자사의 책을 베스트셀러 목록에 올리려고 애쓴다. 독자들이 그 목록을 보고 "이렇게나 많은 사람이 사 읽었으면 괜찮은 책이 틀림없겠지"라고 생각한다는 것을 알기 때문이다.

영화사와 TV 방송국도 마찬가지다. 그들은 최고 수익을 올린 영화와 최고 평점을 받은 프로그램을 매주 발표하면서 밴드웨건 효과를 노린다.

여러분은 밴드웨건 효과를 창출할 수 있는가?

밴드웨건 효과를 창출하는 방법 중 고객 명단을 활용하는 방법이 있다. 유명한 고객을 우리 밴드웨건에 포함하는 것은 더 많은 고객을 확보하는 가장 안전하고 현명한 전략이 될 수 있다.

성장 추세도 밴드웨건을 만들어낸다. 도표는 다음과 같은 메시지를 던진다. "우리 회사의 연간 성장률은 15퍼센트입니다. 점점 더 많은 고객이 저희를 선택하고 있습니다."

그저 성공하는 것처럼 보이기만 해도 밴드웨건 효과를 불러올 수 있다. 성공하는 것처럼 보이는 회사는 누가 봐도 고객이 몰려들고 있다고 생각한다. 여러분의 밴드웨건에 사람들이 몰려들고 있다고 생각하면 잠재 고객도 안심하고 그들 틈에 섞이려고 한다.

잠재 고객에게 여러분의 밴드웨건을 보여줄 방법을 모색하라.

단순 노출 효과

20세기 마지막 10년 동안, 다우존스 산업 지수에 속한 30개 회사의 평균 투자 수익은 309퍼센트였다.

스탠더드앤드푸어스 500 지수를 구성하는 500개 회사는 평균 308퍼센트의 투자 수익을 올렸다.

미국에서 가장 유명한 브랜드를 보유한 30개 회사는 어땠을까? 402퍼센트였다.

사람들에게 수십 명의 전혀 낯선 인물 사진을 보여준 다음, 나중에 그들과 실제로 만나게 한 후 누가 가장 마음에 드느냐고 물어본 유명한 실험이 있었다.

그랬더니 사람들은 자신이 가장 많이 들여다본 사진의 인물을 지목했다.

또 다른 유명한 연구에서는 사람들에게 익명의 중국인 사진을 보여주었다. 그리고 시간이 지나 그들에게 지난번 사진에 나왔던 중국인과 새로운 중국인의 얼굴을 보여주었다. 피험자들은 과연 누구를 더 좋아했고 누구에게 더 긍정적인 의미를 부여했을까?

예상대로, 이미 한 번 본 사람을 더 친근하게 여기고 좋아했다. 이것이 바로 단순 노출 효과이며, 2016년 대선 초반에 가장 여실히 드러났던 현상이기도 하다. 다음 중 가장 널리 알려진 이름은 과연 누구였을까?

1. 전 미국 퍼스트레이디이자 국무장관이었으며, 베스트셀러 《모두 힘을 합칩시다It Takes a Village》의 저자.

2. 1981년부터 1993년까지 부통령과 대통령을 지낸 사람의 막내아들이며, 2001년부터 2009년까지 대통령을 지낸 사람의 막내동생.

3. 유명 TV 프로그램 〈어프렌티스The Apprentice〉와 〈셀러브리티 어프렌티스Celebrity Apprentice〉를 모두 11년간 진행했고, 책 제목보다 자신의 이름이 대문자로 더 크게 새겨진 경영 분야 베스트셀러를 5권 저술했으며, TV 시리즈와 영화 몇 편에 직접 출연하기도 했고, 지금도 남성복, 향수, 그리고 뉴욕에서 가장 눈에 띄는 빌딩 등을 비롯해 그의 이름을 딴 상품과 서비스가 21종에 달하는 사람.

2015년 9월 1일에 이 3명은 각자가 속한 정당의 후보 지명 투표에서 그저 선두를 달린 정도가 아니라 나머지 후보를 압도하고 있었다. 이런 압도적인 우세가 그들의 지명도와 일치한다는 것은 누가 봐도 명백한 일이었다. 2명은 미국 정계의 유명 인사였고, 한 명은 미국 기업인 중에서도 가장 유명한 이름이었다. 단순 노출 효과가 아니고는 이들의 독주 현상을 달리 어떻게 설명할 수 있단 말인가?

너무 익숙하면 사람들이 얕볼 수 있다고? 너무 그래서 탈이라고 할 수 있다. 최고의 유명 브랜드, 익숙한 얼굴, 익숙한 인물 등은 모두 마케팅의 핵심 원리를 입증해준다. 사람들은 익숙한 것을 좋아한다. 극소수의 예외를 제외하면 누구나 자신이 아는 대상을 좋아한다.

여러분의 이름을 알리기 위해 가능한 모든 수단을 동원하라.

브랜딩의 효과는 얼마큼일까

오랫동안 브랜딩의 위력을 설파해왔지만, 고객사의 파트너(회계사, 변호사, 자산관리사 등)들은 항상 내 말에 깜짝 놀라곤 했다. 그들은 회계사나 자동차 회사가 별반 다를 바 없다는 내 주장이 말도 안 되는 소리라고 생각했다.

그들의 생각은 대체로 옳았다.

나는 2005년 어느 오후 이스탄불에서 서비스 브랜드에 대해 의심이 일기 시작했다. 내 순서 바로 앞에 튀르키예 젊은이(실제로 젊은이들이었다) 3명이 사랑받는 브랜드를 주제로 열변을 토하고 있었다. 그들은 그 개념을 정말로 진지하게 여겼다. 마치 부흥회 같은 분위기였다. 그런데 그 자리에 앉아 있던 내 기분이 어땠는지 아는가?

몸이 뒤틀리는 것 같았다. 뭔가 잘못된 것 같았다. 아무리 생각해봐도 서비스 회사 중에는 '사랑받는 브랜드'에 해당하는 곳이 없었기 때문이다. 그동안 내 앞에 앉아 있던 회계사나 변호사가 이런 기분이었겠구나 하는 생각이 들었다.

상품 중에 사랑받는 브랜드가 있을까? 물론이다. 우선 발부터 시작해보면 당장 4가지가 떠오른다. 푸마 운전용 운동화, H&M 사각 팬티, 에슬레타 운동복 반바지, 그리고 언더아머의 경량 재킷 등이다. 당장 눈앞에도 내가 가장 사랑하는 브랜드가 보인다. 애플 노트북 컴퓨터다.

그러나 내가 사랑하는 서비스 브랜드? 90초 정도 고민했더니 한 명이 떠올랐다. 메건 플레허티Megan Flaherty다. 그녀는 스팰론 몽타주라는 피부미용 회사에서 일하는 미용사다. 내가 스팰론 몽타주를 사랑하느냐고? 그렇지 않다. 사실 나는 그 브랜드를 잘 모른다. 나는 스팰론 몽타주에서 머리를 깎는 것이 아니라 오직 그녀에게 내 머리를 맡길 뿐이다.

액센츄어Accenture(세계적인 경영컨설팅 회사 - 옮긴이)의 고객들은 과연 액센츄어를 사랑할까? 어떻게 그럴 수 있겠는가? 그들에게 자문 서비스를 제공하는 주체는 액센츄어가 아니라 특정 컨설턴트일 뿐이다.

액센츄어를 비롯한 모든 서비스의 정체는 무엇일까? 우선 분명한 사실은 그들이 하나의 주체가 아니라는 것이다. 그들은 여러 사람의 집합이다. 즉 그들은 여러 사람이 합류하고 떠나기도 하면서 끊임없이 변화하는 주체다.

대형 법률 회사도 마찬가지다. 중요한 것은 그 회사가 아니라 내가 누구와 일하느냐다. 그 회사가 일을 잘하느냐고? 그것도 어떤 기준이냐에 따라 다르다. 소송에는 명성이 자자할 수 있지만 IT 분야에는 약할 수도 있고, 노동법 전담팀은 꾸려진 지 얼마 안 됐을 수도 있다. 게다가 반독점 분야의 스타 변호사가 최근 회사를 사직하고 연방판사가 되었을지도 모른다.

어떤 면에서는 법률 회사란 존재하지 않는다고 볼 수도 있다. 그것은 그저 수백 가지의 서비스와 서비스 제공자들이 모여든 지붕과 같은 것이다.

그렇다면 진정한 서비스 브랜드는 없는 것일까? 컨설팅 분야에서는 맥킨지와 베인이 진정한 의미의 뿌리 깊은 브랜드라고 할 수 있다. 벤처캐피털 중에는 클라이너퍼킨스, 세쿼이아캐피털, 앤드리슨호로위츠 등을 꼽을 수 있다. 뮤추얼펀드로는 피델리티나 뱅가드, 아메리칸펀드 등이 있고, 광고 업계에는 그레이, 와이든앤케네디, BBDO, 오길비가 진정한 브랜드다. 법률 회사로는 스캐든압스, 존스데이, 베이커맥킨지, 커크랜드앤드엘리스 등이 있고, 노동법 분야에는 리틀러 같은 틈새 브랜드도 있다. 그러나 이들은 수백만 개의 서비스 회사 중에서도 극소수에 불과하다.

이런 브랜드의 공통점이 무엇일까? 오로지 규모다. 그들의 이름은 끊임없이 뉴스에 오르내린다. 고객들은 신문만 펼치면 매일같이 이 회사의 소식을 본다. 대형 회사들은 잠재 고객의 시선이 가는 곳마다 그들의 이름이 노출되므로 브랜드를 확보하게 된다.

브랜드는 아마도 숫자 5의 법칙(플러스 또는 마이너스 2가 적용될 때도 있다)을 따르는 것 같다. 인간의 두뇌는 어떤 분야에서도 무한정 많은 브랜드를 수용할 수 없다. 실질적인 브랜드의 위상을 차지하는 것은 세 개에서 다섯 개뿐이고 나머지는 잠깐씩 스쳐 가는 것에 불과하다.

따라서 서비스 마케팅에 종사하는 사람이 할 일은 브랜드 구축이 아니다. 여러분은 사람들의 뇌리에 친숙해질 정도로 이름을 노출해야 한다.

우선 이름을 친숙하게 만들고 다음에는 깊은 인상을 주어야 한다. 최종적으로는 평판을 쌓는 것이다. 그러나 브랜드는? 그것은 대형 회사들이나 누리는 것이다.

브랜딩의 오류

우선 내 잘못을 인정한다.

지금까지 출간한 세 권의 책을 통해 끊임없이 브랜딩을 옹호한 결과, 사람들이 2가지 결론에 도달하는 데 내가 일조한 것 같다. 즉, 성공적인 마케팅의 핵심이 브랜딩이고, 여러분도 브랜드가 될 수 있다는 생각이다.

다시 이스탄불의 기억을 떠올려보면 당시 내 발표 바로 다음에 등장한 4명의 패널도 앞에서 말한 '사랑받는 브랜드'에 대해 열심히 (한 시간은 족히 되는 것 같았다) 떠들었다(사실 '사랑받는 브랜드'란 2000년대에 애플이나 나이키 같은 브랜드를 지칭하기 위해 급조된 개념이다).

그 패널은 그 자리에 모인 중소기업 관계자들을 향해 여러분도 브랜드가 될 수 있다고 말했다.

그러나 브랜딩은 여러분의 사업이 성공하는 데 결정적인 요소라고 할 수 없다. 이 세상에 진정한 브랜드라고 할 만한 회사는 기껏해야 500개가 넘지 않는다. 반면 지구상에는 79억의 인구가 살고 있다.

즉, 여러분이 브랜드가 될 수 있는 확률은 1,500만분의 1도 안 된다는 것이다.

그렇다면 여러분은 무엇을 위해 애써야 할까?

바로 "한번 들어봤어요"라는 말이다.

사실 사람들은 여러분의 서비스를 한번 들어본 것만으로 그렇지 않은 다른 회사보다 더 낫다고 생각한다.

아마 여러분은 앞으로 10년 안에 거대 브랜드가 될 수는 없을 것이다. 그러나 사람들의 눈과 귀에 익숙해질 수는 있다. 방법이 무엇일까?

사람들의 뇌리에 뚜렷한 이름과 이미지, 소리를 심어 익숙하게 만드는 것이다.

그러려면 어떻게 해야 할까?

다음 섹션에서 그 방법을 알아보기로 하자.

어쨌든 사람들의 입에서 "한번 들어봤어요"라는 말이 많이 나오도록 해야 한다.

브랜드는 무슨 일을 하는가?

브랜드가 하는 일은 아무것도 없다.

일은 여러분이 해야 한다.

브랜드에 함몰되면 핵심을 놓치게 된다.

상투적인 마케팅 문구

월드클래스?

탁월함과 헌신?

수십 년간 고객의 문제를 해결해온 경험?

아마 지금까지 이런 말을 귀가 아프게 들어왔을 것이다.

다른 사람들이 세일즈에 쓰는 말을 무조건 따라 하지 마라.

당신이 하는 말은 정말 가치 있는가?

여러분이 최소한 한 명의 핵심 잠재 고객이라도 반응을 보였으면 하는 마음으로 온라인에 게시물을 올린다면, 최소한 한 명은 귀중한 자산과 시간을 써서 그 내용을 읽고 반응해야 한다.

따라서 게시물을 올리기 전에 이렇게 자문해볼 필요가 있다.

이 정보가 과연 누군가가 읽고 내 서비스를 사용해볼 마음이 들 정도로 가치 있는 것인가?

인터넷에 정보를 올린다는 것은 망망대해와도 같은 인터넷의 다른 정보들과 경쟁을 펼친다는 뜻이다. 여러분의 정보는 과연 얼마나 다른가?

아니면 막연히 그럴 것이라고 바라며 무작정 올리는가?

중요한 정보만 알려야 한다.

가장 설득력 있는 말

인간은 누구나 자신에게 가장 큰 관심이 있으므로, '여러분'이야말로 가장 설득력 있는 말이다.

"올스테이트와 함께라면 여러분은 안심할 수 있습니다."

"여러분이 직접 옐로우페이지를 살펴보십시오."

"여러분의 정성을 최고의 카드로 표현하세요."

지금까지 나온 가장 설득력 있는 문구는 이것이었다.

"여러분은 혼자가 아닙니다."

"여러분은 소중하기 때문입니다."

'여러분'이란 말을 사용하라.

6장

한 번 듣고
기억하는
이름 짓기

첫걸음이 중요하다

"내 이름이 아니었다면 나는 아무것도 아니었으리라."
— 제트로 퓨Jethro Pugh, 1944-2015(댈러스 카우보이 풋볼 선수)

오늘 출근길에 어떤 간판이 좋지 않은 이유로 내 눈에 띄었다.
거기에는 이렇게 쓰여 있었다.

"바닥공사 마무리 회사Finished Basement Company."

그 이름을 보자마자 이번 주초에 상담차 나를 찾아온 젊은 심리
치료사가 생각났다. 나는 그전에도 그녀를 몇 번 만난 적이 있어 얼
굴을 기억하고 있었다. 그러나 누군가 그녀가 최근에 시작한 심리
상담소의 이름을 아느냐고 물어봤다면 나는 전혀 기억하지 못했을
것이다.

그 회사 이름도 꼭 '바닥공사 마무리 회사'와 비슷한 식이었기 때문이다. 너무 길고 평범해서 도저히 기억할 수 없는 이름이었다.

너도나도 사람들의 관심을 끌기 위해 엄청난 경쟁이 벌어지는 오늘날, 이런 이름은 마치 망하겠다고 결심한 것처럼 보인다.

이름은 정말 중요하다. 한 번 들으면 사람들이 쉽게 기억하고 부를 수 있어야 한다. 눈에 띄지도 않는 이름은 기억할 수도, 부를 수도 없다.

내 초창기 고객 중에 소프트웨어 개발 회사가 있었다. 그 회사를 지원하던 벤처캐피털 측 사람이 우리의 첫 미팅에 동석했다. 서론이 오간 후 그가 일어서서 했던 말을 지금도 잊을 수 없다.

"잠재 고객이 어떤 회사를 판단하는 가장 중요한 기준은 2가지입니다. 이름과 가격이죠."

"그 점을 먼저 분명히 해두고 싶습니다."

여러분도 마찬가지다. 앞으로 전속력으로 달려가느냐 한발도 못 움직이느냐는 바로 첫 만남에서 결정된다. 그래서 회사명은 매우 신중하게 지어야 한다.

빠르게 친숙해질 수 있는 이름을 선택하라.

P.S. 그 회사의 이름은 또 다른 면에서도 성공을 거두었다. 내 초창기 고객이었던 그 소프트웨어 중소기업은 나중에 어도비가 34억 달러에 인수한 매크로미디어였다. 이름이 중요하다는 사실이 입증된 셈이다.

독특한 이름의 중요성

유럽에는 마터호른보다 높은 산봉우리가 여섯 개나 있다.
그중에 하나라도 떠오르는 것이 있는가?
잊히지 않는 이름을 선택해야 한다.

가수처럼 생각하라

마돈나, 리아나, 아델을 생각해보자.

그들의 이름을 기억하기까지 몇 번이나 들어봤는가? 많아야 두 번 정도일 것이다.

가수를 마케팅하는 사람들은 이 점을 똑똑히 알고 있다. 그들은 듣자마자 바로 기억할 수 있는 이름을 선택한다(다행히 마돈나와 아델은 기억하기 쉬운 이름을 본명으로 지니고 있었고, 리아나는 그녀의 가운데 이름이다).

이름을 세 번만 듣고 나면 자연스럽게 이런 생각이 든다.

'요즘 이 이름이 자꾸만 들리는 걸 보면, 대단한 사람인 게 틀림없어.'

우리는 모두가 뭔가를 대단하다고 말하면, 실제로 그렇겠거니 하고 생각한다.

수십 년 전에 활약했던 엘비스(프레슬리), 페이비언(포트), 디온(디무치) 등도 그렇게 유명해졌다. 패츠(도미노)라는 가수도 있었고, 어떤 밴드는 벌레에서 따온 것이 분명한 이름(비틀스)을 썼으며, 언덕을 굴러 내려가는 돌을 딴 음악 장르도 나왔다(로큰롤).

우리는 친숙해 보이거나 남들이 쓰는 이름을 선택한다. 사람들은 여러분의 밴드웨건에 합류한다. 그것은 우리가 원하는 바이기도 하다.

이런 사실을 알고도 과연 여러분은 심리상담소에 '조너선 월터 카운슬링' 같은 이름을 붙이겠는가?

아동보호센터 이름이 '노스웨스트 아동보호센터'라면 어떻겠는가? 촬영 스튜디오 이름으로 '피너클 포토그래픽 서비스'는 또 어떤가? 아무도 기억하지 못하는 이름과 누구도 잊지 못하는 이름 중 어느 쪽을 선택하겠는가?

가수처럼 생각해보라. 이름은 쉽게 기억할 수 있어야 한다.

아이의 이름을 짓듯이 하라

25년 전에는 아무리 큰 도시라도 복사가게는 세 개가 전부였다. 그래서 굳이 옐로우페이지를 찾아보지 않아도 그런 가게의 이름은 모두 알 수 있었다.

패스트프린트, 퀵프린트, 그리고 인스티프린트가 그것이었다. 이 세 곳을 구분하는 사람은 아무도 없었고, 혹시 패스트프린트를 보더라도 인스타프린트나 인스티프린트와 뭐가 다른지 모르는 사람이 대부분이었다. 결국 이들의 마케팅은 서로 똑같은 내용이 되고 말았다.

스미스라는 사람은 웬만하면 아들의 이름을 존으로 짓지 않는다. 사실 여러분이 아이를 낳더라도 이름을 짓는 데 최소한 일주일은 고민할 것이다.

그럼 콜 백워드와 쿠퍼 백워드 형제나 런던 맥그리거와 아일랜드 맥그리거, 또는 노트르담대학교 풋볼 선수 에쿼니미어스 세인트 브라운 등은 어떻게 들리는가?

아이들의 이름을 독특하게 지을 때의 좋은 점은 곧바로 알 수 있다. 그렇다면 그 점을 사업에 이용하지 않을 까닭이 없다. 사업이 성공하는 데도 도움이 될 것이다.

듣기 좋은 이름을 선택하라.

내 이름을 회사명으로?

내 이름을 그대로 회사명으로 삼는 것은 어떨까?

나도 그렇게 생각해본 적이 있다. 나는 이 업계에 들어온 지 얼마 안 된 풋내기였다. 더구나 벡위드는 그리 흔한 이름이 아니라 짧고 적절하며 비교적 특이한 것도 사실이었다. 즉, 3가지 조건을 거의 완벽하게 충족한다고 볼 수 있었다.

그러나 여러분의 이름이 별로 특이하지 않을 수도 있다. 게다가 여러분이 은퇴한 후에는 그 이름이 더 이상 적절하지 않을 것이다. 예컨대 광고 업계의 오길비나 회계 컨설팅 분야의 피트, 마윅, 또 다른 컨설팅 업계의 스카덴, 압스 등은 지금 어디에 있는가?

시간이 흐르면 여러분의 이름은 구시대의 유물이 될 것이고, 그 시대의 잠재 고객들은 지금과는 완전히 다른 사고방식을 가지고 있을 것이다. 하룻밤 사이에 혁신이 일어나는 오늘날에는 포드보다 테슬라가 훨씬 더 멋있게 들리는 이름이다.

올즈라는 이름의 자동차가 있었다는 것만 생각해봐도 교훈이 되기에 충분하다.

1901년, 랜섬 올즈Ransom Olds는 미국 최초의 대량생산 자동차를 만들었다. 이후 그 자동차는 오랫동안 업계의 매출을 주도했다. 실제로 1976년에 미국에서 가장 많이 팔린 자동차는 올즈모빌 커틀러스 모델이었다. 그러나 올즈 자동차는 급속히 쇠락했고, 1988년에 마케터들이 이런 추세를 타개하고자 내건 광고 문구는 다음과 같았다. "아버지가 타던 올즈모빌이 아닙니다."

그로부터 16년 후에 올즈모빌은 완전히 사라졌다. 태어난 지 107년 만에 있었던 일이다.

이름은 선물 포장을 묶는 리본 역할을 뛰어넘는다. 최소한 포장지 정도는 된다. 이름도 세상 모든 것이 그렇듯이 금세 낡아버린다. 회사명을 지을 때는 정말 신중하게 생각해야 한다.

창업주의 이름을 따서 사명을 짓는 것이 꼭 좋은 것만은 아니다.

매브스, 캐브스, 보노스, 벡스

뉴욕의 농구팀은 원래 니커보커스였다. 시간이 지나면서 팬들은 이름이 너무 길어서 부르기 힘들다고 생각했다.

그래서 지금의 뉴욕 닉스가 되었다.

그뿐만이 아니다. 요즘 사람들은 매브스(매버릭스), 캐브스(캐벌리어스), 잭스(재규어스) 등의 이름을 사용한다. 샌프란시스코 포티나이너스도 너무 길어 그냥 '나이너스'라고 한다.

타이거 우즈는 그냥 타이거, 제니퍼 로페즈는 J-Lo라고 한다. 벡과 보노, 퍼기도 그런 식이다. 스팅, 프린스, 코비도 있고, 퀸, 러시, 하트도 마찬가지다. 롤링스톤스가 길다고 스톤스로 부르는가 하면 골프 팬들은 젊은 스타플레이어 로리 맥길로이를 줄여서 로리라고 한다.

여기서 우리가 알 수 있는 것은 무엇일까? 조지 밀러_{George A. Miller}의 연구 논문은 이런 현상을 이해하는 데 큰 도움이 된다.

밀러의 논문을 살펴보기 전에 먼저 아래의 내용을 읽어보자.

애플, 오믈렛, 엘비스.

그리고 눈을 감은 다음 방금 읽은 내용을 되뇌어보자. 좋다.

이제는 또 다음 내용을 읽어보자.

팬케이크, 스웨터, 사파이어, 해군, 성경, 냅킨, 식기 세척기.

위의 내용까지 다 외울 수 있다면 여러분은 제리 루카스_{Jerry Lucas}와 동급인 셈이다. 루카스는 NBA 명예의 전당에 든 전설적인 농구 선수이자 오하이오주립대학교 우등 졸업생이었으며, 기억력에 관한 책을 30권이나 쓴 사람이다. 그는 전화번호부 한 페이지를 읽고 다 외울 정도의 기억력을 자랑한다. 그러나 우리 같은 평범한 사람을 위해 밀러는 심리학계에서 많이 인용되는 〈7 플러스 혹은 마이너스 2의 마법 법칙the Magic Rule of Seven, Plus or Minus Two〉이라는 논문을 썼다.

밀러는 우리가 기억할 수 있는 숫자가 일곱 개를 넘지 않는다는 사실을 발견했다. 좀 더 정확히 말하자면 우리가 기억하는 단어는 다섯 개, 글자는 여섯 개, 그리고 숫자는 일곱 자리가 한계다. 꼭 필요할 경우 일곱 자리로 된 친구의 전화번호는 기억하지만, 지역 번호까지는 무리다.

같은 이유로 만약 〈비벌리 힐스 90210-0803〉이라는 TV 드라마 제목을 기억하려면 아마 제리 루카스에게 도움을 구하는 것 말고는 방법이 없을 것이다.

페이스북이라는 이름을 기억할 수 있는가? 쉽다. '페이스'와 '북'이라는 두 단어의 조합이기 때문이다. 같은 원리(두 단어를 합쳐 하나로 만드는 것)로 넷플릭스, 유튜브, 페이팔, 핀터레스트, 소울사이클 등의 이름이 탄생했다.

다음의 예를 보면 더 뚜렷이 알 수 있다. 내가 사는 도시의 사람들은 모두 110그로브랜드Groveland라는 식당을 알고 있다. 그러나 원래 이름이 605그로브랜드 아치Groveland Arch였다는 것을 아는 사람은 거의 없다.

왜 그럴까?

두 번째 이름은 글자만 네 개 더 많은 것이 아니라 '끊어 읽는 단위도 두 개나 더 많기' 때문이다. 앞의 이름을 영어로 읽으면 '원 텐 그로브 랜드'가 되어 끊어 읽는 단위가 네 개다. 반면 두 번째는 '식스 오 파이브 그로브 랜드 아치'로 여섯 개다. 50퍼센트나 더 기억하기 어려운 셈이다. 그러니 기억하는 사람이 거의 없을 수밖에.

이름이 길면 또 다른 문제가 있다. 우리의 기억에는 한계가 있다. 그래서 이 한계를 넘어서는 대상을 만나면 아예 기억할 엄두조차 내지 않는다. 해봐야 소용없다는 것을 잘 아는 것이다. 그래서 낯선 사람을 한꺼번에 4명이나 만날 때는 제리 루카스 같은 사람을 제외하고는 아예 기억할 생각조차 하지 않게 된다.

우리는 불가능하다고 생각하는 일은 시도조차 하지 않는다. 그 한계가 바로 세 음절이다.

이름은 짧게 지어야 한다.

억만장자들 따라 하기

실리콘밸리에 수십억 달러를 투자한 벤처캐피털과 엔젤 투자자들은 밀러가 제시한 회사 이름 짓는 법을 잘 알고 있음이 틀림없다. 실리콘밸리의 스타 기업을 한번 살펴보자.

넷플릭스Netflix, 스포티파이Spotify, 트위터Twitter, 모질라Mozilla, 유튜

브YouTube, 어떤가? 모두 일곱 글자다.

구글Google, 페이팔Paypal, 야후!Yahoo!, 사파리Safari? 여섯 글자다.

애플Apple, 어도비Adobe, 픽사Pixar, 스카이프Skipe, 테슬라Tesla는? 다섯 글자다.

티보Tivo, 우버Uber, 홀루Hulu, 이베이eBay는? 네 글자다.

실리콘밸리는 아니지만, 새로운 경제를 대표하는 다른 기업도 마찬가지다. 나이키, 타겟, 코스트코, 시스코, 선, 오라클 등이다.

옛날 기업을 생각해봐도 좋다. 미네소타마이닝앤드매뉴팩처링, 할리데이비슨, 인터내셔널비즈니스머신스, 페더럴익스프레스, 삭스피프스애비뉴, 그리고 시어스앤드로벅 등이 모두 어떻게 되었는가? 각각 3M, 할리, IBM, 페덱스, 삭스, 시어스가 되었다.

이 중에 가장 긴 이름이 무엇일까? 발음이 가장 긴 기준으로 따지면 스포티파이, 사파리, 모질라, IBM 등이지만, 모두 세 음절이다. 나머지는 모두 하나 아니면 두 음절이다.

회사 이름은 이래야 한다.

더 짧게 지어라.

놀라게 하라

깜짝 놀랄 만한 대상에는 누구나 눈길을 준다. 놀랄 만한 이름도 마찬가지다. 사람들의 이목이 쏠릴 수밖에 없다.

보드카 이름이 앱솔루트Absolute였다면 이렇게 성공하지 못했을 것이다. 그런데 마치 철자를 하나 빠트린 것처럼 앱솔루트Absolut라고 하자 제대로 먹혔다. 이렇게 하니 마치 수입품 같은 느낌이 났다. 사실 수입품이 맞기는 했다. 다만 원산지가 스웨덴이었을 뿐이다.

장난감 가게 이름이 토이아러스Toy Are Us였더라도 아무도 뭐라고 하지 않았을 것이다. 사람이 장난감이 될 수 없다는 것쯤은 누구나 알기 때문이다. 그런데 여기서 한 번 더 비틀어 토이저러스Toys "я" Us라는 이름이 나왔고, 거기다 R자는 거꾸로 써놓아 사람들을 더욱 놀라게 했다.

버진항공이라는 이름을 보면 깜짝 놀란다. 왜 하필 저런 이름일까? 사실 이 이름은 창업주 리처드 브랜슨이 항공사를 만들겠다는 아이디어가 말도 안 되는 소리라고 농담조로 한 말에서 나왔다. "우리가 항공업에 대해 뭘 알겠어요? 우리는 이 업계에서야 풋내기virgins일 뿐이죠."

물론 깜짝 놀랄 만한 이름이 어울리지 않는 분야도 있다. 예컨대 〈포춘〉 500대 기업을 상대로 하는 대형 회계법인이라면 회사명을 '카주!'라고 지어서는 곤란할 것이다. 그러나 세계 최대 컨설팅 회사의 이름에도 놀라움의 요소가 들어있음을 주목할 필요가 있다. 바로 프라이스워터하우스쿠퍼스PricewaterhouseCoopers다.

놀랍다고 해서 꼭 대담할 필요까지는 없다. 지금껏 아무도 하지 않은 방식만 해도 충분하다. 미네소타마이닝앤드매뉴팩처링Minnesota Mining and Manufacturing이 숫자 하나와 글자 하나로 3M이라는 뜻밖의 조합을 만들어낸 것처럼 말이다. 그야말로 빛의 속도로 빨리 눈에 들어오는 이름이다.

뜻밖의 이름으로 놀라움을 선사하라.

자갈보다는 구슬이 되라

빨간빛의 구슬을 해변에 던져두고 어떤 일이 일어나는지 지켜보라. 지나가던 사람들이 모두 해변에 가득한 자갈은 안중에도 없이 구슬만 쳐다볼 것이다.

이름도 마찬가지 역할을 한다.

뜻밖이면서 적합한 이름

몇 해 전, 덴버에 본사를 둔 세계적인 토목컨설팅 회사 MWH가 나에게 컨설팅을 요청한 적이 있었다. 나는 그들이 맨 먼저 해결해야 할 문제가 뭔지 곧바로 알 수 있었다. 이메일을 일곱 번이나 주고받는 동안 나는 그 회사명을 외우지 못했다.

MWH의 전문 분야는 수자원 프로젝트였다. 즉, 당시를 기준으로 전 세계 35개국에서 폐수처리 시설이나 정수장, 댐 공사와 관련된 업무를 담당해온 회사였다. 그러나 회사명은 그런 내용과는 전혀 관련이 없었다. 세계적인 수처리 기업이라면 어떤 이름이 더 어울리겠는가?

나는 블루글로브Blue Globe라는 이름을 제안했다. 물과 세계, 그리고 환경 보호에 대한 의지를 단 두 음절로 표현한 데다, 머리에 분명한 이미지를 떠올리는 이름이었다. 푸른 지구 말이다.

이 점을 염두에 두고 여러분의 회사명을 생각해보라. 이름만 듣고도 사업의 핵심을 곧바로 떠올릴 수 있는가? 그러면서도 사람들의 상식을 깨는 방식으로 말이다.

뜻밖이면서도 적합한 이름을 짓는 것이 좋다.

허용 가능한 범위 내에서의 모험

구글은 적합한 이름이다. 구글에서는 말 그대로 무한대googol의 정보를 검색할 수 있다.

야후!도 적합하다. 그리스어로 '찾아냈다'의 뜻인 '유레카!'처럼, 간절히 찾던 무언가를 마침내 발견했을 때의 흥분을 고스란히 전달한다.

아디다스는 언뜻 들으면 억지로 지어낸 것 같기도 하지만, 사실은 아디 다슬러Adi Dassler라는 창업주 이름의 줄임말이다.

치폴레는 멕시코 음식에 들어가는 훈제 고추를 뜻하는 말로, 듣기만 해도 곧바로 '멕시코 요리'임을 알 수 있다.

스카이프라는 말을 들으면 어떤 이미지가 떠오르는가? 하늘을 날아 누군가와 대화를 나누는 장면이 연상되지 않는가? (실제로 스카이 피어투피어Sky Peer-to-Peer의 줄임말이다.)

트위터(현 X)는 어떤가? 사전에는 '별로 중요하지 않은 정보를 짧게 주고받는 것'이라고 되어 있다.

여러분의 핵심 메시지를 적어보라. MWH의 경우는 '세계', '수처리 전문', '사회와 환경을 생각하는' 등이었다.

그런 적합성의 범위 내에서 이름을 만들어보는 것이다.

이름에는 적합한 의미가 담겨 있어야 한다.

이름을 바꾸면 버는 돈이 달라진다

전작《보이지 않는 것을 팔아라》가 출간되기 직전에 전화를 한 통 받은 적이 있다.

노스웨스트(웰스파고의 전신) 자산 관리 부문의 마케팅 담당 임원 스테파니 프렘Stephanie Prem이 걸어온 전화였다. 그녀는 〈트윈시티스 비즈니스Twin Cities Business〉에 내가 기고한 '보이지 않는 것을 팔아라'라는 기사를 읽은 터였다.

그녀는 나에게 회사에 와서 동료 임원들을 대상으로 그 칼럼의 아이디어를 설명해달라고 부탁했다.

발표는 성공적으로 진행되었다. 그 결과 전무이사 피터 글랜

빌Peter Glanville과 그녀는 나에게 새로 시작하는 마케팅 캠페인의 자문을 맡아달라고 요청했다.

나는 이미 그 두 사람이 나를 솔직하게 대해준 점이 마음에 들었으므로 한 가지 조건만 들어준다면 기꺼이 응하겠노라고 답했다.

피터가 물었다. "예, 어떤 조건입니까?"

"귀사의 이름을 바꾸었으면 합니다."

당시 그 부서의 이름은 노스웨스트 캐피털 어드바이저스Northwest Capital Advisors였다. 나는 그 이름으로는 내가 일하기가 매우 어려운 이유를 찬찬히 설명했다.

첫째, 노스웨스트는 은행이다. 은행이 예금주에게 돌려주는 투자 수익은 그리 크지 않다. 은행에 돈을 맡겨서 얻는 연간 수익은 당시 기준으로 3퍼센트가 고작이었다. 그런데 〈포춘〉 500대 기업의 주식에 투자하면 연평균 10.5퍼센트의 수익을 누릴 수 있었다. 자산 관리 고객들이 원하는 수익은 예금 이자가 아니라 그 정도 수준이다.

둘째, 은행은 깊이 있는 개인 서비스를 제공하지 않는다. 줄을 서야 한다. 담당 직원이 미소로 응대하고 거래를 처리해주면 그것으로 충분하다. 그러나 자산 관리 서비스는 그 정도로는 어림도 없다. 특히 부유한 고객들은 자신만을 위한 특별한 대우를 기대한다.

셋째, 기업이 보유한 것은 자본이고, 개인은 자산을 소유한다. '캐피털 어드바이저'란 어쨌든 기업 고객을 상대하는 회사다.

넷째, 이미 앞에서 누차 강조했듯이, 노스웨스트 캐피털 어드바이저라는 이름은 너무 길다. 이름이라기보다는 거의 문장에 가깝다. 나는 글랜빌과 프렘에게 이렇게 말했다. "'어드바이저스' 앞까지 네 음절로 끝나야 합니다."

나는 업무에 착수했다. 3주 뒤, 그들을 대상으로 제안서를 발표했다. "제가 제안하는 회사명은 '로리힐'입니다."

'로리'라는 이름은 트윈 시티스(미니애폴리스와 세인트폴을 합쳐서 부르는 애칭 – 옮긴이)에서 특별한 의미를 지닌다. 이 도시를 설립한 공로자 중 한 사람이 바로 토머스 로리Thomas Lowry다. 그는 이 도시의 전철 노선을 처음으로 가설하고, 아일스호 주변 지대에 이름을 붙여 오늘날 부촌이 형성되는 데 기여한 사람이다.

'힐'에는 또 다른 뜻이 있다. 대도시마다 힐이라는 이름이 붙은 곳에는 부자들이 모여 산다. 큰 저택을 구매할 정도로 돈이 많은 사람들은 훌륭한 경치를 좋아하기 때문이다. 보스턴에는 비컨 힐, 체스트넛 힐, 피셔 힐이 있고, 샌프란시스코에는 놉 힐이 있다. 애틀랜타의 브룩우드 힐스, 댈러스의 웨스트오버 힐스, 포틀랜드의 웨스트 힐스 등이 모두 마찬가지다.

내가 사는 작은 마을만 해도 의사들은 모두 북쪽에 모여 산다. 이곳 사람들이 필 힐이라고 부르는 동네다.

그로부터 8년이 지나 내가 로리힐의 연수에 참석했을 때 이 회사의 운영 자산 규모는 66억 달러로, 8년 전에 비해 무려 6배나 성장해 있었다. 나는 그날 저녁 시간이 끝나고 회사가 이토록 급성장한 비결을 프렘에게 물어보았다.

"이름을 바꾸고 광고를 늘렸습니다. 그뿐입니다. 잘 잊히지 않는 이름을 짓고 그것을 광고한 효과는 당신이 장담한 것보다 더 컸습니다."

이름이 뭐가 중요하냐고? 여러분의 생각보다 엄청난 효과를 낼지도 모른다.

7장

마음을 사로잡는
메시지 쓰기

사소한 것이 중요하다

서로 비슷한 서비스일수록 사소한 차이가 중요하다.
사소해 보이는 점을 강조해야 한다.

역량이 아니라 업적을 내세워라

여러분의 업무 능력을 보여주는 것은 무엇인가? 디시전퀘스트
는 수백만 명의 배심원을 대상으로 연구하여 다음과 같은 결론을
얻었다.

"배심원은 실질적인 업적을 중시하는 데 비해, 변호사는 자격증
을 살펴본다."

충분히 타당한 말이다. 좋은 대학의 졸업장이나 이름 있는 저널에 게재한 논문은 업무 능력을 평가하는 간접 수단이 된다. 그러나 눈에 보이는 업적은 직접적인 증명이다.

잠재 고객의 생각도 법정의 배심원과 그리 다르지 않다. 아는 것과 행하는 것이 다르다는 것쯤은 그들도 충분히 안다. 노하우가 정말 중요하다면 미국 최고의 골프 레슨 프로로 꼽히는 데이비드 레드베터David Leadbetter나 행크 해니Hank Haney, 부치 하먼Butch Harmon 같은 사람들은 직접 프로 골프 선수로 성공했을 것이다. 그러나 레드베터는 PGA 투어 출전권을 따낸 적이 한 번도 없고, 해니는 아예 시도조차 해보지 않았으며, 하먼은 4대 메이저 대회 중 하나인 유에스오픈 대회에 딱 한 번 출전한 1970년, 최종 라운드 두 경기에서 진 다음으로는 선수 생활을 그만두었다.

자격증이 아니라 업적을 강조하라.

팔지 말고 보여줘라

사람들은 누군가가 자신에게 뭔가를 열심히 팔고 있다는 느낌이 들면 거부감이 생긴다. 여러분의 웹사이트를 살펴보다가 그런 느낌이 들어도 마찬가지다.

팔려고 하지 말고 보여줘라.

판매는 효과가 없다. 보여줘야 한다.

내 인생을 바꾼 교훈

1988년, 미니애폴리스의 한 작은 매거진 편집자가 내가 제출한 기사 원고를 보고 칭찬을 마지않았다. 그러나 그는 한 가지 제안을 덧붙였다.

"사람들에게 이러쿵저러쿵 지시하지 마세요. 그저 스토리만 전하면 됩니다."

그날 오후 이후 나는 모든 글과 연설에서 스티브 카플란Steve Kaplan의 조언을 충실히 따랐다. 스토리를 전하기 시작한 것이다.

여기에는 2가지 이유가 있다. 우선은 사람들이 내 제안을 듣고 기억해주기를 바랐기 때문이다. 그래서 나는 사람들이 놀랄 만한 스토리를 찾았다. 놀라운 이야기는 주의를 사로잡고 기억에 각인된다. 오스카 마이어의 핫도그 모형 자동차를 한 번 본 사람은 그것을 결코 잊지 못한다.

인간은 원래 날 때부터 스토리를 좋아한다. 아이들이 맨 먼저 배우는 두 음절 단어는 '엄마'와 '아빠'다. 개를 기르는 집이라면 다음으로 '도기doggy'를 배운다. 그렇지 않으면 '스토리'가 바로 아이들이 세 번째로 배우는 복잡한 말이다.

우리는 세상 모든 일을 스토리로 배운다.

이야기꾼은 절대로 결말을 미리 말해주는 법이 없다. 여러분도 그래야 한다. 그런 긴장감이 필요하다. 청중이 여러분의 스토리에서 각자 나름의 교훈을 끌어내도록 하는 것이다. 이것은 인간의 가장 기본적인 성향을 이용하는 것이다. 즉, 우리는 자신이 내린 결론을 굳게 믿는다. 남이 강요하는 결론은 거부하는 것이 인간의 본능이다.

인간은 자신이 아는 것에 대한 자신감이 엄청나다는 사실을 보여준 유명한 실험이 있다.

사람들에게 여러 가지 질문을 던진 후 자신의 대답을 얼마나 확신하는지 함께 말해달라고 요청했다. 실험 결과, 사람들이 자신이 대답한 말의 철자가 100퍼센트 맞다고 한 것 중에도 오류가 무려 20퍼센트나 섞여 있었다!

이 실험은 우리가 확신한다는 것이 무엇인지를 다시 한번 생각해보게 한다.

그러니 누군가를 설득하려면 조언을 들어야 한다. 내 결론만 가지고 무조건 시작해서는 안 된다. 사람들은 자기 생각이 아니면 무조건 배척하는 경향이 있다. 게다가 아무런 긴장감도 없이 결론부터 제시하면 아예 들을 생각조차 하지 않는다.

그 대신 스토리만 전해주고 결론은 스스로 내도록 유도해야 한다. 사람들은 자신만의 결론에 도달한다. 그리고 일단 자신의 의견이 성립되면 웬만해서는 굽히지 않는다.

아이들에게서 배울 필요가 있다. 스토리로 전하라.

가슴을 울려라

바보 같은 예전의 자동차 광고들을 기억하는가?

잡지만 펴면 페이지마다 금발의 늘씬한 미인들이 반짝반짝 빛나는 1979년산 신차에 몸을 기댄 광고가 보이던 시절이 있었다.

물론 이런 광고는 요즘도 볼 수 있다. 도스에퀴스Dos Equis라는 멕시코 맥주 광고의 마지막은 항상 마초 성향의 남자 주인공이 식당 테이블에 앉아 있고 주변에는 미인대회 수상자 같은 여성들이 둘러싼 장면으로 끝난다. 마치 플레이보이의 창립자 휴 헤프너Hugh Hefner를 패러디한 것처럼 말이다.

이런 광고를 두고 속임수를 부린다고 비판하는 사람들이 있다. 이 상품을 사면 섹시한 여성이 함께 온다고 호도한다는 것이다.

사실 광고주의 의도는 그렇지 않다. 이런 종류의 광고는 귀여운 아기나 반려동물을 등장시켜 우리의 감정을 무장 해제하는 것과 본질적으로는 같은 효과를 노린다.

우리는 위와 같은 광고를 볼 때, 광고하는 상품을 사면 세상 물정에 밝은 아이나 홀스타인 품종 젖소, 혹은 귀여운 래브라두들 강아지가 같이 온다고 기대하지 않는다. 이 광고들은 감정적 유대를 자아내고 정서를 고조시킨다(유머와 미소 짓는 사람이 광고에 자주 등장하는 이유도 바로 여기에 있다). 그래서 나중에 우리가 그 상품을 보면 왠지 모르게 긍정적인 느낌이 든다.

왜 그런지 이유는 모른다. 심지어 그런 느낌이 드는지조차 모를 수도 있다.

그러나 엄연히 실제로 일어나는 일이다.

광고 관계자들은 이 같은 관행에 격분을 표하곤 한다. 이런 종류의 광고가 시청자의 관심을 빌려간다는 것이다. 그러나 사실 시청자들은 관심을 빌려주는 게 아니라 정서가 고양될 뿐이다.

그들은 구매를 일으키는 동기는 머리가 아니라 가슴이라는 사실을 안다.

고양이가 등장하는 광고는 고양이 관련 상품 광고밖에 없는 이유도 이 점을 생각하면 설명이 된다. 무슨 이유에서인지 고양이를 좋아하지 않는 사람(특히 남성)이 많기 때문이다(증거를 하나 제시하자면, 구글 엔그램 뷰어를 통해 1950년 이후 출간된 모든 책에서 '고양이'보다 '개'라는 단어가 25배나 더 많이 등장했다는 것을 알 수 있다).

광고업자들은 특정 상품에 대한 소비자의 견해를 바꾸는 메시지를 전달하는 것이 그리 쉬운 일이 아님을 알고 있다. 그러나 우리 마음속에 어떤 감정을 심는 일은 단 30초 만에 해치울 수 있다.

광고를 보고 나중에 상품을 실제로 보면 광고를 볼 때의 감정이 되살아난다. 칙필레 간판을 보자마자 미소를 머금는 이유는 광고에서 소가 미소 짓던 장면이 무의식에 남아 있기 때문이다. 투자 회사 이트레이드를 떠올리기만 해도 미소가 나온다. 물론 기저귀 찬 그 아이는 이미 다 커버렸으리라고 생각하면서도 말이다. 트래블러스 보험 회사의 우산을 봐도 웃음이 나온다. 뼈를 입에 문 채 안절부절 못하던 개가 결국은 해피엔딩을 맞이한다는 것을 알기 때문이다.

심지어 우리는 자동차를 매력적인 인물과 관련짓기도 한다. 그러면 그 자동차는 더욱 매력적으로 보이게 된다.

우리는 늘 감정에 따라 물건을 구매한다. 광고주도 그 점을 파악하고 감정에 호소한다. 그래서 광고에는 미인대회 우승자와 귀여운 소, 불면증에 시달리는 래브라두들 개가 끊임없이 등장한다.

이제 알겠는가? 여러분이 미소 짓는 이유는 머릿속에 그들이 떠오르기 때문이다.

감정에 호소하는 메시지를 전달해야 한다. 여러분이 원하는 바를 그들이 느끼게 해주어야 한다. 그들에게 다른 사람의 스토리를 전달하라. 여러분의 서비스가 도움이 되었다는 결과뿐 아니라 감정적인 요소(그 사람이 어떻게 느꼈는지)까지 전달해야 잠재 고객이 공감할 수 있다.

가슴을 울려라. 여러분의 잠재 고객은 생각은 머리로 하지만, 구매는 가슴으로 한다.

호감을 얻는 법

사람들의 흥미를 *끄*는 두 번째 방법은 색다른 내용을 말하는 것이다.

사람들의 이목을 집중하게 만드는 세 번째 방법은 생전 처음 들어보는 이야기를 전해주는 것이다.

그럼 첫 번째 방법은 무엇일까?

새로운 내용을 지금껏 들어보지 못한 방식으로 전하는 것이다.

말 한마디가 중요하다

"오늘 소중한 사람에게 전화하세요."

"최선을 다해 성취하라."

잠깐만.

어디서 들어본 것 같지 않은가?

세계에서 가장 유명한 두 광고 캠페인, AT&T의 "손을 내밀어 연락하세요"와 미 육군의 "최선을 다하라"에서 본 메시지다.

그러나 이 문구는 성공하지 못했다. 둘 다 너무 평범했고 전에 한번 들어본 듯한 말이었기 때문이다. 이 유명한 두 슬로건도 전하는 뜻은 같았지만, 사람들에게 미치는 영향은 달랐다.

강력한 중력으로 모든 것을 빨아들이는 존재는 오래전부터 알려져 있었으나 이것을 거론하는 사람은 주로 물리학자들뿐이었다. 그러다가 어떤 똑똑한 물리학자가 이름을 붙인 이후로 널리 알려졌다. 그것이 바로 '블랙홀'이다.

에이비스는 허츠의 상대가 되지 않았다. 늘 허츠에 압도적으로 뒤지는 2위 신세를 면치 못했다. 그러다가 어떤 대리점 사장이 제안한 구호 때문에 사업이 폭발적으로 성장했다. "우리는 2등입니다.

더 열심히 하겠습니다."

존 케이플스John Caples라는 카피라이터가 있었다. 그는 수많은 광고 메일을 작성했는데, 그중 하나가 폭발적인 반응을 불러왔다. 그가 한 일이라고는 광고문에 담긴 수백 개 단어 중에 단 하나를 바꾼 것뿐이었다. 그런데 그 광고를 본 독자들의 구매율이 20퍼센트가 증가했다.

그는 '수리'를 '해결'로 바꾸었다.

단어 하나가 뭐 그리 중요할까? 그런데 그것이 전부인 경우가 있다. 여러분이 선택하는 단어 하나가 한 시대를 풍미하느냐 기억에서 사라지느냐를 좌우하기도 한다.

단어를 신중하게 선택해야 한다.

신뢰를 얻는 숫자 표기

에베레스트산의 높이는 해발 약 2만 9,000피트다.

그런데 처음 고도를 측정한 사람들이 '2만 9,000피트'라고 발표하면 아무도 그 숫자를 믿지 않을 것으로 생각했다.

그래서 일부러 숫자를 약간 덧붙여서 발표했다고 한다.

사람들은 딱 떨어지는 숫자가 마케팅 문구에 등장하면 대부분 의심한다. "우리는 그 사업을 25퍼센트 성장시켰습니다"라고 하면 다들 의심하거나 추측치 아니면 그저 상투적인 말이라고 생각한다.

아닌 게 아니라 21이나 23, 24, 26 등의 숫자는 거의 본 적이 없다. 항상 25만 보인다.

구체적으로 표현해야 신뢰를 얻는다.

'최고'가 되려는 유혹을 거부하라

잠재 고객은 여러분의 마케팅을 보자마자 여러분이 경쟁자와의 차별화를 무엇보다 중시한다는 것을 알아차릴 수 있어야 한다.

한마디로 경쟁 우위를 점해야 한다. 즉, 여러분을 선택하는 것이 더 낫다는 인상을 주어야 한다.

그 말이 맞는지 시험해보자. 실제로 내가 학생들이나 다른 청중들에게 자주 시도해보는 방법이다.

우선 이렇게 물어본다. "가끔이라도 보모를 고용하시는 분이 있으면 손들어주시겠습니까?"

그중에 한 명을 지목해서(물론 미소를 잊지 않는다) 다음과 같이 대화를 이어간다.

"어디 사십니까?"

"애틀랜타요."

"애틀랜타 어딘지 말씀해주시겠습니까?"

"앤슬리 파크입니다."

"좋은 곳에 사시는군요. 그리고 가끔 보모를 부르시고요. 특별히 좋아하시는 분도 계시겠죠?"

"예, 애슐리라는 분입니다."

"앤슬리에 사는 애슐리라, 멋진 브랜드네요."

좌중에 웃음이 터져 나왔다.

"그럼 앤슬리 파크 최고의 보모는 애슐리입니까?"

"최고요?"

"예, 최우수 베이비시터 말입니다."

"글쎄요, 잘 모르겠네요."

"귀댁의 자녀를 앤슬리 파크 최고의 보모에 맡기시는지 확실치 않다는 말씀입니까?"

"네, 아마 아닌 것 같습니다."

"9개월이나 품고 계시다가 이루 말할 수 없는 산통을 참고 낳은 소중한 아이를, 애슐리 파크 최고의 베이비시터가 보살피는지 어떤지도 모르십니까?"(물론 이때도 내 얼굴에는 미소가 떠나지 않았다.)

"예, 하지만 애슐리는 훌륭한 보모예요."

"알겠습니다. 당연히 훌륭한 분에게 부탁하셨겠지요. 그런데 만약 부인과 남편이 앤슬리 파크에서 가장 훌륭한 보모 세 분을 찾아낸다면 시간을 얼마나 쓰실 수 있을까요?"

"사실 저는 2주도 쓸 수 있습니다."

"남편분은요?"(보통 이 대목에서도 웃음이 터져 나온다.)

"글쎄요…."

"만약 앤슬리 파크 최고의 보모를 만난다면 비용은 얼마나 더 지불할 용의가 있으십니까?"

"잘 모르겠습니다. 애슐리가 최고의 보모인지도 아직 모르겠습니다. 그러나 다시 말씀드리지만, 그녀는 아주 아주 훌륭한 사람이에요."

이 대화에서 이상한 점은 전혀 없다. 사실 우리는 업종과 상관없이 서비스 사업자를 선택할 때 항상 이런 식으로 한다. 서비스가 썩 훌륭한 정도라고 판단하면 그 수준을 유지하는 한 계속 그와 거래하는 것이다.

이런 현상은 유명한 광고인 데이비드 오길비David Ogilvy의 하소연에서도 찾아볼 수 있다. 그는 마케터들이 항상 최고의 선택지가 되어야 한다는 강박관념에 사로잡혀 있다고 말했다.

"마케터들은 항상 최고에 집착하느라 시간을 낭비합니다. 그보다는 이것이 꽤 괜찮은 서비스라는 확신을 안겨주는 편이 훨씬 더 낫습니다."

그거라면 여러분도 할 수 있다. 당신이 최고라고 말하지 마라. 어차피 고객은 세일즈맨의 말을 곧이곧대로 믿지 않는다. 그저 꽤 훌륭한 서비스라는 점만 증명하면 된다(물론 강력한 증거가 필요하다).

다시 말하지만, 이것이 바로 존디어가 트랙터 시장에서 한 일이다. 지난 100년간 그들은 꽤 괜찮은 상품을 생산해왔다. 심플리시티 상품이 조금 더 우수했을지도 모르지만, 아무런 의미가 없는 일이었다. 어차피 그 점을 증명할 방법이 없었기 때문이다. 트랙터 구매자들은 지금껏 익숙해진 괜찮은 상품을 선택하는 것으로 만족했다.

여러분의 경쟁 대상은 업계 1위 회사가 아니다. 여러분은 잠재 고객과 경쟁해야 한다. 그들의 변화에 대한 저항과 여러분의 동기에 대한 의심, 또 혹시 잘못된 선택을 할지도 모른다는 두려움 등이 바로 여러분의 경쟁 대상이다. 이런 내용은 다음에 자세히 살펴볼 것이다.

명심하라. 남보다 더 나아지는 것이 문제가 아니다. 잠재 고객의 마음 속에 꽤 괜찮은 서비스가 되는 것이 관건이다.

'비교 우위'의 유혹을 극복하라

지난 150년 동안 가장 경험 많은 마케터조차 19세기 미국 작가 랠프 월도 에머슨의 가르침을 신봉해왔다. "쥐덫(기존 상품보다 우수하다면 무엇이든)만 잘 만들어놓으면 판로는 저절로 열린다."

1960년대에 이르러 한 커뮤니케이션 학자는 '더 나은 쥐덫'이라는 개념에 과학적인 근거를 제시하며 이를 더욱 그럴듯하게 포장했다. 그는 이를 '비교 우위'라고 하면서 사람들은 '꽤 괜찮은 것'보다는 '더 나은 것'을 선호한다고 주장했다. 얼핏 보면 너무나 당연한 말인 것 같았다. 따라서 '비교 우위'를 지닌 서비스나 상품을 제공하는 편이 더 현명하며, 성공을 보장하는 일이라는 생각이 널리 확산했다.

너무나 당연하고 명백한 이 논리에 따라, 미국 기업들은 너도나도 개선된 신제품으로 무장한 채 시장 공략에 나섰다. 그러나 이렇게 개선된 쥐덫들은 대부분 난관에 봉착했다. 단순히 어려움만 겪은 것이 아니라 시장에 모습을 보이자마자 사라진 것들이 대부분이었다. 그것은 인기 TV쇼〈SNL〉이 패러디한 벤게이 아스파린(근육진통제)이나 콜게이트 키친 앙트레(간편 냉동식품), 프리토레이 레모네이드 등에 그치지 않았다. 거의 모든 신제품이 마찬가지였다.

신시내티 소재 조사기관 애큐폴에 따르면 모든 신제품의 95퍼센트가 실패했다고 한다.

이유가 무엇이었을까?

2006년 6월호〈하버드 비즈니스 리뷰〉에 실린 하버드대학교 마케팅 교수이자 모빌사의 전 중역이었던 존 거빌John Gourville의 논문은 이 문제를 매우 설득력 있고 간결한 제목으로 설명했다. 즉 "적극적 판매자와 냉담한 구매자"라는 것이다.

그는 신제품이 우리에게 변화를 요구한다는 점을 환기했다. 지금껏 익숙했던 상품을 새로운 제품으로 바꾸어야 하는 것이다. 현상유지 편향의 문제를 다룬 섹션에서 살펴봤듯이, 우리는 더 나은 것을 좋아하는 것보다 변화를 싫어하는 정도가 훨씬 더 심하다.

우리는 습관의 동물이다.

거빌은 '더 낫다는 것'이 효과를 발휘하려면 신제품이 기존 상품보다 훨씬 더 좋은 것만으로는 충분치 않다고 결론 내렸다. '최소한 9배는 더 좋아야 한다'는 것이다. 인텔의 유명한 CEO 앤디 그로브도 이것과 유사한 말을 한 적이 있다. 그는 신제품이 시장에 빨리 정착하기 위해서는 기존 상품보다 10배 정도의 편익을 제공해야 한다고 했다.

여러분의 서비스가 경쟁사의 서비스에 비해 10배 이상 좋지 않은 다음에야 '더 나은 것'을 팔 생각은 아예 하지 말아야 한다. 더 낫다는 것은 모호한 개념이다. 그것은 오로지 주관적인 판단에 속하는 문제다. 게다가 마케터가 아무리 '더 낫다'고 외쳐봐야 믿을 사람은 아무도 없다.

그보다는 기존 잠재 고객의 습관에 주목해야 한다.

그들의 습관이 무엇인지 한 문장으로 적어보라.

그리고 그들의 거부감을 잘 이해하고 있으며, 그들의 기존 습관에서 바뀌는 부분을 최소화하면서도 새로운 해결책이 있다는 내용을 글로 적어보라.

'더 나은 것'은 소용없다. 그들을 '도와줄' 방법을 모색하라.

혼잣말의 위험

"다정한 사람 주변에는 다정한 사람이 모인다. 사나운 사람은 주변이 온통 적들로 가득하다. 같이 어울리는 사람을 보면 그 사람을 알 수 있다."

현대적 자기 계발의 대가 켄 키스Ken Keyes의 말이 옳다. 우리는 다른 사람도 우리와 같다고 생각한다. 심리학자들은 이런 인지 편향을 '허위 합의 편향'이라고 한다.

이런 허위 합의 편향 때문에 우리는 자신이 볼 때 매력적이라고 생각하는 메시지를 고안하고 작성한다. 다른 사람도 나처럼 생각하고 느끼리라고 믿기 때문이다. 다른 사람도 이 메시지를 보면 흥미를 느낄 것이 분명하다고 생각한다.

그러나 잠재 고객은 나 혹은 여러분이 아니다. 나와 여러분에게 먹히는 말이라고 해서 다른 사람에게도 그러리라는 보장은 없다.

나는 이 사실을 너무나 절실히 알고 있다.

예컨대 많은 사람이 모이는 곳을 좋아하는 사람도 있다. 그런 사람을 고객으로 유치하려면 큰 행사를 치르는 것이 효과적인 전략일수 있다. 다행히 그들은 행사에 참여할 것이다.

그러나 내성적인 사람들은 오지 않을 것이다.

사람은 저마다 성향이 다르다.

있는 사실만 전해줘도 되는 사람도 있고, 전체적인 맥락을 필요로 하는 사람도 있다(주로 남성은 전자, 여성은 후자에 가깝다).

자격증을 중시하는 사람이 있는가 하면, 그런 것은 모두 허풍으로 치부하는 사람도 있다.

회의를 주도하는 성향도 있고, 상대방이 이끄는 대로 따르는 편을 좋아하는 사람도 있다.

자신에게 이익이 되는 점에 집중하는 사람도 있겠지만, 자신이 아끼는 사람에게 도움이 되는 점이 무엇인지 궁금한 사람도 있을 것이다.

당장 이 책을 읽는 여러분도 예외가 아니다. 스토리가 하나 나타날 때마다 결론부터 확인하고 싶은 사람도 있고, 천천히 음미하며 즐기는 사람도 있을 것이다.

이 점은 마케팅에서 엄청나게 중요한 문제다. 여러분의 메시지가 성공을 거두기 위해서는 어떻게 해야 할까? 무엇보다, 모두 내 맘 같지 않은 사람들을 상대로 어떤 메시지를 전달해야 효과가 있을까?

동료와 친구들에게 물어봐야 한다. 최소한 5명은 필요하다.

여러분의 메시지와 약속, 증거를 그들에게 미리 보여주어라. 그렇다고 그들의 의견을 대뜸 물어서는 안 된다. 여러분이 원하는 제안을 단 한마디도 듣지 못할 수도 있다. 차라리 이렇게 물어보는 게 더 낫다. "여기서 개선할 점을 3가지만 이야기해주실래요?"

만나는 사람마다 보완할 점 3가지를 말해달라고 해보라. 그 자체가 그들의 좋은 아이디어와 날카로운 눈을 인정해준다는 의미가 있다.

요컨대 당신뿐만 아니라 우리도 매력을 느낄 만한 메시지를 만들라는 것이다.

자신이 아니라 고객을 설득하라.

테마를 반복하기

최근에 어떤 유명한 회사에 오래 근무해온 사람이 지금까지 알려져온 역사를 강하게 부정하며 회사의 훌륭한 슬로건을 창안한 사람이 바로 자신이라고 밝혔다.

"'발전에도 훼손되지 않는 125년의 전통'이라는 말은 제가 만든 것입니다."

평생 수많은 광고를 지켜본 우리는 슬로건이 꼭 필요하다는 사실을 쉽게 알 수 있다. '반드시 오늘 밤 안으로 배달해야 할 때'라는 페덱스사의 광고처럼 말이다.

그런데 슬로건이 필요한 이유는 여러분이 생각하는 것과 다를 수도 있다. 너무나 유명하고 뚜렷이 각인된 슬로건조차 이미 오래전에 수명이 다한 것이 허다하다. 미 육군의 '최선을 다하라'는 고작 20년의 수명을 누렸다. 그 후에 나온 '군은 강하다'는 9년을 버텼다. 너무나 훌륭한 슬로건도 사실은 그리 오래 가지 않았다.

슬로건이 꼭 모든 이에게 호소력을 발휘할 필요는 없다. 회사에 필요한 내용이면 된다. 잠재 고객에게 안겨줄 핵심 가치를 몇 마디로 압축해서 잠재 고객을 만났을 때 짧게 설명할 수 있으면 된다(이를 엘리베이터 스피치라고도 한다).

물론 또 다른 쓰임새도 있다. 바로 '동기부여' 효과다.

긍정적인 혼잣말은 분명히 효과가 있다. 훌륭한 서비스를 제공하는 사업자는 끊임없이 "나는 사람들의 인생을 바꿀 수 있다"고 외

처야 한다. 실제로 그럴 기회가 늘어날 뿐 아니라, 잠재 고객도 여러분의 믿음을 표정에서 읽을 수 있다. 아동 만화 〈씩씩한 꼬마 기관차Little Engine That Could〉의 작가 아놀드 멍크Arnold Munk가 의도한 것도 바로 그것이었다. 그저 열심히 하는 것뿐 아니라 긍정적인 사고야말로 성공의 비결이라는 것이다. 록밴드 저니Journey가 〈돈 스탑 빌리빙Don't Stop Believin'〉이라는 노래에서 꼭 세 번씩 반복하는 구절처럼 말이다.

한 가지 테마를 정해서 계속 반복하라.

빨리빨리 시대의 메시지

요즘 사람들은 연설을 들으려 하지 않는다. 한두 마디로 된 구호를 좋아한다. 책 한 권은 엄두도 못 내고 그저 기사 하나 정도의 요약본만 읽는다. 다 듣는 데 45초가 걸리는 음성 메시지보다 5초면 충분한 문자 메시지를 더 좋아한다.

사람들이 스토리 전체를 듣는 것보다 요약에 익숙하다는 사실은 이미 수년 전에 밝혀졌다. 그래서 〈USA투데이〉가 나타나 인기를 끌었다.

강의도 1시간보다 12분짜리를 더 좋아한다. 그래서 등장한 것이 TED 강연이다.

짧게, 더 짧게 만들어야 한다.

로버트 젠슨의 완벽한 조언

디자이너 로버트 젠슨Robert Jensen은 새로운 고객의 웹사이트를 죽 훑어보더니 한 가지만 바꾸면 좋겠다고 조언했다.

말은 적을수록 좋다.

전문가가 되는 법

서비스 사업자는 누구나 전문가처럼 보이고 싶을 것이다. 아닌 게 아니라 전문가로 포지셔닝하라는 조언을 많이 접한다. 개의 암을 전공한 수의사라는 말이, 다른 개 질환을 치료한 어떤 의사보다 훨씬 더 전문가처럼 들린다.

그러나 사람들이 전문가를 어떻게 판단하는지 보려면 미국 법원보다 더 좋은 곳이 없다.

날마다 미국 모든 도시의 법정에서는 전문가들이 원고와 피고 양쪽을 위해 증언한다. 여러분과 나 같은 비전문가, 즉 배심원들은 그런 전문가들의 엇갈리는 의견을 듣고 어느 쪽에 더 믿음이 가는지 판단해야 한다.

배심원이 가장 신뢰하는 전문가는 어떤 사람일까?

다행히 이 주제에 관해 물어볼 수 있는 전문가가 있다. 전국에 10개의 사무소를 거느린 컨설팅 회사 디시전퀘스트는 지난 30년간 50개 주 전체에서 위험도가 큰 사건을 1만 8,000건이나 컨설팅해오면서 이 문제를 연구했고, 그 대답으로 어떤 사건의 이야기를 제시했다.

그 사건은 지리 문제에 관한 전문가 증언과 관련이 있었다. 한쪽 편은 그곳 대학에서 지리학 석사 학위를 취득한 고등학교 교사를 증인으로 채택했다. 상대방 측이 내세운 증인은 하버드대학교를 졸업하고 지질탐사 회사에서 오래 근무해온 사람이었다.

둘 중 어느 쪽이 배심원들에게 더 '전문가'로 보였을까?

고교 교사였다. 왜 그럴까? 디시전퀘스트의 전문가들은 이렇게 설명했다.

"배심원들은 경력을 중시하는 반면, 변호사들은 자격증에 집중합니다."

이어서 디시전퀘스트는 중요한 결론을 내렸다.

"배심원들은 증인으로부터 얼마나 잘 배울 수 있는가에 관심을 집중합니다."

전문가란 아는 것이 많은 사람이 아니다. 자신이 아는 것을 잘 가르치는 사람이 전문가다.

유능한 마케터가 되려면 아는 것을 잘 가르치는 사람이 되어야 한다.

필요한 것은 스토리텔링

"평범한 선생은 아는 것을 전달한다. 훌륭한 선생은 설명한다. 뛰어난 선생은 보여준다."

윌리엄 아서 워드의 말에 핵심이 담겨 있다. 훌륭한 선생(잠재 고객이 전문가로 인정하는 사람)이란 내용을 충분히 파악하여 누구에게나 설명해줄 수 있는 사람이다.

그렇다면 선생은 어떻게 설명하고, 여러분은 어떻게 해야 하는가? 디시전퀘스트의 전문가들이 내놓은 대답은 여러분이 익히 예상한 바와 같다.

"스토리를 전하는 것이 가장 효과적인 의사소통입니다."

이야기는 내용을 생생하게 보여준다. 추상적인 원리를 탄탄한 스토리에 담아 전달하면 듣는 사람들이 이구동성으로 "알겠다"고 대답한다.

전문가로 보이려면 스토리의 기술을 익혀라.

형용사를 피하라

노벨 문학상 후보에 열두 번이나 오른 프랑스의 작가 폴 발레리 Paul Valéry는 카피라이터를 싫어했다. 그는 1945년에 세상을 떠났으므로, 그가 활동했던 시기는 아직 대중 광고가 등장하기 전이었다.

그가 살아 있었다면 총 여덟 부분으로 된 그의 연설 중 일부를 마케터인 우리가 훔쳐 간다고 일갈했으리라.

그는 이런 글을 쓴 바 있다. "광고는 가장 강력한 형용사를 무력화한다."

우리는 '독특한'이란 말을 훔쳐서는 '가장 독특한'으로 바꿔버렸다. 나아가 '정말 가장 독특한' 정도가 되면 아예 말살해버린 것이나 다름없다. 우리는 최상급 형용사를 융단 폭격처럼 퍼붓는다. '뛰어난'은 '세계 수준'에 밀려났고, 이제는 '우주 수준'까지 등장했다.

우리가 형용사를 망쳐버린 것 같다. 그러나 마케팅은 결국 더 발전할 것이다. 이제 '세계 수준'이라는 말만으로는 소용없는 시대가 되었으니 그보다 훨씬 더 강력한 준비물이 필요하다. 그것은 바로 증거다.

마크 트웨인은 발레리가 제기한 문제의 해결책을 제시했다. "형용사는 빼라."

어떤 면에서 보면 트웨인은 이 논란을 간단히 결론지어버린 것이다. "의심이 들 때는 진실만 이야기하라."

형용사는 기껏해야 거추장스럽기만 하다. '헌신하는 직원', '최첨단 해결책', '적극적 방법' 등의 말은 우리 귀에 들어오지도 않는다. 너무나 많이 봐서 이제는 식상하다. 작가 스티븐 킹이 말했듯이, 지옥으로 가는 길이 '부사로 깔려 있다면' 다른 길에는 형용사가 난무한다.

물론 마케팅 커뮤니케이션에도 형용사가 가득하다.

여러분이 쓰는 모든 글에 등장하는 아래의 주범들을 보라. 이제는 타파할 때가 되지 않았는가?

실행 가능, 고객 중심, 공동의, 열성적, 비용 효율적, 창의적, 최첨단, 헌신적, 경험 많은, 고급, 전인적, 업계를 선도하는, 혁신적, 선도적, 필수적, 차세대, 틀을 깨는, 뛰어난, 적극적, 호응하는, 튼튼한, 확장성, 자연스러운, 최신, 우월한, 지속 가능, 시너지, 부가가치….

모두 마케터를 지옥의 길에 올려세우는 형용사들이다. 모두 뻔한 말에 불과하다.

뛰어나다고 말하지 말라. 뛰어난 모습을 보여주면 된다.
혁신적이라고 말하지 말라. 증명하라.
열성적이고, 헌신적이며, 전념한다고 말로 하지 말라. 실천하라.
증거가 많으면 형용사는 필요 없다.

무의미한 말

다음은 모두 유명 회사의 웹사이트 첫 화면에 올라와 있는 내용이다.

"탁월함의 전통"

질문: 독자에게 무슨 도움이 되는가?

"축 창립 50주년"

같은 질문: 독자에게 무슨 의미가 있는가?

"국제 시장의 선도적 기업으로 고객 여러분의 가장 어려운 문제를 해결합니다."

경쟁사는 쉬운 문제만 해결하는가?

"국내 5대 기업"

회사가 커서 나한테 좋은 점이 무엇인가? 더 작으면 안 되는가?
굳이 다섯 번째라는 점을 강조하는 이유는 무엇인가?

"탁월함을 향한 전념"

그것 말고 또 어디에 전념할 일이 있는가? 탁월하지 않고서야 살아남을 수나 있겠는가?

하고자 하는 말이 무엇인가?

사실상 아무 의미도 없는 말이다. 웹사이트의 '회사 소개란'을 그저 채워놓은 것에 불과하다.

빈칸 채워넣기는 그만두고 뭔가를 말해달라. 스토리를 전해야

한다. 구체적인 사실을 스토리에 담아 우리가 당장 움직일 수 있게
만들어달라.

모든 잠재 고객은 이렇게 질문한다.

"당신은 어떻게 내 삶을 조금이나마 낫게 해줄 건가요?"

뻔한 말이나 무의미한 약속은 안 된다.

8장

고객을 오래 붙잡는
이미지 활용법

과장된 카피의 세상

요즘은 슈퍼마켓에서 샐러드를 사면서 영수증은 필요 없다고 하면 직원이 '탁월한' 결정이라고 말한다.

오늘날은 책 표지에 100여 가지 사건이 '미국을 영원히 바꿔놓을 것'이라고 쓰여 있는 시대다. 인터넷에도 마찬가지다. 날마다 뭔가가 영원히 바뀔 것이라고 해서 들여다보면 고양이니, 수영복이니, 인기 연예인 소식 같은 것들이다. 코미디언의 졸업 연설도 '인생을 바꿀 만한' 내용이란다.

1만 부(오리건주에서 47번째로 큰 도시인 샌디의 인구에 해당한다) 정도 팔린 책을 가지고 '전국 베스트셀러'라고 하는 시대다.

이번 여름 '가장 보기 좋은 영화'라면서 열 편이 선정되는 시대다. 아마 내년에는 '최고의 여름 영화'가 열 편이 넘게 선정될 것이

고, 그다음 해에는 또 '인생을 바꾸는 최고의 영화'가 열 편 등장할
것이다.

언어학자들은 언어가 세월에 따라 진화한다지만, 아무리 봐도
요즘은 퇴화하는 것만 같다. 요즘 사람들은 어떤 말이든 전혀 다른
뜻으로 사용할 수 있다고 생각하는 것 같다.

바야흐로 표현에 극심한 인플레이션이 발생하는 시대다. 다행히
어떤 회사가 약속한 상품을 그대로 구현하면 다들 '대단한 존경과
인기를 누리는' 회사라고 표현한다. 인정하자. 그 말은 '그저 괜찮
은' 회사라는 뜻이지 않은가?

말이 원래의 의미를 잃어버리면 모든 신뢰가 무너진다. 특히 이
런 추세의 원인이 마케팅하는 사람들이므로, 이제 우리의 말은 전
혀 먹혀들지 않는다. 매우 심각한 문제가 아닐 수 없다.

우리는 말의 힘을 잃어버렸다.

그렇다면 다른 뭔가에 기대야 한다. 바로 이미지다.

우리는 눈으로 생각한다

"밥, 밥, 밥, 밥, 밥 오어 앤? (밥이에요, 앤이에요?)

밥 오어 앤, 내 손을 잡아요.

밥 오어 앤!"

비치보이스의 유명한 곡 '바바라 앤'을 아는 사람이 위의 글을

빨리 읽으면 분명히 그 노래의 패러디라는 것을 알아차릴 것이다.

그러나 뱃시라는 여성은 그렇지 않았다. 그녀는 이 노래를 들을 때마다 '밥 오어 앤'이라고 들었다.

마케터는 몇 주간이나 고생해서 원하는 메시지를 만들어낸다. 그런데 몇 달이 지나고 보면 사람들이 그들의 의도와는 전혀 엉뚱하게 받아들이는 경우가 있다.

사람들은 소리는 아예 듣지 않는다. 뇌리에 남아 있는 것은 오로지 이미지다.

실제 사례가 있다. 1985년에 우리는 어떤 은행의 시리즈 광고를 제작했다. 우리의 의도는 어떤 일을 하든 정보가 매우 중요하다는 점을 전달하는 것이었다. 그래서 그 지역 출신의 펜싱 선수와 작곡가, 그리고 에베레스트 등반을 계획하고 있는 사람이 등장하는 실화를 보여주기로 했다. 그들이 성공하는 데 정보가 얼마나 중요했는지 보여주자는 것이었다.

등반가가 출연한 편에서, 우리는 그가 기상 정보를 읽고, 과거의 등반 경로를 연구하며, 필요한 장비를 비교하는 장면을 보여주었다. 광고 나레이션은 끊임없이 정보란 말을 강조했고, 마지막에는 광고주 은행이 '성공에 필요한' 정보를 제공해준다는 말로 끝냈다.

우리는 포커스그룹을 상대로 광고 시사회를 열었다. "이 광고의 메시지가 뭐라고 생각하십니까?" 우리가 물었다.

'정보'를 언급한 사람은 10명 중 한 명이 채 될까 말까 했다. 그럼 다른 사람들은 도대체 뭘 들었을까?

"'강력함'을 말하는 것 같네요. 자기네 은행이 강하고 튼튼하다는 거요."

우리는 당황한 기색을 감추고 다시 물었다. "어디서 그런 인상을 받으셨죠?"

"산이요. 암벽 등반 장면이 있잖아요. 그 은행이 산이나 등반가처럼 강한 존재라는 거죠."

전혀 뜻밖의 반응이었다. 우리는 '강함'을 강조하려는 생각은 추호도 없었다. 그런데 광고가 그런 메시지를 전했다는 것이었다. 등반가가 암벽을 오르는 장면은 딱 3초 나왔을 뿐인데 광고 내내 아나운서가 정보의 가치를 힘주어 말한 것을 완벽히 덮어버린 것이다.

물론 우리의 의도를 알아차리는 사람도 있다. 그러나 "밥, 밥 오어 앤?"으로 듣거나 3초간 나오는 암벽 등반 장면으로 보고 '튼튼하고 강한' 것을 연상하는 사람들이 의외로 많다.

역시 인간의 시각에는 오류가 있는 것 같다. 3명의 목격자가 도저히 양립할 수 없는 하나의 사건을 각각 다르게 기억했다는 사례도 있듯이 말이다. 사람들은 눈으로 본 것은 절대 틀릴 수 없다고 착각한다. 그러나 최근, 목격자의 진술에 따라 유죄 평결을 받은 수백 명의 남성이 DNA 테스트 결과 범죄 현장에 있었을 리가 없음이 밝혀지면서 시각에 대한 확신은 점차 힘을 잃어왔다.

아무리 자신의 인식을 포함한 두뇌 기능을 굳게 신뢰한다고 해도, 우리는 예리한 관찰자나 완벽한 청취자와는 거리가 멀다. 사실 우리가 동시에 여러 가지를 생각하는 것도 그 이유 중 하나일 것이다. TV 광고를 보면서도 한편으로는 일 걱정을 하는 것이 우리다.

나아가 한 장의 사진이 백 마디 말보다 더 큰 목소리를 발한다는 점을 알 수 있다. "우리는 눈으로 생각한다."

따라서 메시지 못지않게, 아니 어쩌면 그보다 더 눈에 보이는 것을 조심히 다루어야 한다.

지금은 시각이 청각을 압도하는 시대다.

오렌지 왕

25초에 한 번씩 지구상 어느 곳에서 누군가는 에르메스 스카프를 산다.

이것이 오로지 에르메스 브랜드 때문이라고만 말할 마케터는 아무도 없을 것이다. 에르메스 스카프는 세계 최고의 중국산 실크에 무려 7,000여 종의 색상을 염색한 제품이다.

에르메스를 창립한 티에리 에르메스는 아마도 브랜딩의 천재는 아니었을 것이다. 훗날 에르메스의 상징색이 된 오렌지는 그저 그가 좋아하던 색상이었을 뿐인지도 모른다. 에르메스 오렌지는 티파니의 로빈 에그 블루에 이어 두 번째로 유명한 브랜드의 지위에 올랐다.

에르메스 오렌지색 가방은 사람들의 뇌리에 에르메스라는 이름

을 각인시킬 정도로 유명하다. 이 책에서 말한 '한번 들어봤어요'의
가치를 에르메스에 부여하는 데 큰 공로를 세웠다.

차별화된 색상을 정한 다음 끊임없이 노출해야 한다.

오렌지 모방왕

에르메스의 본사가 자리한 포부흐그 셍또노헤Foubourg Saint-Honoré
거리를 떠나 택시를 타고 남남쪽으로 15분을 달리면, 그곳에 에르
메스를 그대로 본뜬 회사가 있다. 아닌 게 아니라 회사 이름 자체가
오렌지다.

에르메스 오렌지의 브랜드파워를 잘 알고 있던 마케팅 담당자는
회사 이름을 아예 오렌지로 짓고(거대 정보통신 회사로, 최근에는 모바
일, 일반전화, 인터넷 사업을 포괄한다) 그 색상을 더욱 과감하게 이용했
다. 회사명을 색상과 연관 지음으로써 두 요소의 복합 효과를 증폭
한 것이다. 그 결과('밝은 미래, 오렌지빛 미래'라는 잊을 수 없는 구호를 내
세웠다) 마케팅 역사상 가장 큰 성공을 거두었다(미국 기업의 비슷한
예로 2002년부터 2010년까지 UPS가 내세운 '브라운으로 뭘 할 수 있을까
요?'가 있다).

오렌지의 새로운 전략은 유럽에서 가장 강력한 '한번 들어봤어요'
효과를 거두었을 것이다. 이후 이 회사가 '오렌지빛 미래'라는 메시
지를 14년간이나 사용할 정도로 강력한 효과를 발휘했다. 사실상

21세기 내내 그 효과가 지속된 셈이다.

차별화된 색상은 메시지를 더욱 돋보이게 한다.

고객을 더 오래 잡아두는 법

우리는 오랫동안 주요 건물은 사각형, 셔츠는 흰색, 넥타이는 검은색, 신문은 흑백인 세상에서 살아왔다.

그러다가 프랭크 게리가 나타나 폭발하는 것처럼 생긴 건물을 선보였고, 조르지오아르마니와 랄프로렌 때문에 남자들이 주름 바지와 시아일랜드 코튼 소재에 관심을 가졌으며, 〈USA투데이〉에는 형형색색의 피셔프라이스 장난감 광고가 실리게 되었다.

우리가 어릴 때 보던 타자기 서체는 피카와 엘리트 두 종류밖에 없었다. 오늘날 마이크로소프트가 제공하는 서체 중에는 'C'로 시작하는 것만 49종류나 있다.

TV 화질은 처음에는 거의 알아보지 못할 정도였다가 시간이 지날수록 점점 개선되었다. 요즘은 아이패드 화면에도 레티나 디스플레이가 채용되고, 곧 8K가 넘는 해상도의 TV가 등장할 날이 머지않았다. 이것은 인간의 시각이 감지하는 한계의 2배에 해당하는 수준이다.

말의 위력은 점점 떨어진다. 그래서 우리는 그 공백을 이미지로 메운다. 당연히 그럴 수밖에 없다. 최근 연구에 따르면 사람들이 웹사이트에 나오는 광고 문구를 읽는 데는 5.6초를 쓰지만, 주요 이미지를 보는 데는 6.5초를 쓴다고 한다.

방금 이 말을 깊이 음미해야 한다.

디자이너들은 글 읽는 사람보다 그림 보는 사람이 더 많아지는 세태에 발맞추어 웹사이트를 온통 인포그래픽으로 채워 넣는다. 그 어떤 말보다 그림이 '정보'를 더 효과적으로 전달한다고 믿는 것이다.

우리 조부모님이 살던 시대에는 자동차란 오직 검은색밖에 없었다. 컴퓨터도 오랫동안 같은 신세를 면하지 못했다. 컴퓨터는 그저 기계일 뿐이라는 생각을 반영하듯 무조건 회색이었다. 스티브 잡스만이 이런 생각을 벗어나 포도, 귤, 라임, 오렌지색 아이맥을 선보였다. 그는 새 시대에는 알맹이 못지않게 껍데기도 중요하다는 점을 간파했다.

예전에는 리바이스 청바지를 사려면 7.6센티미터 더 긴 501밖에 없었다. 요즘은 501, 504, 505, 510, 511, 513, 514, 517, 522, 527, 550, 555, 560, 569 중에 하나를 고를 수 있고, 색상과 마감만 35종류가 있다. 바바리, 블랙, 세 종류의 스톤워시, 물세탁, 뻣뻣한 것, 찢은 것, 케일, 화이트불, 아이스캡 등을 포함해서 말이다.

시각의 시대에는 풋볼도 그냥 지켜보는 것만으로는 재미가 없다. 댈러스의 AT&T 스타디움에는 20야드 라인 한쪽 편에서 반대편까지 펼쳐진 550톤짜리 1,080픽셀 해상도의 대형 스크린으로 경기를 볼 수 있다. 여기에는 3,000만 개의 전구가 불을 밝히고 있다. 이 정도로도 만족하지 못한다면 잭슨빌 재규어스를 응원하면 된다.

그곳의 전광판은 경기장 길이보다도 18미터나 더 길다.

바야흐로 시각의 시대다. 지금은 이미지가 중요하고 보는 것이 듣는 것보다 천배나 더 큰 효과를 발휘한다. 여러분도 이 대세에 합류해야 한다.

사업 발전에 이미지를 어떻게 활용하고 있는가?

알맹이냐, 껍데기냐

색깔이 선명하지 않은 오렌지는 아무도 사지 않는다. 여러분도 마찬가지일 것이다. 우리는 그저 가장 맛있는 오렌지를 사고 싶은 것뿐이다.

그러나 껍질 색은 당도와 아무 상관이 없다. 오렌지를 수확할 때는 오히려 연두색에 더 가깝다. 수확한 다음에 작업자들이 에틸렌 가스를 뿌려 오렌지색으로 만든다. 그러니까 오렌지색은 일종의 속임수인 셈이다. 껍데기를 위장했을 뿐, 알맹이는 똑같다.

그런데 이런 속임수가 먹힌다. 우리는 가장 진한 색의 오렌지를 고른다. 이제 그것이 속임수라는 것을 알았음에도(껍질 색과 과즙 맛은 상관없다) 여전히 여러분은 진한 오렌지를 고를 것이다. 나 역시 마찬가지다.

껍데기의 위력을 인정할 수밖에 없다. 여러분도 이 점을 적극적으로 이용해야 한다. 오렌지의 경우, 우리는 짙은 색이 속임수임을 뻔히 알면서도 분명히 그쪽을 선택한다.

껍데기를 주의 깊게 살펴보자. 맥락이 내용을 바꿀 수도 있다.

보는 대로 믿게 된다

이야기 하나

한 연구 그룹이 대학 풋볼 코치 앞에서 발표하는 법을 도와주기 위해 앤드류 스테브니악이라는 학생에게 3가지 발표 형식을 안내해주었다.

첫 번째는 백지에 자신의 성적을 기록해서 발표하는 것이었다.

두 번째는 막대그래프를 그려서 설명하는 것이었다.

세 번째는 파워포인트를 이용하여 늘어나고 줄어드는 막대그래프를 다채로운 색상으로 보여주는 것이었다.

이 젊은 친구는 풋볼 장학생이 되기 위해 얼마나 훌륭하게 발표했을까? 물론, 여러 가지 조건에 따라 다를 것이다.

백지를 사용한 결과 앤드류가 얻은 점수는 7점 만점에 4.5점이었다. 막대그래프를 쓴 결과 5점을 얻었다. 움직이는 막대그래프는 몇 점을 받았을까? 6점이었다. 백지를 사용한 것보다 33퍼센트나 더 높은 수치였다.

여러분의 잠재 고객도 마찬가지다. 그들의 생각은 시각에 좌우된다.

이야기 둘

예일대학교 대학원생과 미시간대학교 교수로 구성된 연구 팀은 피험자들에게 두 개의 똑같은 연습 문제를 보여주었다. 그런데 첫 번째는 에어리얼 서체, 두 번째는 브러시 서체로 되어 있었다.

두 그룹의 학생 중 브러시 서체를 본 쪽은 에어리얼 서체보다 문제를 푸는 데 2배나 더 많은 시간이 걸릴 것이라고 대답했다.

이야기 셋

2004년 올림픽 대회에서 치러진 네 개의 격투기 종목(그레코로만 및 자유형 레슬링, 복싱, 태권도)에서, 붉은 유니폼을 입은 선수가 푸른 유니폼 선수를 이긴 비율은 60퍼센트에 달했다.

이야기 넷

1979년 NHL 리그에서 피츠버그 펭귄스는 페널티를 적게 범한 순서로 4위를 기록했다. 시즌이 끝난 후 팀 관계자는 펭귄의 색깔이 검은색이라는 사실을 떠올렸고, 마침 검은색이 유행이기도 해서 유니폼 색상을 흰색과 청색에서 모두 검은색으로 바꾸었다.

그러자 곧바로 리그 페널티 최다 순위 상위권을 기록했다.

그 전 시즌에도 페널티 순위 7위였던 밴쿠버 커넉스가 유니폼 색상을 흰색에서 검은색으로 바꾸고 이번 시즌에 3위를 기록했다. 아이스하키 심판의 판단에도 시각과 편견이 작용한 것으로 보인다.

이야기 다섯

같은 해 4월 2일, 〈뉴욕 타임스〉는 코넬대학교 연구 팀이 치토스 과자에 맛이 나지 않는 인공 오렌지 착색제를 첨가했더니 놀라운 결과가 나왔다는 연구 결과를 보도했다. 사람들이 치즈 맛을 느끼지 못했다는 것이었다.

만약 바닐라 푸딩에 노란색 착색제를 첨가했다면 어떨까? 사람들은 바나나 맛이나 레몬 맛이 난다고 할 것이다.

그럼 레몬 푸딩에 흰색을 첨가하면 어떨까? 거의 모두가 바닐라 맛이라고 주장하게 된다.

고객은 보는 대로 생각한다. 이 현상을 얼마나 활용하고 있는가?

빌 보더스의 헤드라인

빌 보더스Bill Borders는 내가 변호사 출신으로 카피라이팅 업계에 진출하는 데 롤 모델이 된 두 사람 중 한 명이다. 그는 내가 결코 잊지 못할 헤드라인을 쓴 적이 있다.

"당신의 회사가 젊은 변호사들과 다툴수록, 고통은 더 길어진다."

겉포장은 중요하다. 사람들은 듣는 것보다 보는 것을 더 믿는다. 웹사이트, 명함, 이메일 형식 등에 주의해야 한다.

여러분의 포장은 팔고자 하는 내용물을 얼마나 뒷받침하는가?

사소해 보이는 변화

1995년에 쿠어스는 블루문 맥주를 출시했다. 벨기에 스타일의 이 밀맥주는 콜로라도 로키스 팬들의 사랑을 받았지만, 그 외에는 이렇다 할 고객을 확보하지 못했다. 그러다가 몇 달 후부터 엄청난 인기를 끌었다. 영업사원들이 바텐더에게 이 맥주를 내놓을 때 오렌지 한 조각을 곁들이라고 설득한 것이 계기였다. 2008년에 이르러 블루문은 미국에서 가장 많이 팔린 맥주가 되었다.

2008년, 인터스테이트 베이커리스가 파산 보호를 신청했다. 그로부터 1년 후에 그들은 매출이 7퍼센트 증가했다고 발표했다. 어떤 변화가 있었던 것일까? 그들은 대표 상품인 트윙키스, 호호스, 딩동 같은 케이크 제품의 포장만 바꾸었을 뿐이다.

2008년까지만 해도 씨그램의 와인쿨러는 잘 팔리지 않았다. 그런데 2009년 중반에 이르자 전체 와인쿨러 시장의 36퍼센트를 점유하게 되었다. 무엇이 달라졌을까? 역시 포장이었다. 씨그램은 와인쿨러를 맥주병과 비슷한 용기에 담아 팔기 시작했다.

이런 3가지 사건이 벌어지던 동안, 필그림클리너스라는 회사의 보니 엥글러Bonnie Engler라는 경영자가 나를 자신의 사무실에 초대했다. 이 회사는 트윈시티에서 19개 지점을 운영하고 있었다. 그녀가 말했다. "선생님의 책을 읽고 상호와 로고를 모두 바꿨습니다. 감사합니다." (그 회사의 이전 로고는 크리스마스 캐럴에 나오는 스크루지 영감을 연상시켰으며, 상호도 마치 청교도 가정만 청소해주는 듯한 인상을 주었다.

그러나 나는 예의상 그런 말을 입 밖에 꺼내지 않았다.)

"효과가 있었습니까?" 내가 물었다.

엥글러가 답했다. "말도 마세요. 매출 증대 효과가 20퍼센트는 충분히 넘을 겁니다."

"혹시 그것 말고 다른 요인은 없었는지요?"

"없습니다. 로고와 상호를 바꾼 게 전부입니다."

모든 것이 빨라지고 경쟁이 치열해진 오늘날, 상호와 로고는 한 회사에 대해 알 수 있는 모든 것이라고 해도 과언이 아니다. 로고는 마치 정장, 구두, 서류 가방, 나아가 서비스 차량과도 같다. 여러분의 외관은 어떠한가?

어떠해야 할 것 같은가?

디테일이 중요하다. 외관은 특히 더 중요하다.

이미지는 천 마디의 말을 한다

어떤 경영자는 이렇게 말한다. "우리 회사에는 상징이 필요 없습니다. 우리는 음료 회사가 아닙니다. 필요한 것은 스토리입니다. 그 것만 말하면 돼요."

그가 오해하는 것이 있다. 회사의 스토리를 말한다지만, 그 말 역시 상징일 뿐이다. '모자'는 모자의 실체가 아니다. 모자라는 실물을 대변하는 두 글자로 된 상징일 뿐이다.

그리고 이런 말보다 더 생생한 것이 바로 이미지다. 사람들은 '성조기'라는 말보다 실제 성조기에 더 강렬하게 반응한다. '나치'라는 말보다 나치 깃발이 사람들을 더 선동했듯이 말이다.

더구나 차별화된 시각 이미지를 만드는 일이 독특한 말을 지어내는 것보다 훨씬 더 쉽다. 설혹 가능하다 하더라도 그 독특한 말을 이해할 사람은 아무도 없을 것이다.

우리는 상징 이상의 스토리를 전하기 어렵다. 시각 이미지는 가장 간단하고, 빠르고, 잊히지 않는 의사전달 방식이다. 상징은 결국 그림이다. 평범한 지혜 속에 천 마디의 말을 담을 수 있다.

시각 이미지는 천 마디의 말을 한다.

후광 효과의 위력

에드워드 손다이크Edward Thorndike는 이상한 점을 발견했다. 저명한 심리학자인 그는 병사의 체격과 지휘관이 그를 보는 시각 사이에 특이한 상관관계가 있음을 알게 되었다.

두꺼운 가슴과 팔뚝에 허리가 늘씬한 병사는 지능도 더 우수할까? 여러분이라면 아마 그렇지 않다고 생각할 것이다. 그런 체격의 군인은 무조건 유능한 지휘관일까? 거기다 믿을 수 있고 정직하며 용감할까?

물론 그렇게 생각하지 않을 것이다.

그러나 손다이크의 연구 결과, 지휘관들은 여러분의 생각과 달랐다. 그들은 체격이 우수한 병사일수록 평범한 병사보다 더 똑똑하고, 유능하며, 신뢰할 수 있고, 정직하다고 평가했다. 손다이크는 이것을 후광 효과Halo Effect라고 불렀고, 이후 이를 뒷받침하는 후속 연구가 뒤따르며 널리 알려졌다.

1974년, 6명의 남자 대학생이 세 편의 글을 평가하라는 실험에 참여했다. 첫 번째는 매우 잘 쓴 글이었고, 두 번째는 문장이 형편없었으며, 나머지 한 편은 평범한 글이었다. 첫 번째와 두 번째는 저자의 사진이 첨부되어 있었는데, 매력적인 외모의 여성과 평범한 여성의 얼굴이었다. 세 번째 글은 저자의 사진이 포함되지 않았다.

매력적인 여성이 쓴 우수한 문장의 글에 대해 학생들은 평균 6.7점을 주었다. 똑같은 글에 매력적이지 않은 여성의 사진이 첨부된 경우는 어땠을까? 평균 5.9점이었다. 매력적이지 않은 저자와 솜씨가 나쁜 글의 조합은 말할 것도 없이 점수가 더 낮았다. 똑같은 글도 매력적인 여성이 저자라고 하니 5.1점을 받았으나 그렇지 않은 여성의 경우 2.7점밖에 못 얻었다.

나는 1988년에도 똑같은 효과를 경험한 적이 있다. 그때 이후 25년간이나 벤처캐피털리스트들로부터 계속해서 이런 소리를 들어왔다. "사업 모델은 훌륭합니다만, 다른 CEO가 경영하면 좋겠습니다."

그 CEO가 경험이 없어서일까? 아니다. 학력과 배경이 부족해서일까? 그것도 아니다. 해당 사업에 필요한 기본적인 자질이 부족할까? 전혀 아니다.

그렇다면 왜 안 된다는 것일까?

벤처캐피털 사람들은 늘 이렇게 말한다. "그 사람은 안 어울립니다. CEO의 면모가 아니에요."

잠깐만, 여기는 미국이다. 누구든 대통령이 될 수 있는데, CEO가 될 사람은 정해져 있다고? 정말인가? 도대체 왜?

"그는 그 자리에 안 어울립니다."

우리는 껍데기를 보고 알맹이를 판단하며, 사람과 사업을 그의 외모에 따라 판단한다. 후광 효과에 휘둘리는 것이다.

그 반대도 마찬가지다. '매력적이지 않은 저자'의 글에 박한 점수를 주었듯이 말이다. 이를 뿔 효과Horn Effect라고 한다. 잠재 고객은 여러분의 겉모습이 멋지면 일도 잘한다고 생각한다. 그렇지 않은 사람은 뿔 효과의 직격탄을 받게 된다.

그러나 우리가 이런 함정에 빠지지 않고 서비스 사업자를 판단하는 방법은 무엇일까? 회계사가 소득 신고를 '유리하게' 처리해줄지를 어떻게 알아볼 수 있을까? 우리가 그런 판단을 할 정도의 능력자라면 소득 신고를 직접 처리하지, 왜 남에게 맡기겠는가?

우리는 여러분이 훌륭한 법률 자문이나 건전한 치료법을 제공해준다는 사실을 어떻게 알 수 있을까? 잠재 고객의 단골 치과보다 여러분이 진료를 더 잘한다는 것을 어떻게 확신할 수 있을까? 그럴듯한 웹사이트에 잘생긴 얼굴을 올려놓은 사람보다 여러분이 내 재정 계획을 더 잘 짜준다는 것을 어떻게 믿을 수 있을까?

우리의 됨됨이가 얄팍해서가 아니다. 판단할 근거가 외모 말고는 없기 때문이다.

후광 효과를 최대한 활용할 수밖에 없다. 껍데기를 꾸며야 한다.

고객의 뇌리에 남는 것

뛰어난 브랜드라고 하면 어떤 이미지가 떠오르는가?

브랜드별 상징이 가장 먼저 생각날 것이다. 맥도널드의 황금색 아치, 쉘 석유의 가리비 모양 로고, 타겟의 상호, 나이키의 날렵한 마크 등 말이다.

이런 상징은 모든 사람의 뇌리에 뚜렷이 각인되어 그 브랜드를 결코 잊을 수 없게 만든다.

사람이 곧 브랜드가 된 사례를 살펴보자.

앤디 워홀의 백발은 그의 상징이 되었다. 버진그룹의 리처드 브랜슨은 사자 갈기 같은 수염을, 나이키의 필 나이트도 멋진 은발을 자랑한다. 모두 그들의 상징이다.

알베르트 아인슈타인 역시 산발 헤어스타일과 회색 양복으로 기억된다. 그는 똑같은 양복을 네 벌이나 가지고 있었다.

항상 검은 양복을 입고 다니던 가수 조니 캐시Johnny Cash나 반대로 흰색 정장을 차려입었던 소설가 톰 울프Tom Wolfe도 있다.

데이비드 레터맨의 상징은 미묘하면서도 결코 놓칠 수 없었다.

런던 새빌로우 거리에서 나온 소재로 허리를 잘록하게 만든 짙은 색 정장이 비록 눈에 띄기는 했어도 그것이 그의 상징은 아니었다. 그는 언제나 흰색에 가까운 양말을 신었다.

이 모든 것을 뛰어넘는 상징은 스티브 잡스에게서 찾아볼 수 있다. 그는 항상 검은색 터틀넥 셔츠와 리바이스 501 스트레이트핏 청바지 차림에 흰색 뉴발란스 991 스니커즈를 신었다(그는 이렇게 말했다. "매일 아침 뭘 입을지 고민하는 시간이 아까워서입니다").

이름도 상징이 된다. 미래학자 페이스 팝콘과 가수 레이디 가가도 바로 이 점을 간파했고, 얼 우즈가 아들 이름을 타이거라고 지은 것도 이 때문이었다.

유능한 마케터가 할 일은 고객사가 사람들의 뇌리에 남을 만한 브랜드를 만들도록 돕는 것이다. 그래서 우리도 그런 상호와 로고를 만들기 위해 애쓴다.

상징을 찾아내야 한다.

어떻게든 상징을 드러내라

우리는 붉은색 테두리 안에 들어있는 그 로고만 봐도 곧바로 〈타임〉지임을 안다.

이와 비슷하게 〈내셔널 지오그래픽〉에도 황금색 테두리가 둘러쳐져 있다.

〈배니티 페어〉도 마찬가지다. 제목은 '디도'라고 하는 독점 서체로 되어 있고, 표지 사진은 애니 리버비츠라는 전설적인 사진가가 찍은 것만 고집한다.

〈타임〉, 〈냇지오〉(요즘은 이렇게 줄여 부른다. 이것만 봐도 원래 이름이 너무 길었다는 것을 알 수 있다), 〈배니티 페어〉는 이런 장치를 이용해 우리가 그 잡지를 읽을 때마다 이름을 뇌리에 각인하도록 한다.

콘텐츠 사업자라면 다들 이렇게 해야 한다. 인쇄, 출판, 유통 과정에 여러분의 고유한 상징이 끊임없이 노출되어야 한다.

차별화된 색상을 찾아내서 이를 꾸준히 반복할 수 있다면 가장 좋다. 에르메스(팬톤16-1448 TPX에 해당하는 번트 오렌지), 티파니(연한 로빈 에그 블루, 티파니가 이 색상을 찾아낸 연도를 딴 PMS1837이라는 이름으로 팬톤 색상과 디자인 등록을 마쳤다), (구)트위터(팬톤298 블루)가 바로 그렇게 했다. 야후!(팬톤 바이올렛 C)와 스타벅스(팬톤 3425 C)도 마찬가지다.

서비스란 사람을 통해 전달되는 것이므로 똑같은 사진을 반복 노출해야 한다. 모든 자료에서 똑같은 위치에 놓이는 것도 매우 중요하다.

모든 기사 자료에는 제목을 달아야 한다. 그리고 불가피한 사유가 없는 한 여러분의 이름이나 상호를 반드시 제목에 포함해야 한다. 우리 회사 이름에 벡워드가 포함된 것이나 타이거 우즈의 골프 레슨을 '타이거스 팁'이라고 한 것, 리버비츠의 사진 강좌를 '리버비츠 온 라이팅'이라고 한 것도 모두 이런 맥락이다.

모든 방법을 동원해 여러분의 이름을 친숙하게 만들어야 한다. 자료를 읽어본 사람들이 친구들에게 여러분의 이름을 거명하지 않은 채 그저 "이러이러한 분야의 훌륭한 내용을 읽고 있어"라고 말하는 일이 없도록 해야 한다.

발표하는 자료마다 여러분의 색채가 분명히 드러나야 한다.

흑백사진의 나비효과

아주 예전에 어떤 젊고 야심만만한 가정법 변호사가 미니애폴리스의 럼버익스체인지 빌딩에 있던 내 사무실을 찾아와 자신을 좀 도와달라고 부탁했다.

그래서 무슨 일이냐고 물어보았다.

그 시절의 가정법 변호사들이 으레 그렇듯이 그는 옐로우페이지에 조그마한 광고를 내보내고 있었다. 광고 효과는 그럭저럭 성공한 편이었다. 매달 들어오는 문의 전화가 약 14통 정도는 되었기 때문이다.

나는 광고를 개선할 방법이 있을 거라고 봤다. 그리고 2가지 사소한 변화를 줬다.

우리는 새로 만든 광고를 그의 회사에 넘겨주었다. 새 광고를 선보인 지 4주가 지난 어느 날 아침, 그가 다시 내 사무실에 왔다. 만면에 미소를 짓고 있었다. 광고가 대성공을 거두고 있다는 것이었다. 몰려드는 전화를 선별하고 면담 일정을 잡기 위해 임시 직원까지 뽑았다고 했다.

나는 단 2가지를 더했을 뿐이다.

우선 제목을 이렇게 달았다. "여러분과 자녀를 위해."

그리고 그의 흑백사진을 넣었다.

이미 말했듯이 한 장의 사진이 천 마디를 말한다. 친절하고 잘생긴 가정법 변호사의 흑백사진 때문에 그에게 전화를 거는 사람이 매달 40명이나 더 늘어난 것이다.

당시 옐로우페이지 광고나 오늘날의 뉴미디어나 원리는 똑같다. 소셜미디어 전문가 누구에게나 블로그 혹은 트윗의 광고 효과를 어떻게 개선할 수 있는지 물어보라(최근 데이터에 따르면 사진이 포함된 트윗이 문자만 있는 트윗보다 리트윗 비율이 35퍼센트 더 높은 것으로 나타났다). 그들이 가장 먼저 제안하는 내용은 수십 년 전에 내가 그에게 했던 것과 같을 것이다.

바로 사진을 첨부하라는 것이다.

우리는 이미지에 끌린다. 그림이 발휘하는 매력은 글로는 도저히 따라갈 수 없다. 이 책이 계속해서 강조하듯이, 여러분의 서비스는 거대 기업이 아닐 확률이 높다. 사람들은 이발이나 세금 환급을 구매하는 것이 아니라, 그런 서비스를 제공하는 사람에게 돈을 지불한다. 따라서 여러분의 마케팅에서는 개인이 직접 드러나야 한다. 여러분 자신이 바로 서비스인 셈이다.

가능한 한 모든 곳에 사진을 활용하라.

첨언. 이 이야기는 해피엔딩이었다. 25년 후, 세인트폴의 어느 상점에서 쇼핑하고 있는데 누군가 내 어깨를 두드렸다. 그 가정법 변호사였다. 놀랄 정도로 젊은 얼굴의 그는 여전히 따뜻한 미소를 지으면서 좋은 소식이 더 있다고 말했다.

"이제 은퇴했습니다. 감사하단 말씀을 꼭 드리고 싶어요. 모두 그 광고 덕분입니다."

포장지의 역할

결국 중요한 것은 서비스의 수준과 설득력 있는 커뮤니케이션이라고 생각하기 쉽다. 나머지는 모두 포장에 불과하다는 것이다.

사실 이것은 분석적인 사고방식을 지닌 사람들이 마케팅을 보는 관점과 매우 가깝다. 우선 쥐덫을 튼튼하게 만든 다음 잘 설명하면 된다는 것이다. 현명한 사람이라면 다 살 수밖에 없다.

그러나 아무리 분석적으로 생각하는 사람도 다음의 예를 보면 그 결론이 잘못되었음을 금방 알 수 있다.

노란 종이를 잘라 흰 종이 위에 올려둔다.

그리고 노란 종이를 지켜본다.

이제 흰 종이 대신 검은색 종이를 아래에 깔아둔다.

그리고 다시 노란 종이를 본다.

노란색이 전혀 다르게 보일 것이다. 흰색을 배경으로 한 노란색은 부드럽고 연하게 보인다. 그러나 검은색을 배경에 두고 보면 훨씬 진하고 뚜렷한 색이 된다. 둘 사이의 차이는 거의 눈을 속일 정도다. 교통 표지판이 주로 노란색 바탕에 검은색 기호를 많이 쓰는 이유도 바로 여기에 있다(예전 택시에 노란색과 검은색이 사용된 이유도 마찬가지다. 다른 운전자를 포함한 그 누구의 눈에도 금방 띄게 만들어 충돌 사고를 방지하려는 의도였다).

노란색을 보는 관점은 주변 맥락에 따라 완전히 달라진다. 채도와 명도가 완전히 똑같은 노란색인데도 말이다.

같은 사람이 같은 내용을 연설해도 캐주얼한 차림일 때와 좀 더 격식을 차려입었을 때, 그리고 완전한 정장 차림일 때 청중이 연설을 알아듣는 수준은 전혀 달라진다. 청중은 두 번째 경우의 연설이 가장 잘 이해되고 유익하며 흥미 있다고 느낀다. 환경이 내용에 대한 인식 수준을 좌우하는 것이다.

여성은 붉은 옷을 입은 남성에게 더 매력을 느끼고, 그 반대도 마찬가지라는 것이 여러 연구에서 검증되었다(크리스 더 버그Chris de Burgh나 로리 모건Lorrie Morgan이 붉은 옷의 여인에 관한 노래로 인기를 끈 이유도 여기에 있을 것이다. 한 여자에게 집착하는 남자를 연기한 진 와일더Gene Wilder의 영화도 바로 〈우먼 인 레드The Woman in Red〉다. 우리는 그 노래가 무슨 뜻인지 잘 안다. 우리도 그 매력을 알기 때문이다).

나는 수전 케이시Susan Casey의 《파도The Wave》라는 책을 좋아한다. 세계에서 가장 큰 파도와 그 파도를 타려는 미친 듯한 서퍼들을 다룬 이야기다. 그래서 이 책을 극찬하는 리뷰를 쓰려고 아마존에 들어갔다가 기존에 올라온 평점이 너무 낮다는 것을 발견했다. 리뷰를 몇 개 읽어보기로 했다.

말 그대로 혹평이었다.

리뷰들을 보고 있자니 그 책을 좋아하는 마음이 확실히 덜해졌다. 원래는 별 다섯 개를 주려고 했었는데 결국 포기하고 나와버렸다. 환경(바뀐 환경에서 책을 바라보는 시각)이 내용에 영향을 미친 것이다.

이것만 봐도 서비스와 서비스 제공자를 둘러싼 모든 것이 마케팅에 영향을 미친다는 사실을 보여준다. 그것이 바로 콘텐츠에 영향을 미치는 환경이다.

여러분과 주변 환경을 개선하면 콘텐츠도 한층 더 좋아진다.

서비스의 일부를 개선하면 그 부분이 좋아진다.

포장은 그 과정에 매우 중요한 역할을 한다.

디자이너처럼 생각하라

여러분이 모두 디자이너는 아닐 것이다. 그러나 사업을 영위하다 보면 결국 디자인과 관련된 부분을 판단해야 할 때가 있다. 예컨대 명함이나 웹사이트, 사무 공간 등에서 말이다.

"아름다움은 보는 사람에 따라 달라진다"라는 말도 있듯이, 디자인은 결국 미의 영역이며 누군가의 의견은 말 그대로 의견일 뿐이라고 생각할지도 모른다.

그러나 디자인은 단순히 미적 감각에 국한된 일만은 아니다. 어쨌든 한 회사의 디자인은 가능한 한 모든 사람의 마음에 들어야 하고, 특별히 싫어하는 사람이 없도록 만들어야 한다. 그뿐만이 아니다. 디자인에는 사업자의 정체성이 반영되어야 한다. 그것도 보자마자 즉시 말이다.

다음은 주로 내가 고객들에게 요청하는 4가지 디자인 원칙이다. 여러분도 디자인과 관련된 결정을 내릴 때 이 원칙을 반드시 지킬 것을 강력히 추천한다.

아름다운가?

가장 가까운 사람 5명도 진심으로 인정하는가?

분명한가?

"이게 무슨 뜻인가요?"라고 묻는 사람이 단 한 명이라도 있다면, 좀 더 노력해야 한다.

단순한가?

어수선한 구석이 조금이라도 있으면 잠재 고객은 거기에 정신이 팔려 중요 메시지를 놓치고 만다. 훌륭한 글이 꼭 필요한 말로 메시지를 전달하듯이, 좋은 디자인도 오직 필요한 요소만 포함해야 한다.

정직한가?

디자인은 사람과 같아서, 지킬 수 없는 약속을 해서는 신뢰받지 못한다. 사실과 다른 내용을 주장하지 마라. 사람들은 금방 눈치 채고 다시는 믿지 않는다.

먼저 4가지 원칙을 지켜라. 아름답고, 분명하며, 단순하고, 정직하게 디자인해야 한다.

첫 번째 원칙: 그림 우월성 효과

미국의 두 거대 기업 타겟과 델타항공의 근거지인 이곳이야말로 이 실험을 하기에 최적의 도시였다. 나는 미네소타 주민 20명에게 타겟의 로고를 그려서 설명해달라고 부탁했다. 19명이 '표적'이라고 했고, 단 한 명만이 원 모양이라고 대답했다.

로고를 정확히 그린 사람은 16명이었다. 커다란 붉은 원을 중심으로 흰색과 붉은색의 고리가 둘러싼 모양 말이다.

다시 그들에게 델타항공의 로고를 그리고 묘사해보라고 했다. 그들 중 9명이 델타항공의 단골 고객이었다.

그리스 출신의 미네소타 주민 한 사람은 그 로고를 그리스 문자

델타라고 하면서도 정작 그림은 실제와 다르게 단순한 삼각형으로 그려놓았다.

어떤 엔지니어는 "델타는 변화량의 기호이므로, 로고의 의미도 변화라고 생각합니다"라고 말했다. 다른 사람들은 모두 델타의 의미를 설명하지도, 로고를 그리지도 못했다. 그들에게 델타란 그저 그리스 알파벳일 뿐이었다(나는 그리스어를 2년이나 배웠지만, 델타항공의 이름과 그리스 알파벳 델타를 관련지어서 생각해본 적이 없다).

이미지를 활용한 마케팅(로고 사용을 포함)에서 필요한 거의 모든 것은 이 연습에서 배울 수 있다.

다시 말하지만, 이미지의 첫 번째 원칙은 그림의 위력이 말을 압도한다는 것이다.

"그림은 모르겠지만 이름은 절대 잊을 수 없어요"라고 말할 사람은 아무도 없다. 우리는 알파벳 문자를 조합해놓은 것보다는 이미지를 훨씬 더 잘 기억한다.

이미 수십 건의 연구가 이 사실을 뒷받침한다. 이를 그림 우월성 효과라고 한다. 사람들은 래브라두들종 개의 그림을 한 번 봤을 때 '개'라는 글자를 보는 것보다 그 개를 기억할 확률이 6배나 더 커진다.

그 이유는 쉽게 알 수 있다. 그림에는 구체적인 내용이 더 많이 포함되기 때문이다. 전문가들은 이를 '지각적 풍성함perceptually rich'이라고 한다. 개 사진에는 색상과 대비, 개의 표정, 개의 털과 밟고 있는 잔디의 질감 등이 모두 드러난다.

그러나 '개dog'라는 글자는 사진으로 찍어봐도 알파벳 글자 세 개 외에는 아무것도 보이지 않는다. 글자는 우리 인식에 아무런 자극을 주지 않는다.

보이는 게 글자뿐일 때는 이를 혼동하기도 쉽다. 불과 며칠 전에 본 단어가 '전사'였는지 '전차'였는지 잘 모를 수도 있다. 두 단어는 거의 구분할 수 없을 정도로 비슷하지만 하나는 전쟁에 나선 군인이고, 다른 하나는 전기로 다니는 궤도 열차를 말한다.

그러나 그림은 거의 모든 경우 글자보다 기억하기가 훨씬 더 쉽다. 이런 현상은 자연스럽게 또 다른 원칙으로 이어진다.

두 번째 원칙: 이름 붙일 수 있는 이미지

이미지의 두 번째 원칙은 사람들이 여러분의 이미지를 뚜렷이 규정하지 못한다면, 기억할 가능성은 더더욱 없다는 것이다.

미네소타 주민들이 타겟 로고를 기억하는 것은 '표적'이라는 뜻과 그 이미지가 일치하기 때문이다. 심리학자들은 이것을 파이비오의 이중 부호화 이론이라고 한다. 우리 두뇌는 그림을 2가지 부호로 인식한다. 즉, 이미지 그 자체를 인식하는 방법과 이미지를 가리키는 언어로 인식하는 방법이다. 두뇌가 이미지를 두 번씩 부호화할 수 있다면(단어와 이미지로), 그것을 기억하는 데도 훨씬 더 도움이 될 것이다.

미네소타 사람들이 대부분 델타 로고를 기억하지 못했는데 유독 그리스 출신 주민과 엔지니어만 예외였던 이유도 이렇게 생각하면 쉽게 이해된다. 나머지 사람들은 그 이미지를 어떤 말로 부를지 몰랐다. '델타'라는 말만 알았으면 될 텐데 말이다.

사람들이 이름을 붙일 수 있는 이미지를 선택해야 한다.

세 번째 원칙: 눈에 띄는 이미지

이미지의 세 번째 원칙이다. 사람들은 평범한 그림보다 눈에 띄는 그림을 훨씬 더 쉽게 기억한다.

델타의 상징은 기본적으로 삼각형이다. 삼각형을 로고로 삼은 회사는 얼마나 많을까? 우선 생각나는 곳만 해도 어도비, 아디다스, AOL, 배스에일, 시트고, 게스, 말보로, 미쓰비시, 토블론, 발보린 등이 있다. 이 외에도 주변에 삼각형을 상징으로 삼는 회사를 모두 떠올리다 보면 아마 이런 의문이 들 것이다. "로고 하나 따로 만드는 게 그렇게 귀찮은 일인가?"

이미지 사이트 등에서 구할 수 있는 상업용 사진을 사용하면 안 되는 이유도 이것으로 설명할 수 있다. 이런 이미지는 말 그대로 '상업용'이다. 사람들이 이미 너무나 많이 봐서 익숙해진 이미지다. 그러니 거기에 어떤 메시지를 담더라도 눈여겨보지 않는다. 사람들의 눈에 번쩍 뜨여 뇌리에 남겨야 할 메시지를 그런 식상한 이미지에 담아서야 효과가 날 리 만무하다.

다시 강조한다. 사람들은 웹사이트가 무슨 말을 하는지와 상관 없이 이미지에 더 눈이 간다(로고는 더 자주 본다). 이미지는 너무나 중요한 콘텐츠다.

여러분의 이미지는 어떤 메시지를 전달하는가?

사람들의 뇌리에 각인될 만큼 특징이 뚜렷한가?

여러분이 유명 잡지에 실리거나 인용되었더라도 그 사실을 말로 전하기보다는 표지 이미지를 보여주는 것이 더 효과적이다.

상을 받았으면 트로피 사진을 게재하라.

유명 회사와 거래를 맺었다면 그 회사의 로고를 사이트에 올려 놓아라.

여러분의 코치로 고객의 체중이 7킬로그램이나 빠졌다거나, 목 공 일을 통해 어떤 집에 새 테라스를 설치했다면, 전후 사진을 보여 주어라.

무슨 일이든 말로 하는 것보다는 직접 눈으로 볼 수 있게 해주어 야 한다.

말보다는 그림의 효과가 훨씬 더 강력하다.

설득의 마력

1. 1983년 봄, 한 커플이 뉴올리언스의 유명 식당 아르노에서 식사를 마치고 커피를 즐기고 있는데 한 남자가 다가오더니 이렇게 물었다.

   "커피 맛이 어떻습니까?"

   여성이 대답했다. "아주 풍부해요." 남성은 이렇게 말했다. "기분 좋은 맛이네요."

2. 2006년 하버드대학교의 엘렌 랭거Ellen Langer 교수는 보스턴 호텔의 일부 직원들에게 그들이 하는 일이 운동 효과가 있으며, '건강하고 활동적인 생활 기준에 부합한다'라고 말해주었다. 그다음 달에 그 직원들은 체중이 평균 1킬로그램 줄었고, 수축기 혈압은 10퍼센트나 내렸다.

3. 2009년, 뉴욕의 투스카니라는 레스토랑의 셰프가 새로 선보인 파스타 시식회에 50명이 초대되었다. 인터뷰 진행자가 그들에게 맛을 본 소감을 물었다.

   그들의 대답은 한결같이 '맛있다' 또는 '대단하다' 등이었고, '완벽하다!'고 말한 사람도 있었다.

4. 지난 20년간 미국 전역의 수많은 남녀가 로게인이라는 신제

품 발모제를 사용해왔다. 제품을 사용해본 사람 중 40퍼센트는 이후 21일 만에 새로 머리가 자랐다고 답했다.

그러나 이 모든 이야기의 내막을 알고 나면 난처한 기분이 든다.

그날 밤 아르노 레스토랑의 '기가 막힌' 커피는 프렌치프레스로 내린 것이 아니라 폴저스라는 브랜드의 동결건조 제품이었다. 그날 고객들의 반응은 유명 실험 카메라 광고에 그대로 잡혔다.

보스턴 호텔 직원 중에도 호텔 일이 운동 효과가 있다는 말을 못 들은 사람들은 체중과 체지방, 혈압 등에 아무런 변화가 없었다.

투스카니 시식회에 나온 파스타는 그 셰프가 만든 것이 아니었다. 피자헛 제품이었다. 피자헛 측이 투스카니 피자라는 신제품을 만든 뒤 몰래 이탈리아 식당을 빌려 뉴욕 식도락가들의 미각을 시험해본 것이었다. 그들의 반응도 무려 30대의 실험 카메라에 잡혔고, 신제품 출시 광고에 사용되었다.

그럼 로게인 제품을 사용하고 실제로 머리가 자랐다는 사람들은 뭘까? 로게인과 비슷한 미녹시딜이라는 모발 회복제는 실제로 많은 사람을 상대로 발모 테스트를 한다. 그러나 당시 그들이 사용한 것은 미녹시딜이 아니라 그저 식물성 기름일 뿐이었다. 만약 그것이 실제로 발모 효과가 있다면 이 세상 모든 대머리는 토스트 샐러드만 발라도 완치될 것이다.

전혀 불가능한 일이고, 실제로 발모 효과는 존재하지 않는다.

그렇다면 로게인 건은 어찌 된 일일까? 바로 플라시보 효과Plaebo Effect다(참고로 가짜 옻나무에 노출된 사람도 발진이 일어나는 증상을 경험한다).

여기서 인간은 기대하는 대로 경험한다는 것을 알 수 있다. 멋진 레스토랑에서 커피나 파스타를 맛볼 때, 머리가 자랄 것을 기대하며 제품을 바를 때, 운동이 된다고 생각하며 일할 때, 그런 모든 기대는 경험에 영향을 미친다. 사실 이렇게 말하는 것이 더 정확할지도 모른다.

"기대가 바로 결과가 된다."

이런 결론은 마케터에게 매우 중요한 의미가 있다. 마케팅 활동은 사람들을 우리 고객으로 만드는 차원을 넘어 그들의 경험에까지 영향을 미친다. 마케팅을 통해 사람들이 좋은 경험에 대한 기대감을 품을 수 있다면, 실제로 좋은 경험을 하게 될 가능성이 커진다는 말이다.

이미 여러분도 이런 경험이 있을 것이다. 여러분은 누군가의 연설을 들을 때마다 이미 기대하는 마음이 있었는지도 모른다. 연사를 소개하는 사람이 이미 그를 극찬해놓았기 때문이다. 사회자는 기대감을 높이는 것만으로 여러분이 이미 그 연설을 잘 알고, 재미있고, 감동적이라고 생각하리라는 것을 잘 안다.

그리고 실제로 그렇게 된다. 따라서,

고객의 경험을 고양하기 위해서는 서비스를 제공하기 전에 미리 긍적적인 메시지를 전달해야 한다.

마케팅은 고객의 경험을 바꾼다

마케팅의 주된 목적은 고객을 창출하는 것이다.

그러나 여러분이 미처 생각지 못했을 목적이 또 하나 있다. 나역시 최근에야 이 점을 알게 되었다. 그것은 바로 "고객이 여러분의 서비스를 좋아하게 만드는 것"이다.

마케팅은 잠재 고객이 여러분을 선택하도록 만들 뿐만 아니라, 여러분의 서비스에 대한 기대를 그들의 마음속에 심어넣는다. 사람들은 여러분의 서비스가 훌륭하리라고 기대하면 서비스를 경험한 후의 만족감도 그만큼 올라간다.

우리는 기대한 대로 경험하기 때문이다. 즉 기대는 모든 경험을 규정한다. 이런 현상을 가장 생생하게 보여준 사례가 바로 '6인치 못 사건'이다.

2010년 초 어느 날, 영국의 어느 건설 현장에서 일하던 29살의 젊은이가 층계참에서 뛰어내리다가 6인치 못을 밟았다. 워낙 세게 밟은 터라 못이 작업화를 뚫고 나올 정도였다. 젊은이는 극심한 고통을 호소했고, 동료들이 구급차를 불러 급히 병원으로 옮겼다.

응급실 의사들이 못을 살짝 건드리기만 해도 젊은이가 비명을 질러대자 서둘러 진정제를 투여했다. 고통이 너무나 심한 것 같아 의사들은 결국 펜타닐을 주사하기로 했다. 모르핀보다 백배나 더 강력한 진통제였다.

환자가 진정되고 고통이 다소 가라앉자, 의사들은 천천히 신발을 벗겨냈다. 그러자 깜짝 놀랄 만한 장면이 드러났다.

못은 정확히 그 작업자의 발가락 사이로 빠져나가 있었다. 실제로 다친 곳은 아무 데도 없었다.

도대체 어떻게 된 일이었을까? 이 사건은 노시보 효과Nocebo Effect를 보여주는 사례였다. 사람의 기대감이 인식과 감정을 좌우한다는 것을 여실히 보여주는 기이한 사례다. 못에 발이 찔렸다는 생각 때문에 치명적일 수도 있는 약물을 투여해야 할 만큼 엄청난 고통을 불러왔다는 것이다.

우리는 "기대가 감정을 좌우한다"는 사실을 수없이 목격한다.

잠재 고객은 그들이 기대하는 대로 경험할 것이다. 그 기대감을 형성하는 것이 바로 여러분의 마케팅이다. 마케팅이 훌륭해질수록 (더 세련되고 프로답게, 그리고 더 똑똑하게) 고객도 더 좋은 경험을 하게 된다.

고객에게 건네는 명함은 어떤 기대감을 자아내는가?

사무실에 찾아온 고객은 무엇을 기대하게 될까?

여러분이 입은 옷, 시계, 웹사이트는 어떤가?

그 누구보다 더 유능한 전문가가 어디서도 찾아볼 수 없는 서비스를 제공해주리라는 기대감을 안겨주는가?

남다른 기대감을 안겨주면 고객은 실제로 그렇게 느끼게 된다.

위대한 예술가처럼 훔쳐라

예술가의 천재성은 영감의 원천을 감추는 것에서 나온다고들 한다. 예술가들이 실제로 뭔가를 훔치는 것은 아니지만, 이전 세대의 성취를 최대한 자기 것으로 소화해서 독창적으로 구현하는 것만은 사실이다.

다행히 모든 마케터는 최고의 아이디어를 쉽게 훔치듯 적용할 수 있다. 우리가 가장 먼저 활용해야 할 이 시대 최고의 광고는 바로 나이키다.

나이키는 세상에서 가장 팔기 어려운 상품, 즉 신발을 판다. 남다른 신발을 만들기란 그리 쉬운 일이 아니다. 이것저것 부가 기능을 추가할수록 신발의 가장 중요한 목적에 방해만 될 뿐이다. 즉, 가능한 한 가볍고 편안해야 한다는 점 말이다. 그렇다면 나이키는 자신의 뛰어난 제품을 어떻게 알리고 있을까?

상세한 내용을 살피기 전에 큰 그림부터 살펴보자.

나이키가 광고하는 것은 도대체 무엇일까?

보통은 신발이라고 답할 것이다. 그러나 나이키는 신발을 광고하지 않는다. 새로 나오는 나이키 광고에 신발이 등장하는 법은 없다. 그렇다면 운동용품이라고 생각할지도 모른다. 그것도 아니다. 최소한 광고만 보자면 말이다.

나이키는 무엇을 파는가?

바로 여러분이다.

좀 더 활동적이고 건강한 삶을 갈망하는 여러분의 마음을 판다. 스포츠웨어를 입고 운동하는 사람의 그 멋진 모습을 파는 것이다. 위대한 선수와 그 운동 종목, 그리고 그런 정신에 따라 살고자 하는 여러분의 욕망을 판다. 물론 형태는 다르지만 말이다.

여러분도 이런 마케팅을 해야 한다. 우선 웹사이트에서부터 '우리'를 팔아야 한다. 여러분을 선택하면 고객이 어떤 경험을 할 수 있는지를 팔아야 한다.

나이키를 샅샅이 공부하라.

애플의 문장

사람마다 의견이 다르겠지만, 세상에서 가장 뛰어난 광고주는 나이키가 아니라 애플이다.

애플의 생각을 훔치는 데는 45초면 충분하다. 애플의 웹사이트에 가서 맥, 아이패드, 애플워치, 아이폰, 음악 등을 클릭해보라.

무엇이 보이는가?

아름다운 이미지와 슬로건이 하나씩 보인다. 이 글을 쓰는 지금, 슬로건은 각각 다음과 같다.

아득히 앞서나간 빛.

아이패드에서는 모든 것이 바뀐다.

234

이것이 시계다.
아이폰 13으로 찍으세요.
애플 뮤직을 3개월 무료로 들어보세요.

다섯 개의 화면, 다섯 개의 이미지, 다섯 줄의 문장이다.

애플은 왜 이렇게 말을 아낄까? 디지털 시대의 불문율이기 때문
이다. 시간은 금이다. 웹사이트에 들어가자마자 '여러분의 시간을
많이 뺏겠습니다'라는 의도가 보인다면, 사람들은 "알겠어요" 하고
곧바로 떠나버릴 것이다.

그렇다고 애플의 단순함을 그대로 따르라는 것은 아니다. 애플
사이트를 클릭한 사람들은 이미 애플을 너무 잘 알지만, 여러분의
사이트는 사정이 전혀 다르다. 애플 사이트는 오랜 세월에 걸쳐 효
과적인 웹 커뮤니케이션으로 검증되어 모든 사람으로부터 훌륭하
다는 평을 듣고 있다.

우수한 품질은 당연히 여러분에게도 중요하다. 그런데 웹사이트
의 품질을 검증하기 위해 지금부터 수년의 시간을 쓸 수는 없고, 그
래서도 안 된다. 차라리 애플 사이트의 핵심 요소를 뜯어보고 최대
한 여러분의 웹사이트에 맞게 적용하는 방안을 찾아보는 것이 더
낫다.

이미지 하나에 다섯 단어 정도를 사용해서 잠재 고객을 우리가
원하는 방향으로 이끄는 방법은 무엇일까?

어떻게 하면 좀 더 단순해질 수 있을까?

디지털 시대를 이해하고 그 속에서 마케팅에 가장 성공한 회사가 애플 외에 또 누가 있겠는가?

애플을 연구하라.

9장

미팅의 기술

사람을 만나는 일

서비스 마케팅과 상품 마케팅이 다르다는 점을 다시 한번 강조할 때가 왔다. 자동차, 최고급 전자제품, 의료 기기처럼 조심히 다루어야 하는 상품의 판매는 영업 전문가들의 역량에 크게 의존한다. 그러나 그 외 모든 상품(소매점에서 구매하며 자주 바꾸는 제품)은 일일이 판매하는 것이 아니라 그저 마케팅만 하면 된다.

이와 달리 서비스는 마케팅과 판매 둘 다 필요하다. 컨설턴트나 치과의사, 결혼식 사진사는 슈퍼마켓 진열대에서 고를 수 있는 상품이 아니다. 서비스 마케팅은 곧바로 판매로 이어지지도 않는다. 서비스 마케팅은 기껏해야 관심 있는 사람들의 문의를 촉진하고, 그 결과 미팅이 잡힌다. 아주 중요한 일이다.

서비스 마케팅을 훌륭히 수행했는데 미팅이 없다는 것은 제트비행기에 엔진이 없다는 말과 같다. 겉모습이 아무리 그럴듯해도 날지 못하면 소용이 없지 않은가.

그러니 명색이 마케팅 책이라면 미팅을 다루지 않을 수 없다. **마케팅에 성공하려면 미팅을 잘해야 한다.**

모든 것을 아는 고객

불과 얼마 전까지만 해도 광고나 안내 책자 외에는 한 회사에 관한 정보를 얻을 방법이 그리 많지 않았다.

그런데 지금은 버튼 하나만 누르면 모든 것을 알 수 있다. 구글 검색 버튼 말이다.

오늘날 잠재 고객은 구글 덕분에 모든 회사에 대해 브리태니커 백과사전에 버금가는 정보를 보유하고 있다. 예컨대 개인 트레이너의 잠재 고객들은 단백질 섭취의 장단점이나 최고의 복근 운동 10가지 등의 정보를 순식간에 알 수 있다.

지금은 잠재 고객도 전문가인 시대다. 예를 들면 나는 매달 영양 전문가를 최소한 한 명은 만난다. 그들은 글루텐의 위험과 케일의 놀라운 효과, 치킨 누들 수프 한 캔에 들어있는 온갖 치명적인 폐해 등을 이야기해준다.

그들이 영양 전문가일까? 결코 아니다. 노동법 변호사, 자산관리사, 신용조합 간부 같은 사람들이다.

요즘 금융 컨설팅 고객들은 베이시스 포인트가 뭔지도 알고, 인덱스 뮤추얼펀드가 주식보다 훨씬 더 합리적인 투자라는 말도 수없이 들어왔다.

손가락만 움직이면 공짜로 이 모든 정보를 얻을 수 있는 시대다.

여러분의 잠재 고객도 예외가 아니다. 그들은 여러분의 사업 내용을 속속들이 알아본다. 여러분과 여러분의 서비스, 지금까지 쌓아온 업력 등을 모두 알고 있다. 심지어 잘못된 내용을 사실로 아는 경우도 허다하다. 내 잠재 고객 중 2명은 내가 플로리다주 오칼라에서 부업으로 무기 거래를 하는 줄 알고 있었다.

이것이 의미하는 바는 무엇일까?

이제는 영업 전문가가 고객에게 뭔가를 설명하는 시대가 아니라는 뜻이다. 고객을 붙잡아야 하는 시대. 첫 미팅에 나타난 잠재 고객은 이미 모든 것을 파악한 뒤 궁금한 점만 몇 가지 질문한다.

그때 고객을 사로잡을 수 있어야 한다. 그래야 성공한다.

예상 질문에 대답할 준비를 해야 한다.

몇 번이고 숙달될 때까지 연습하라.

고객이 지갑을 여는 시간

잠재 고객은 어떤 방식으로 결정을 내릴까?

한 가지 중요한 측면을 생각해보자. 그들은 언제 결정할까? 특히 하루 중에 여러분의 메시지를 가장 잘 받아들이는 때가 있다면 언제일까?

우선 월요일 아침은 아니라는 정도는 쉽게 생각할 수 있다. 그때는 누구나 기분이 썩 좋다고는 볼 수 없다. 금요일도 그리 좋을 때는 아니다. 이미 마음속으로는 주말에 쉴 생각을 하고 있다.

그렇다면 언제가 가장 좋을까? (아마 '가장 좋을 때가 따로 있을까?' 라는 의문이 들지도 모른다. 분명히 있다.)

이 질문에 답하기 위해, 결정을 내리는 것을 직업으로 삼는 사람을 생각해보자. 바로 판사다.

판사들이 일상적으로 결정해야 하는 일 중에 가석방 심사가 있다. 판사는 이 문제로 하루에 35번이나 '예, 아니오'로 판단하게 된다. 재소자의 가석방 신청을 승인하거나 기각하는 것이다.

그렇다면 판사의 결정에 가장 큰 영향을 미치는 요소는 무엇일까? 이스라엘에서 있었던 실험에 따르면 그것은 '아침과 점심 식사'였다.

매일 아침 업무를 시작하자마자 판사는 재소자가 신청한 가석방 심리 중 65퍼센트를 승인한다. 이후 그 비율은 75퍼센트로 급격하게 높아졌다가 점점 낮아져 점심 식사 직전에는 제로까지 떨어진다. 맞다. 0퍼센트다.

점심시간 직후에는 어떨까? 갑자기 재소자들의 가석방 승인율이 높아져 10명 중 7명이 승인을 얻는다. 이후에는 다시 까다로워진다. 시간이 지나면서 이 비율은 점점 떨어져 마침내 12퍼센트에 이른다. 8명 중 한 명꼴이다.

그다음에는 어떻게 될까? 판사들은 오후에도 식사 시간이 있다. 업무에 복귀한 다음에는 승인율이 3명 중 2명꼴로 늘어난다. 그리고 다시 한번 줄어든다. 업무를 마감할 때쯤이면 판사들은 피곤한 상태가 되어 아무도 승인해주지 않는다.

변호사들 사이에 회자하는 말이 있다. "정의는 판사가 아침 먹을 때만 구현된다." 어쩌면 여기에는 '점심'도 포함되어야 할 것 같다. 사람들은 배부르면 우리 메시지를 잘 들을 것이고, 배가 고프면 그렇지 않을 것이다.

유능한 세일즈맨은 부지불식간에 이 사실을 알고 있다. 잠재 고객을 만날 때 주로 아침이나 점심 약속을 잡으며, 그들이 음식을 들기 전까지는 용건을 꺼내지 않는다.

사업 이야기를 꺼내는 최적의 시간은 언제인가? 상대방의 기분이 좋을 때, 그리고 배가 부를 때다.

영업 전화는 식사 시간 직후에 하는 것이 가장 좋다.

오전 미팅 VS. 오후 미팅

잠재 고객을 만나기에 가장 좋은 시간대는 언제인가?

말할 필요도 없이 아침 시간이다.

영업 활동의 속성상 그럴 수밖에 없다. 서비스란 상대방과 얼굴을 맞대고, 눈을 마주치면서, 마음이 통해야 가능한 일이다. 당연히 서비스를 마케팅하는 일도 같은 방식으로 해야 한다.

얼굴을 맞대고 눈을 마주치는 것이 중요하다. 잠재 고객은 여러분의 눈을 보고, 목소리를 들으면서, 여러분이 듣는 태도를 자세히 살핀 다음에야 인간관계를 맺을지 결정할 수 있다.

웹사이트는 이런 일을 할 수 없다. 배너 광고나 트윗, 다른 어떤 매체로도 안 된다(매체라는 말이 상대적 영향력을 말하는 것이므로 원래 이런 속성이 있다고 말할 수도 있다).

어떤 경험 많은 연사가 저녁 강연이 효과가 없는 이유를 말해주었다. 저녁 시간은 청중이 하루 일로 피곤할 때다. 남의 말에 귀를 기울일 만한 때가 아니다. 편안한 자세로 평소 보던 TV 연속극이나 스포츠 경기를 관람하기에 좋은 시간이다. 어쩌면 아무것도 하고 싶지 않을지도 모른다. 저녁 시간은 일과 후라고 생각하지, 업무의 연장으로 삼기 싫은 것이다.

게다가 처음 보는 잠재 고객에게 저녁에 만나자고 하는 것은 다소 건방진 일일지도 모른다. 분별 있는 사람들이 첫선을 보는 자리에서 청혼하지 않는 이유가 여기에 있다. 너무 성급한 행동이기 때문이다. 수프림의 노래에도 이런 가사가 나온다. "사랑은 서두를 수 없어요."

점심 식사도 좋지만, 효과는 확실히 떨어진다. 그 이유는 경험으로 충분히 알 수 있다. 점심시간은 오전 업무나 오후에 있을 일에 대한 걱정이 아직 머리에 남아 있는 시간이다.

아침 시간은 하루의 시작이므로 효과가 뛰어나다. 지난밤에 충분히 쉬어서 의욕이 충만한 시간이다. 모닝커피 한잔이면 원기를 완전히 회복할 수 있다.

아침 약속을 더 많이 잡는 편이 좋다.

기대감을 조성하라

미팅에 대한 기대를 조성하면 이미 절반은 성공한 것이다. 기대감을 품은 잠재 고객은 실제로 좋은 경험을 하게 될 가능성이 커진다. 이를 점화 효과라고 한다. 그 자리에 참석할 사람들이 최대한 돋보일 수 있는 이력을 미리 잠재 고객에게 보내주어라.

만나기 전에 이미 기대감을 품도록 해주어라.

압박하지 말고 끌어들여라

유능한 세일즈맨은 압박하지 않고 끌어들인다.
자연스럽게 자기 편으로 만든다.

밀어붙이지 말고 끌어들여라.

영업은 뻔뻔한 일?

"저는 세일즈맨이 아니고, 그러고 싶지도 않습니다. 뻔뻔하게 으스대는 성격도 아니고 나긋나긋한 사람도 아닙니다."

영업이라는 일 자체가 싫다는 마음은 충분히 이해한다. 우리 뇌리에는 어릴 때부터 그런 관념이 주입되어 있다. 〈오즈의 마법사〉에 등장하는 최악의 사기꾼, 거리의 가짜 약 장사꾼 이야기, 그리고 〈글렌게리 글렌 로스Glengarry Glen Ross〉, 〈보일러 룸Boiler Room〉, 〈울프 오브 월 스트리트The Wolf of Wall Street〉 등의 영화가 분명히 영향을 미쳤을 것이다. 모두 영업은 남을 속이는 일이고, 세일즈맨은 뻔뻔한 사람이며, 지저분한 수작을 부리는 자만 살아남는다는 이야기다.

이런 의견을 살펴보기 전에, 먼저 한 가지 생각해보자. 모든 사람은 뭔가를 팔면서 살아간다. 우리는 매일 이 사실을 확인한다.

어린 시절을 생각해보자. 우리는 부모님에게 디즈니랜드에 데려가 달라고, 용돈을 올려달라고, 귀가 시간을 미뤄달라고, 놀러가는 데 돈 쓰게 해달라고 졸랐다. 친구 집에서 자고 오겠다고, 첫 자전거 또는 첫 자동차를 사겠다고 설득했다. 성적이 약간 떨어졌을 때나 엄마 차에 흠집을 조금 냈을 때 변명한 것도 어찌 보면 뭔가를 파는 행위였다.

이후로도 계속 그랬다. 대학을 상대로 입학 허가를 얻어냈고, 고용주에게 나 자신을 팔았으며, 친구들과 밥 먹으러 갈 때 내가 좋아하는 식당으로 정한 것도 일종의 영업이다.

그럴 때마다 우리는 전혀 망설이지 않았다. 그저 믿었을 뿐이다. 그리고 그 믿음을 성과로 증명했다. 이미 절반은 성공한 셈이다.

그런데도 여전히 우리는 스스로 뻔뻔하지도, 으스대지도 않고, 남에게 알랑거릴 줄도 모른다고 생각한다. 한마디로 영업 체질이 아니라는 것이다.

그럼 이것이 오해인지 아닌지 하나하나 짚어보자.

"뻔뻔하다."

이것은 오히려 실력 없는 세일즈맨의 태도일 뿐, 유능한 세일즈맨의 특징과는 거리가 멀다.

훌륭한 세일즈맨은 남을 속이는 법이 없다. 그들은 자신이 파는 상품과 회사에 대한 투철한 신념이 있다.

"설득이 영업에서 차지하는 비중은 10퍼센트에 불과하다. 나머지 90퍼센트는 확신에서 나온다." 동기부여 작가 시브 케라Shiv Khera 의 말이다.

"자기밖에 모른다."

그렇지 않다. 수줍은 성격은 물론 아니지만, 최고의 세일즈맨은 대개 겸손한 편이다. 사람을 끌어들이는 매력을 발산한다. 훌륭한 세일즈맨은 마치 MVP 트로피를 거머쥔 후 기자에게 "이 공은 우리 팀에 돌립니다"라고 말하는 운동선수와 비슷하다.

"칭찬과 미소를 남발하는 사교계의 왕이다."

훌륭한 세일즈맨은 떠버리가 아니라 오히려 남의 말을 잘 듣는 사람이다. 그래서 우리를 이해하고 무엇이 필요한지 알아차린다. 모든 판매의 핵심 요소다. 모든 사람이 가장 원하는 것은 상대방이 자기 말을 들어주는 것이다. 그래서 유능한 세일즈맨은 반드시 남의 말을 경청한다.

"경쟁심이 강하고 공격적이다."

사실이다. 그러나 그것이 곧 영업으로 이어지지는 않는다.

그러므로, 인생은 곧 영업이며, 여러분은 이미 경험 많은 세일즈맨이다. 문제는 얼마나 성공할 수 있느냐는 것이다.

자신이 제공하는 서비스에 강한 신념을 품고 있는가?

그렇다면 이미 9부 능선은 넘은 셈이다.

어차피 팔아야 한다. 그런데 판매의 80퍼센트는 확신이다.

P.S. 사우스캐롤라이나대학교 경영대학원 세일즈전략 교수 스티브 마틴Steve W. Martin은 1,000명의 세일즈맨을 대상으로 성격을 테스트했고, 프레지던트 클럽 회원 자격과 연간 성과를 근거로 최우수 세일즈맨이 누군지 파악했다. 그의 연구는 2011년 6월 27일자 〈하버드 비즈니스 리뷰〉에 "최우수 세일즈맨의 7가지 성격 특성"이라는 제목으로 실렸다. 이 논문도 위의 결론이 사실임을 뒷받침한다.

확신은 전해진다

서비스 잠재 고객이 원하는 것은 확신이다. 그는 모든 서비스 고객이 품는 마음, 즉 두려움과 의심이 해소되기를 바란다. 그는 여러분이 약속을 실천해주리라는 믿음을 원한다.

모든 잠재 고객은 무의식중에 그 실마리를 여러분에게서 찾는다. 여러분이 품은 확신은 그들에게도 이심전심으로 전해진다.

허세나 과장의 몸짓이 중요한 것이 아니다. 그것은 두려움 없는 침착함, 할 수 있다는 내적 믿음 같은 것들이다.

확신은 여러분의 힘을 몇 배로 키워준다.

고객은 다들 천재다

자존감을 비꼬는 말이 아니다. 다음은 데이트 사이트 아이큐피드가 사용자를 대상으로 조사한 결과 나타난 통계 수치다.

자신이 천재라고 대답한 남성이 46퍼센트였다.

즉 남성 고객들은 평균적으로 자신이 똑똑하다고 생각한다는 뜻이다. 어쨌든 그들이 천재라는 말인데, 천재는 원래 흔치 않다.

그래서 나는 여성을 상대로 컨설팅할 때마다 남자들에게 결코 불확실하다는 인상을 주면 안 된다고 말한다. 남성은 많은 경우 남녀를 불문하고 다른 사람보다 자신이 더 똑똑하다고 생각한다. 그래서 똑 부러지게 조언하지 못하고 우물쭈물하는 사람을 얕보는 경향이 있다. 협상 자리에서는 더 세게 나온다. 불확실한 상대방을 먹이로 삼는다.

상담가들이 남자 고객을 만날 때 검은색이나 짙은 청색 정장을 입고 나타나는 이유이기도 하다. 판사, 경찰관, 경기 심판, 비행기 기장, 대통령 등도 의도적으로 이런 색상을 선택한다. 그들이 그런 색깔을 선택한 데 이유가 있다면 여러분도 따라 하지 않을 이유가 없다.

자기 입장을 확고하게 내세워라.

일단 당당해져라

고객 중에 호신술을 가르치는 사람이 있다. 훈련 과정에 일대일 격투까지 포함된 점을 생각하면 호신술이란 말은 상당히 완화된 표현이다. 그러나 이 훈련에는 생각지도 못한 부분이 있다. 다름 아닌 '걷기'다.

내 고객은 범죄자들이 사람들의 걸음걸이를 보고 표적을 선택한다는 것을 발견했다. 따라서 그는 사람들에게 걷는 방법을 가르친다. 머리를 세우고 어깨를 곧게 편 채 씩씩하게 걸으라는 것이다. 시어도어 루즈벨트 대통령이 "큰 지팡이를 들고 당당히 걸어라"라고 했던 말과도 비슷하다.

범죄자의 행동은 동물과 비슷하다. 사냥에 나선 맹수는 무리 중에 가장 약한 놈을 노려 덮친다. 맹수의 목적은 싸움을 벌이려는 것이 아니라, 쉬운 먹잇감을 골라 빨리 허기를 채우는 것이다.

내 고객이 만약 비즈니스 조언을 구한다면 나는 우선 고개를 들고 당당한 태도로 말하라고 할 것이다. 우물쭈물하면 안 된다. 사람도 동물과 마찬가지로 조금이라도 틈을 보이면 곧바로 공격해 들어온다.

집에 도착하기 전까지는 우물쭈물한 태도를 내비치지 말라.

그렇다면 겸손도 버려야 할까?

금융 및 투자 업계에서 일하려면 의사결정 원칙을 꼭 알아야 한다. 이것은 로버트 루빈 전 재무장관의 1999년 펜실베이니아대학교 졸업식 연설에 잘 나타나 있다.

첫 번째 원칙은 '의심의 법칙'이다.

"유일하게 확실한 사실은 세상에 확실한 것이란 없다는 것이다."

그 어떤 조언에서도 완전한 확신은 어리석은 일이다. 그러나 이것이 핵심은 아니다. 그다음에 그가 한 말이 중요하다.

"불확실 속에서도 우리는 행동해야 한다."

주저하는 사람은 실패한다. 사려 깊은 행동은 아무것도 하지 않는 것보다 낫다. 아무것도 결정하지 않으면 고객의 필요에 응답하거나 그의 문제를 해결하는 일은 불가능하다. 단지 문제를 뒤로 미룰 뿐이다.

"모든 의사결정은 확률의 경중을 판단하는 문제다."

대성공을 장담하는 것이 아니다. 성공할 가능성이 가장 큰 대안을 제안하는 것뿐이다.

따라서 앞에서 '완전한 확신이란 어리석은 일'이라는 말에 동의했다면 그 태도는 분명히 옳다. 그러나 나는 확실성 자체를 옹호하는 것이 아니다. 확신과 그것을 내비치는 일을 지지하는 것이다. 특히 서비스 고객이 주로 내보이는 태도가 '두려움', '불확실성', '의심'이기 때문에 더욱 그렇다.

그런 두려움에 여러분이 가세하는 것은 어리석은 일이다. 두려움을 잠재워주는 것이 여러분이 할 일이다.

앞에서 한 말은 불확실한 태도를 보여서는 안 된다는 뜻으로도 해석될 수 있다. 실제로 그렇다. 다만 더 중요한 일은 최선의 성과를 낼 가능성이 가장 큰 일이 무엇인지 판단하고 그것을 제안하는 것이다. 그 누구에게든 그것이 최선의 행동이다.

그것이 바로 우리가 보수를 받는 이유이기도 하다.

성과에 대한 확신을 품어라.

또 다른 오해

최근에는 상대방의 자세와 행동을 따라 하는 것이 좋다는 조언이 상식으로 받아들여진다. 하지만 아니다. 최소한 의식적으로 그렇게 행동하는 것은 옳지 않다. 상대방의 몸짓과 행동에만 끊임없이 신경 쓰다가는 그 사람의 말에 온통 주의를 뺏기게 된다. 게다가 상대방이 이를 눈치채기라도 하면 제대로 소통하고 있다고 느껴지지 않을 것이다.

이 생각은 원인과 결과를 혼동하는 것이기도 하다. 두 사람이 서로를 따라 하다 보면 둘 사이에 새로운 뭔가가 생길 리가 만무하다. 그저 각자 이미 가지고 있던 감정을 주고받을 뿐이다.

그보다는 이렇게 하는 편이 낫다. 온몸으로 경청하는 것이다. 전심을 바쳐 다른 사람의 말에 귀 기울이다 보면 상대방에게 공감하는 몸짓이 자연스럽게 나오게 된다. 그뿐 아니라 진심으로 경청하면 자신에게도 집중할 수 있다. 그래서 더 많은 것을 듣고 기억할 수 있다. 그런 마음은 당연히 상대방에게도 전달된다.

앞으로는 미팅이 있을 때마다 이 말을 기억해야 한다.

온 마음을 바쳐라.

온 마음을 다해 경청하라.

사이좋은 커플에게 배우기

몸짓 언어를 따라 하는 행동은 우리가 직관적으로 알 수 있는 사실을 놓치는 일이기도 하다. 다음번에 카페나 식당에 들른다면 커플의 행동을 유심히 지켜보라. 그들이 주고받는 말을 꼭 듣지 않아도 어떤 커플이 서로 마음이 통하는지 금방 알 수 있을 것이다. 그렇지 않은 커플을 보면 어깨 동작이 뻣뻣하거나 손은 주먹을 쥐고 있을 때가 많다.

반대로 사이가 좋은 커플은 긴장을 풀고 있다. 동작이 거의 물 흐르듯이 부드럽다.

미팅에서 긴장은 금물이다. 상대방이 그 의미를 금방 알아채기 때문이다. 긴장이란 원하는 목적이 있는데 그것을 달성하지 못할까 봐 불안할 때 일어나는 현상이다. 골프 선수들은 버디를 목전에 두고 1미터 거리를 퍼팅할 때 잔뜩 긴장한다. 청중 앞에 선 연사는 연단 양쪽을 꽉 붙든 채 벌벌 떤다. 택시를 기다리는 사람은 끊임없이 시계나 전화기를 들여다보며 시간을 확인한다. 모두 자신이 두려워하는 일이 벌어질 것을 예상한 탓에 몸으로 드러나는 것이다. 그것이 바로 긴장이다.

긴장하는 모습을 보이면 상대방은 여러분에게 뭔가 목적이 있고 그것이 잘못될까 걱정한다는 것을 알아차린다. 의욕은 지나친데 결과를 확신하지 못하는 모습이 그대로 드러난다.

유능한 세일즈맨은 결코 그런 모습을 보이지 않는다. 확신이 있기에 여유를 보이고, 서두를 필요도 없다. 상대방이 나에게 무엇을 해줄지가 아니라 그 사람 자체에 진심 어린 관심을 기울이는 것처럼 보인다.

자신감과 여유를 가지고 너무 서두르지 마라.

정점 마무리 효과와 미팅

아래 이야기에서 뭔가 깨닫는 것이 있을 것이다.

한 잠재 고객에게 서비스를 소개하려고 한다. 미리 조사해봤더니 그가 볼티모어 출신이라는 사실을 알았다.

미팅이 성사되어 설명을 시작한다.

이제 가장 중요한 정점이자 마무리의 순간이 다가왔다. 감사 인사를 해야 할 때다.

이 순간을 현명하게 치러내는 방법이 있다.

"귀한 시간 내어 설명을 들어주셔서 감사합니다. 한 가지 준비한 것이 있습니다."

그리고 가방을 열고 예쁘게 포장한 상자를 하나 꺼낸다. 그가 열어본다.

포장지를 벗겨냈더니 '볼티모어 오리올스'가 새겨진 동그란 금속 열쇠고리가 나온다.

그는 그 순간 당신이 똑똑하고, 용의주도하며, 사려 깊을 뿐 아니라, 일부러 시간을 내어 정성을 기울였음을 알아챈다.

정점에서 설명을 마무리하라.

그리고 잊을 수 없는 여운을 남겨라.

8분 설명에 성공하는 법

미국은 TV 방송 1회분이 8분 길이로 줄어드는 추세다. 그래서 요즘은 TV 시청자도 8분 방송으로 정보를 얻는 데 익숙해졌다.

따라서 8분 동안 설명을 잘하려면 먼저 10분짜리 자료를 만들어 보는 것이 좋다. 그런 다음 2분을 덜어내면 된다. 내 말을 한번 믿어 보라. 군살을 덜어내고 꼭 필요한 말만 포함된 깔끔한 자료가 마련 될 것이다.

거기서 30초를 더 줄여서 30초 일찍 끝낸다.

코트니Courtney는 TED 여성 강연에 처음 출연했을 때 페미니즘 에 관해 9분 동안 이야기할 시간을 얻었다. "그때 저는 살면서 가장 중요한 작문 연습을 했던 셈입니다. 정말 중요한 이야기를 9분 안 에 마쳐야 한다고 생각하자 요점에만 완전히 집중할 수 있었어요."

듣는 사람들은 연사가 그들의 귀한 시간을 아껴준다고 생각할 뿐 아니라, 명확하고 힘 있는 메시지에 깊은 인상을 받게 된다. 아 닌 게 아니라 에이브러햄 링컨의 게티스버그 연설도 2분 30초가 채 안 걸렸다.

단, 슬라이드는 사용하지 마라. 3가지 이유가 있다.

첫째, 자꾸 리모컨이나 슬라이드에 눈길이 간다. 어쩔 수 없이 청중에서 눈을 떼게 되는데, 우리는 눈길을 피하는 사람에게는 믿음이 가지 않는다. 부모는 아이가 뭔가를 숨기려 들 때면 항상 이렇게 말한다. "내 눈을 똑바로 보고 말해봐."

둘째, 슬라이드를 켜려면 실내가 어두워져야 한다. 청중이 연사를 보는 시간이 줄어들면 아무래도 관심을 덜 기울이게 된다.

셋째, 글씨가 보이면 연사의 말을 듣기보다는 읽는 데 집중한다. 슬라이드에 이미지만 보인다면 눈은 그림을 보면서도 귀로는 설명하는 내용을 듣기 때문에 그나마 낫다. 그러나 글자가 나타나면 사람들은 연설을 듣기보다는 글자를 읽는 데 정신이 팔린다. 단 몇 초라도 연사와 교감이 끊어지는 것은 그리 바람직하지 않다.

마지막으로, 슬라이드에는 훌륭한 발표가 지녀야 할 요소가 없다. 바로 감정적 교감이다. 마틴 루터 킹이 그 유명한 연설을 슬라이드를 비춰가며 말했다고 상상해보라. 말할 필요도 없이 망했을 것이다. 다음처럼 말이다.

나는 꿈이 있습니다.

1. 인종 평등

2. 약속의 땅을 봤습니다.

3. 드디어 해방입니다!

파워포인트의 문제점

우선 동선을 연습해야 한다. 그럴 시간에 메시지를 전달하는 연습을 조금이라도 더 할 수 있다.

필요한 장비가 다 있는지 걱정된다.

설치하느라 고생한다.

다 잘 됐겠거니 생각한다.

이제 발표를 시작한다.

장비가 걱정된다.

그럴 줄 알았다. 화면이 정지했다.

발표를 멈추고 고친다. 땀을 뻘뻘 흘리며 사과한다.

이것저것 문제가 생긴다.

불안하다.

표정에 다 드러난다.

집중력이 떨어진다.

세상에, 한 페이지가 빠졌다.

다시 사과한다.

더 불안해지고 집중력이 완전히 흐트러진다.

청중은 이제 믿음이 가지 않는다. '발표 하나 제대로 못 하면서 정작 일은 제대로 하겠냐'는 생각이 든다.

자, 이 모든 위험에도 불구하고 꼭 파워포인트를 써야 할까?

파워포인트? 안 하느니만 못하다.

발표에 필요한 3가지 순간

어떤 인터뷰 진행자가 여배우 로절린드 러셀Rosalind Russell에게 "좋은 영화의 요소는 무엇입니까?" 하고 물어본 적이 있다.

그녀가 대답했다. "순간입니다. 관객의 뇌리에 뚜렷이 기억되는 순간이 세 군데만 있으면 성공한 영화입니다."

이 원리는 발표에도 그대로 적용된다. 청중에게 세 번의 순간을 선사하라.

먼저 감동의 순간이 필요하다. 여러분의 서비스로 한 사람의 인생이 달라진다면 어떨지 생각해보라.

두 번째는 즐거움의 순간이다. 웃음은 인간관계를 부드럽게 해준다. 그렇다고 농담으로만 끝나서는 안 된다. 실제로 있었던 일에 재미있는 장면을 곁들이거나, 모두를 웃게 만드는 이미지를 보여주는 것도 좋다.

세 번째는 행동을 끌어내는 순간이다. 고대 그리스의 두 지도자가 떠오른다.

"아이스킬로스가 연설하면 모든 사람이 '얼마나 말을 잘하는지 보자'라고 했다. 그러나 데모스테네스의 말을 듣고 나면 다들 '필립과 싸우러 나가자'고 외쳤다."

발표를 다른 방식으로 생각해볼 필요가 있다. 감동, 즐거움, 행동의 순간으로 생각해보자.

여러분의 발표에는 3가지 순간이 있는가?
그렇다면 준비를 마친 셈이다.

장벽을 넘어서

TED.com 사이트에서 가장 관심 있는 강연을 3가지 골라보라. 그리고 어떤 연사에게 가장 마음이 끌리는지 생각해보라. 그들을 지켜보기만 해도 많은 것을 배울 수 있다. 사실 그들은 연설을 전하는 것이 아님을 알게 될 것이다. TED가 그것을 '말talks'이라고 했다시피, 훌륭한 연사는 그저 말하듯이 연설한다.

이제 그 강연에 특이한 점이 또 없는지 다시 한번 생각해보자. 뭔가 빠진 것이 있지 않은가?

그렇다. 연단이 없다.

그 점이 왜 중요한지 이해하려면, 콘서트에서 가수가 연단을 앞에 두고 노래하는 장면을 생각해보면 된다. 뭔가 기분이 이상할 것이다. 연단이라는 장벽을 앞에 두고 연설하는 것도 마찬가지다.

청중은 여러분을 보기를 원한다. 몸짓은 그 자체로 많은 것을 이야기한다. 동작은 노래에서 춤이 하는 역할을 한다. 무대 위를 이리저리 돌아다니면 긴장을 가라앉히는 데도 도움이 된다.

TED 연사들처럼 말하라. 청중과 나 사이의 장벽을 없애라.

완벽을 포기하고 진심을 전달하라

밥 딜런은 미국 대중음악계에서 가장 유명한 싱어송라이터라고 할 수 있지만, 어쩌면 자신의 목청만으로는 그토록 크게 성공할 수 없었을지도 모른다. 딜런은 마치 폐에 자갈이 든 것 같은 목소리를 낼 때도 있었다. 하지만, 그의 노래는 수백만 명의 가슴에 울림을 줬다.

마찬가지로 블라디미르 호로비츠 역시 여러 실수를 저질렀으나 그가 20세기에 가장 유명한 피아니스트가 될 수 있었던 것은 그의 열정 덕분이었다.

물론 말은 중요하다. 그러나 정작 중요한 것은 말이 아니다. 가장 중요한 것은 말을 통해 전달되는 진심이다. 열정을 품은 연사는 몇 군데 실수할 수도 있지만, 진심을 담아 말한다면 청중에게도 그 마음이 충분히 전달된다.

사실 한마디도 틀리지 않고 말하기는 너무나 어려운 일이다. 인간은 누구나 실수하며, 실수가 전혀 없다면 오히려 비인간적으로 느껴지기까지 한다. 최근 연구에 따르면 간혹 말을 실수하는 세일즈맨이 오히려 완벽한 화법을 구사하는 사람보다 성과가 더 좋다고 한다.

어디서나 똑같은 내용을 외워서 그대로 말하던 연사가 한 명 떠오른다. 대표적인 강연 에이전트 중 한 명인 이본 듀란은 에이전트와 청중 모두가 공감하는 발언을 한 적이 있다.

"그분 연설을 동영상으로 봤습니다. 영혼이 없는 것 같았어요."

완벽은 중요하지 않다. 진심을 전달해야 한다.

눈을 마주쳐라

눈은 마음의 창이라는 말이 있다.

이것은 미국 법학의 가장 기본적인 원칙인 전언 기각 원칙the Rule Against Hearsay의 기초이기도 하다. 충분한 근거가 있는 예외를 제외하면 배심원 앞에 나타나지 않은 사람이 한 말은 증거로 채택되지 않는다. 배심원이 직접 눈으로 볼 수 있어야만 그 사람의 말을 믿을 수 있기 때문이다.

우리는 눈을 똑바로 마주 보지 못하는 사람을 믿지 않는다. 비록 같은 공간 안에 200명 이상이 앉아 있더라도 말이다.

청중 한 사람 한 사람에게 불과 몇 초씩이라도 시선을 주면 그들을 존중한다는 인상을 줄 수 있다. 사람들은 바로 그런 것을 원한다. 이는 더 나아가 공감을 끌어내는 방법이기도 하다. 그들은 연사가 혼자 떠드는 것이 아니라 일대일 대화를 주고받는 것처럼 느끼게 된다.

청중의 눈을 바라보라.

발표를 획기적으로 개선하는 방법

예를 들어 내가 여러분에게 이렇게 한다고 해보자.

어떤 말을 한 다음 고개를 돌린다. 한마디 덧붙이고 다시 고개를 돌린다. 또 한 가지를 더 말한 후 시선을 돌린다.

기분이 어떻겠는가?

내가 거짓말을 한다는 생각이 들 것이다. 특히 시선이 왼쪽을 향한다면 더욱 그렇다.

그럼 슬라이드를 사용하는 경우를 생각해보자. 한마디를 하고 나면 꼭 고개가 돌아간다. 실제로 슬라이드 발표는 한 번 말하고 고개를 돌리는 동작의 연속이다.

잠재 고객은 믿을 수 있는 사람에게 서비스를 맡길 것이다. 위의 예에서 나에게 믿음이 가지 않았다면, 여러분이 슬라이드 발표로 과연 잠재 고객을 설득할 수 있을까?

항상 청중과 눈을 마주쳐라. 슬라이드는 방해만 된다.

청중이 정말 감동하는 것

청중이 원하는 것은 감동이 아니라 존중받는 순간이다.

초보자들은 흔히 청중에게 감동을 주려고 한다. 그러면 자신의 메시지도 돋보일 것으로 생각한다. 그러나 "내가 당신보다 낫다"라는 메시지가 말이나 행동에서 드러나는 순간, 사람들은 오히려 귀를 닫아버린다.

이 원리는 성공적인 연설을 위한 또 다른 원칙으로 이어진다. 청중과 비슷한 옷차림을 하되, 조금만 더 잘 입으라는 것이다.

청중에게 감동을 주려고 애쓰지 마라. 그들을 존중하라.

10장

디지털 마케팅도
기본을 지켜라

SNS 마케팅 시작하기

요즘 시대에 특히 중요한 덕목은 '눈에 잘 띄어야 한다'는 것이다. 그리고 사람들이 여러분을 발견하면 잘 나가는 회사라고 생각할 수 있어야 한다. 그러므로 해야 할 일이 있다. 빠르고 간단하게 할 수 있는 일이다.

우선 링크드인과 X(구 트위터)에 접속한다.

그리고 계정을 만든다. 누구나 간단하게 가입할 수 있도록 창립자들이 수천억의 돈을 투자해서 만든 사이트다.

링크드인의 '직종 소개'란에는 3~5개의 단어로 요약문을 쓰면 되고, X에서는 '프로필 사진' 밑에 20자까지 쓸 수 있다.

이 헤드라인은 누군가가 여러분의 이름을 검색할 때마다 맨 위에 뜬다.

모든 사진은 웹사이트에 올린 것과 똑같은 얼굴 사진으로 통일한다. 전문가답게 나와야 한다. 이 사진이 여러분의 로고가 되는 셈이다. 어디에나 이 사진만 사용해야 한다.

이제 웹사이트에 실린 이력을 간추려 링크드인의 '경력'란에 옮겨놓는다.

마지막으로 두 사이트에 회사 웹사이트 링크를 걸어둔다.

그리고 나머지 칸을 전부 채운다.

이제 사람들의 눈에 쉽게 띌 뿐 아니라, 한창 승승장구하는 회사라는 인상을 줄 준비를 다 마쳤다.

여기서 한발만 더 나가보자.

이제 최소한 이틀에 한 번은 링크드인과 X에 잠재 고객이 관심을 보일 만한 글을 게시하는 것을 추천한다(두 사이트 모두 포스팅 방법을 명확하게 안내하고 있고, 이를 따르다 보면 금세 익숙해질 것이다).

몇 주가 지나면 잠재 고객들은 여러분을 정보통으로 여기고 꾸준히 지켜보게 될 것이다.

쉽지 않은가.

사람들이 쉽게 찾을 수 있게 꾸미고, 최신 정보를 제공해줄 사람으로 보여라.

그다음 단계

X와 링크드인에 가입된 고객을 모두 찾아본다(두 사이트 모두 구글과 비슷한 검색창이 첫 페이지에 보인다).

찾아낸 고객의 X 화면에서 팔로우를 누르고 연결한다. 상대방이 맞팔로우를 하면 더할 나위 없다.

링크드인에서는 이를 연결이라고 한다. 연결을 누른다. 그러면 초대 양식이 뜨는데, 이것을 그대로 보내면 기계적으로 보일 수 있으므로 다 지우고 개인별로 링크를 요청한다.

X에서 맞팔로우한 사람, 그리고 링크드인 초대장을 접수한 사람은 여러분이 올리는 게시글이나 사업에 관한 소식을 볼 수 있다. 그들은 여러분이 업계에서 활발하게 활동하는 모습을 지켜보고, 부가가치 있는 서비스를 일주일에 몇 번씩 받아보게 된다.

즉각적인 부가가치를 향해 한발 내딛어라.

콘텐츠의 힘

지난 10년간 우리가 들어본 가장 새로운 개념을 들자면 역시 콘텐츠 마케팅일 것이다.

그런데 이는 사실 이 책을 읽는 그 누구의 어떤 경력보다 더 오래된 개념이다.

존디어는 120년 전에 농업 잡지인 〈퍼로우The Furrow〉를 창간했다. 맥킨지앤드컴퍼니는 세계 곳곳의 컨설팅 자회사와 함께 출판사 같은 행보를 보인 적도 많다.

40년 전에 나이키는 〈러닝Running〉이라는 잡지를 창간하면서 켄 키지Ken Kesey(〈뻐꾸기 둥지 위로 날아간 새One Flew Over the Cuckoo's Nest〉)와 헌터 톰슨Hunter S. Thompson(〈라스베가스의 공포와 혐오Fear and Loathing in Las Vegas〉)의 기사를 실었다.

30년 전에 제지 회사 인터내셔널페이퍼는 전문가의 조언이 실린 2페이지 광고를 만들었다. 커트 보니것 주니어Kurt Vonnegut Jr.는 "개성 넘치는 글을 쓰는 방법"을 설명했고, 조지 플림튼George Plimpton은 "연설법", 말콤 포브스Malcolm Forbes는 "비즈니스 서한 작성법"에 관해 썼다. 이들 광고의 마지막 문구는 모두 독자들에게 책의 재출간을 요청해달라는 내용이었다. 이에 따라 실제로 200만 명의 독자들이 그렇게 했다.

비즈니스 컨설턴트들이 출간하는 책만 해도 매년 8,000권에 이른다. 물론 잘 팔리면 좋지만 주된 목적은 새로운 고객을 확보하려는 것이다.

이 형태의 마케팅은 얼마나 효과가 있을까? 아무래도 콘텐츠 제공을 업으로 삼는 작가와 연사들에게는 확실히 효과가 있다. 이 작가들이 뚜렷한 효과도 없는 내용을 제시하리라고는 생각하기 어렵다.

그러나 기업 콘텐츠 광고의 효과는 그리 뚜렷하다고 볼 수 없다.

최근 조사에 따르면 콘텐츠 마케팅의 비용 대비 효과를 확신한다고 대답한 기업은 21퍼센트에 불과한 것으로 알려졌다.

그런데 이 데이터는 좀 더 조심스럽게 들여다봐야 한다. 이를 콘텐츠 글쓰기가 무용하다는 뜻으로 오인하면 안 된다. 전문 분야에 관한 글쓰기는 분명히 효과가 있다. 심지어 꼭 필요하다고 말해도 과언이 아니다.

자세히 살펴보자.

첫째, 전문 분야 글쓰기를 한다면 자신이 아는 내용만 쓰는 것이 아님을 깨닫게 된다. 글을 쓰는 사람이 오히려 더 많이 배울 수 있다. 전에는 알지 못했던 패턴을 인식하고 새로운 통찰을 제시하는 경우가 많다.

글 쓰는 일은 학습이다. 글을 쓰는 목적은 첫째도, 둘째도, 셋째도 지식을 베푸는 것이 아니라 오히려 습득하는 것이다.

둘째, 복잡하거나 모호한 생각을 뚜렷하게 정리할 수 있다. 차분히 앉아서 글쓰기를 시작해야만 떠오르는 생각이 분명히 있다.

셋째, 이미 쓴 글을 고쳐 쓸 수 있다. 글쓰기가 사고 과정이라면, 글을 다시 쓰는 것은 한 번 더 생각하는 과정이다. "이 글이 내 생각을 정확하게 반영하는 것인가?"라고 스스로 물어봐야 한다. 그렇지 않다고 판단되면 계속 고쳐 쓴다. 이 과정을 마치고 나면 단지 글만 뚜렷하게 정리된 것이 아니라, 생각 자체가 더 뚜렷해졌음을 알게 된다.

원래 품었던 생각이 더 발전되고 유익해지면서 여러분의 수준이 한 단계 높아진다.

마지막으로, 인생에서 가장 확실한 2가지는 죽음과 세금이라는 말이 있지만, 여기에 하나를 더하자면 바로 예상치 못한 결과다. 지난 20년간 내가 늘 겪어왔듯이, 글을 쓰다 보면 우연한 효과가 발생한다.

그것도 아주 좋은 일인 경우가 많다.

글을 써라. 일의 수준이 높아진다.

무슨 내용을 쓸 것인가?

그렇다면 어떤 내용을 써야 할까?

목표 고객과 증거, 제안 진술서를 결정했을 때 주제는 이미 결정됐다. 전문 분야의 구체적인 정보 중에서 목표 고객에게 꼭 필요하고 읽으면 도움이 되는 내용을 쓰면 된다. 이 글은 여러분이 내세우는 전문성을 한층 더 강화해줄 것이다. 이런 글이 점점 쌓이다 보면 여러분의 이름이 확고한 브랜드가 되어 잠재 고객이 인터넷에서 해당 주제로 검색할 때 효과를 발휘하게 된다.

전문성 있는 글쓰기에 도전하라.

작가에서 전문가로

우리는 지금까지 고객은 전문가에게 일을 맡기고자 한다는 사실을 파악했다. 그렇다면 전문가는 어떻게 일해왔을까?

대부분은 작가가 한 것과 똑같이 한다. 즉 천천히 밑바닥부터 다지는 것이다.

나는 6년간 변호사 일을 익히고 그보다 더 오랜 세월을 마케팅 분야에 종사한 후, 1990년에 법률 마케팅에 관한 글을 써서 〈미네소타 로앤드폴리틱스Minnesota Law & Politics〉에 기고했다. 그 이후는 내 실력을 입증해온 과정이었을 뿐이다.

초창기 내 고객 중 한 명의 동생은 트윈시티에서 가장 큰 법률 회사에 다니는 여성 변호사와 사귀고 있었다. 그녀가 내 이름으로 실린 기사를 보고 그 회사 마케팅 담당 임원 클리포드 그린Clifford Greene의 책상에 한 부를 복사해서 올려두었다. 그린이 그 기사를 읽고 나와 연락을 취한 이후로 그는 나의 평생 고객이자 친구이며 가장 아끼는 사람이 되었다.

나의 작가 경력은 거기서 끝날 수도 있었다(이 이야기가 여러분에게 영감을 주기를 희망한다). 그런데 2년 후, 그린이 나에게 전화해서 두 번째 숙제를 안겨주었다. 그가 다니던 유대교 회당에 관한 문제였다. 그들은 1년 넘게 전략 계획 수립에 몰두해왔으나 사실상 제자리걸음을 벗어나지 못하고 있었다.

그린은 걱정만 한가득 안은 채 지친 상태였다.

"무슨 좋은 방법이 없을까요?" 그가 물었다. 특별히 떠오르는 것은 없었으나 일단 점심 약속을 잡았다.

점심을 함께 나누면서, 나는 계획이 번번이 실패한 원인을 몇 가지로 정리해 제시했다. 그는 내 말에 동의하면서 회당 위원회에 와서 그 내용을 설명해줄 수 있느냐고 요청했다.

나는 내 생각을 글로 써서 위원회에서 발표했고, 반응은 긍정적이었다. 그때도 내 글쓰기가 마지막이 될 수 있었다. 그런데 예상치 못한 일이 벌어졌다. 발표가 있던 다음 날, 수 크롤릭Sue Crolick이라는 디자이너가 자신의 연설을 검토해달라고 요청해온 것이었다. 그녀가 미국그래픽아트협회의 한 지부에서 연설할 내용이었다. 나는 요청을 수락하고 그녀의 연설을 들어봤다. 그리고 내 책상에서 원고를 살펴보면서 몇 군데 수정할 점을 기록한 뒤 그녀에게 넘겨주었다.

다음 날 아침, 나는 사람들이 내 사무실 문을 박차고 들어오는 줄 알았다. 수였다.

그녀가 물었다. "저한테 주신 종이 뒷장에 적힌 게 뭐죠?"

"뒷장에 뭐가 적혀 있었나 보죠?"

"예, 무슨 계획 같은 거던데요."

그러고 보니 생각났다. 그린의 회당 위원회 사람들에게 연설할 내용을 미리 메모한 적이 있는데, 그걸 이면지로 썼나 보다.

"아, 제가 유대교 회당에서 발표한 내용인가 보네요."

수가 말했다. "선생님, 이거 발표하셔야 해요. 너무나 훌륭한 내용입니다."

나는 발표 내용을 간추려서 우리 지역의 경영 잡지사 한 군데로 보냈다. 그래서 그 내용이 잡지에 실렸고, 나중에는 다섯 개 주에서 감사 편지가 쇄도했다. 당연히 편집장이었던 제이 노박Jay Novak은 깜짝 놀랄 수밖에 없었다. 그는 나에게 또 다른 내용은 없느냐고 물어왔다.

그 기사가 난 직후 그와 함께 한 점심 자리에서 나는 이렇게 말했다. "제 전문 분야는 서비스입니다. 그런데 서비스와 상품은 다릅니다. 서비스는 눈에 보이지 않습니다. 그 내용을 쓸 수도 있겠죠. 쓴다면 아마 제목은 '보이지 않는 것을 팔아라' 정도가 되겠군요."

노박이 말했다. "바로 그겁니다!"

그 내용이 발표되어 또 호응이 쏟아졌고, 후속 원고 요청이 들어왔다. 덕분에 아예 연재를 맡게 되었다. 이번에는 트윈시티 최고의 출판 에이전시가 그 기사를 보고 나에게 전화했다.

그가 말했다. "또 다른 내용이 있으십니까? 우리 회사에서 책을 한 권 내보시죠."

생각해보면 처음에 쓴 글 한 편이 연설이 되었고, 그것이 우연한 기회로 이어져 결국 책이 나올 수 있었다. 여기에 반갑지만 의도치 않았던 일이 겹치면서 오늘날에 이른 것이다.

글을 써라. 무슨 일이 생길지 모른다.

사상가가 아닌 틈새시장 전문가

2009년 초부터 시카고의 어느 똑똑한 노동법 변호사가 부담적 정보험법The Affordable Care Act이 제정될 것이라고 내다보고 있었다. 2010년 3월에 법안이 통과되어 2012년 6월에 미국 대법원에서 승인되고, 2013년 10월에 마침내 시행을 앞둔 시점까지도 개인 변호사 중에는 주디스 위드올Judith Wethall만큼 이 법을 잘 아는(혹은 이 법이 의미하는 바를 깊게 연구해온) 사람이 드물었고, 덕분에 그녀는 고객의 필요에 정확하게 대응할 수 있었다.

주디스 위드올은 전국적으로 유명한 노동법 전문 로펌 리틀러의 주주다. 그녀는 사상가와 좀 다른, 그보다 더 나은 사람이다.

그녀는 틈새시장 전문가로서, 노동법이라는 특수 분야에서 고객에게 필요한 일을 수행한다.

세상에 사상가를 원하는 고객은 거의 없다. 지난 35년간 미국 기업에 널리 통용되고 정착한 비즈니스 사상은 오직 6가지밖에 없다. 벤치마킹, 프로세스 리엔지니어링, 균형성과 평가제도, 식스 시그마, 지식경영, 그리고 고객 관계 관리가 그것이다. 더구나 이들 중 4가지는 1050년대, 심지어 20세기 초반에 태동한 개념에 그 기초를 두고 있다.

고객은 앞서가는 비즈니스 사상을 원하지 않는다. 그들이 원하는 것은 결과일 뿐이다.

예컨대 내가 동기부여의 역사를 쓴다고 해도 읽을 사람은 아무

도 없을 것이다. 이 책을 읽는 여러분은 오직 고객을 유치하고 지켜
내는 새로운 방법이 있는지만 궁금할 것이다. 이 책을 읽는 이유는
성과를 내기 위해서다.

사상가가 되려는 생각은 일찌감치 포기하는 게 낫다. 그게 뭔지
도 모르지만 말이다. 주디스처럼 틈새시장 전문가를 목표로 삼아야
한다.

결국 '사상'이란 것도 "이 분야만큼은 내가 잘 안다"라는 뜻이 아
닐까. 사상은 직관적이고, 독창적이며, 잠정적이라는 특성을 띤다.

"네가 햄버거를 가져올 것 같아서 나는 감자튀김을 챙겨왔어"의
예처럼 사상이란 결국 무언가를 이해하는 일이며, 따라서 언제든
지 오해가 발생할 수 있다.

옛날 사람들은 지구가 평평한 줄 알았다. 사상은 전혀 엉뚱한 것
으로 판명 나는 예가 허다하다.

게다가 미국인은 생각에만 머무는 것을 별로 신뢰하지 않는다.
우리는 대단한 사상을 지닌 괴짜들이 정작 주차장에서 자기 자동차
를 찾는 데는 애를 먹는 장면을 많이 봤다. 미국 유권자들이 예전에
한 대선 후보에 퇴짜를 놓은 이유도 바로 이것 때문이었다. 1950년
대에 두 번이나 대선에 출마했던 애들레이 스티븐슨Adlai Stevenson은
'지식인'이라는 칭호를 얻었으나, 유권자들은 행동파를 선택했다.
연합군 사령관으로 유럽에서 활약한 드와이트 아이젠하워 말이다.

우리는 생각이 아니라 행동을 원한다.

우리의 관심은 아름다운 신비와 진실이 아니라 성과를 내는 방

법에 있다. 실제로 미국 실용주의의 창시자라고 불리는 3명의 미국인, 즉 찰스 샌더스 피어스Charles Sanders Peirce, 윌리엄 제임스William James, 그리고 존 듀이John Dewey는 너무나 실용적인 철학을 선보인 나머지 도저히 철학이라고 부를 수도 없다는 사람마저 있었다. 그들이 말하는 내용은 그저 비용과 효과를 따지는 것뿐이라고 보일 정도였다.

시대를 앞서가는 사상이 처음부터 받아들여지는 경우는 그리 흔치 않다. 그런 생각은 익숙하지 않아 듣기에 불편하다. 품질관리의 선구자 에드워즈 데밍W. Edwards Deming은 미국 사람들에게 전혀 알려지지 않다가 오히려 일본에서 큰 반향을 일으켰다. 1980년 6월 24일에 NBC를 통해 〈일본이 하는데 우리라고 왜 안 될까?〉라는 백서가 알려지기 전까지 그는 미국에서 완전히 무명에 가까웠다. 그날 데밍은 80세를 맞이하고도 8개월이 더 지난 나이였다.

아르투르 쇼펜하우어가 이 문제를 정확히 지적했다. "모든 진실은 3단계를 거친다. 처음에는 바보 같은 소리라고 조롱당한다. 두 번째는 거센 반대에 부딪히는 단계다. 세 번째 단계에서는 진실의 힘으로 자연스럽게 드러난다." 깊이 생각하는 사람은 이 곡선보다 수십 년 앞을 내다볼 수 있다.

그러니 사상가가 되려고 애쓸 필요가 없다. '사상'이란 약해빠진 말이다. 고객이 원하는 것도 아니다. 고객이 사상가들의 책을 읽을 수는 있겠지만, 결국 일은 행동파에게 맡긴다.

주디스처럼 실천가가 되어라.

사소한 것도 제대로 해라

어떤 웹사이트를 방문했다. 멋지다. 그런데 올라온 링크 중에 접속 속도가 느린 것이 있다. 또는 철자가 잘못된 것이 보인다. 그럴 때 여러분은 '별로 좋은 사이트가 아니군'이라고 생각하는가?

아니다. 여러분은 '별로 좋은 회사가 아니야'라고 생각한다.

잠재 고객도 마찬가지다.

오늘과 같은 디지털 시대에 그런 오류를 방치하면 웹사이트와 여러분은 같은 취급을 당하게 된다.

마케팅을 제대로 해서 사람들의 눈에 띄어라.

황금 사각형

다음 쪽의 그림은 우리가 어린 시절에 많이 하던 점선 잇기 놀이를 떠올리게 한다. 그러나 이것은 효과적인 웹사이트가 무엇인지 이해하는 데 매우 중요한 그림이다.

먼저 펜을 들고 4개의 점을 연결하여 사각형을 그려보라.

그런 다음 그 사각형을 살펴보자. 높이가 15센티미터, 너비는 7센티미터다. 바로 아이폰 13의 화면 넓이다.

생각해보자. 여러분을 포함한 수많은 잠재 고객들이 이 스마트 폰으로 정보를 검색한다. 그렇게 해서 그들이 여러분의 웹사이트를 찾았을 때 보이는 것은 약 25제곱센티미터 넓이의 사각형에 들어 있는 내용이 전부다.

그 사각형 안에 채워 넣은 내용은 비록 비싸지는 않아도 여러분에게는 중요한 광고다. 그러나 우리가 주변에서 흔히 보는 값싼 광고처럼, 그 지면은 여러분이 말하고 싶은 것을 다 싣기에도, 읽는 사람들을 다음 단계로 넘어가게 하기에도 턱없이 부족하다.

따라서 웹사이트의 효율을 극대화하려면 이렇게 자문해보아야 한다. "보는 사람들을 행동하게 만들려면 여기에 어떤 말과 이미지를 눌러 담아야 할까?"

여러분의 가장 강력한 메시지는 무엇인가?

그것은 쉽게 읽을 수 있을 정도로 강력한가?

이미지 역시 강력하고 뚜렷한 메시지를 전달하는가? 메시지와도 어울리는가?

사람들이 그 이미지를 봤을 때 과연 도움이 된다고 생각할까? 전보다 인생이 훨씬 더 나아질 정도로?

메시지를 완벽하게 만들어라. 앞으로 모든 커뮤니케이션에서 계속 써먹어야 할 내용이다. 이것이 바로 여러분의 엘리베이터 스피치다. 1층에서 2층까지 가는 그 짧은 시간에 전해야 할 핵심 메시지 말이다.

잠재 고객의 스마트폰 화면에 핵심 메시지를 쏟아내라.

화려한 장식인가, 소음인가

화려한 특수 효과가 가득한 웹사이트는 혹시 뭔가를 숨기려는 의도가 아닐까?

전문 리서치 기업 CEB의 조사 결과, 웹사이트에 뭔가를 자꾸 더해도 아무 소용없다는 것이 밝혀졌다. 독자들이 꼭 알고 싶은 내용만 담고 거기서 멈춰야 한다.

CEB는 의사결정이 단순한 사이트에 방문한 고객은 구매할 확률이 86퍼센트나 더 높다는 사실을 밝혀냈다.

정보든 장식이든 많다고 다 좋은 것이 아니다. 미국인은 하루에도 수천 종의 마케팅 메시지를 접한다. 아무리 화려해도 소용이 없다. 모두가 화려하기 때문이다.

웹 사용자들은 죽 훑어보기만 한다. 홈페이지의 글을 꼼꼼히 읽어보는 사람은 그중 16퍼센트에 지나지 않는다. 79퍼센트는 흘낏 쳐다보기만 할 뿐이다.

한번 흘낏 보는 사람들의 눈에는 무엇이 들어올까? 여러분의 핵심 메시지는 무엇인가? 누군가의 삶을 조금이라도 개선해줄 수 있다면 그게 뭘까? 그 메시지가 곧장 눈에 띄는가?

거추장스러운 요소를 모두 덜어내라.

믿을 수 있는 웹사이트의 핵심

지금까지 딱 한 명만이 맞춘 퀴즈가 있다.

'웹사이트가 방문자에게 신뢰를 안겨주고 결정을 유도하는 요소는 무엇인가?'

고객 추천 글? 효과를 입증하는 사례 연구? 사업주의 이력과 자격, 그리고 업적?

2002년에 포그BJ Fogg라는 한 과학자가 이 문제를 연구해보기로 마음먹었다(역시 그는 〈포춘〉이 '꼭 알아야 할 10명의 새로운 사상가'로 선정한 인물이다). 그는 2,684명의 일반인을 대상으로 총 열 개 분야에서 백여 개의 웹사이트를 살펴보도록 했다. 그가 이끄는 스탠퍼드 대학교 웹신뢰성 프로젝트팀은 결과를 살펴보고 깜짝 놀랐다.

"저는 웹사이트 방문자들이 정보를 냉정하게 전체적으로 검토할 줄 알았습니다. 그러나 저조차 도저히 인정하기 싫지만, 진실은 너무나 분명합니다."

"사람들은 웹사이트의 신뢰도를 겉모양만 보고 판단합니다."

웹사이트와 전언 기각 원칙

믿음은 보는 데서 나온다. 우리는 다른 어떤 것보다 두 눈을 믿는다. 우리가 보는 것과 만나는 사람을 평가하는 것도 바로 눈이다.

우리는 흔히 이렇게 말한다. "그 사람이 두 눈으로 직접 봤대. 그럼 당연히 맞겠지."

이것은 전언 기각 원칙의 근거를 다시 한번 확인해주는 지점이기도 하다. 대개 법정 밖에서 한 발언은 증거로 인정되지 않는다. 배심원들이 어떤 사건을 평결하려면 발언 당사자를 직접 보고 믿을 수 있는 말인지 판단할 수 있어야 한다. 사람을 직접 봐야 믿든지 말든지 할 수 있다.

이 원칙은 다른 형태의 증언에도 적용된다. 바로 웹사이트에 대한 다른 사람의 평이다. 효과가 있을 수도 있겠지만, 사람들은 이런 평을 잘 믿지 않는다.

사람들은 익명의 증언을 믿지 않는다. 보더라도 조작된 것으로 여긴다. 이름 정도만 나와 있어도 믿음이 가지 않기는 마찬가지다 ('로스앤젤레스의 윌리엄'이나 '마이애미 사는 캐서린' 같은 예).

안타까운 일이지만 신원을 정확히 밝혀도 쉽게 믿을 수가 없다. 이 또한 디지털 시대가 낳은 결과라고 할 수 있다. 예컨대 아마존에 올라온 서평 중 상당수는 저자와 가까운 사람이 썼으리라고 짐작하는 것이 현실이다.

무엇보다 이런 서평은 우리가 전혀 모르는 사람들이 하는 말이다. 우리는 그들이 '말하는' 것을 '들을' 수밖에 없다. 그러니 그 말을 그대로 믿을 수가 없다.

그렇다면 우리 사이트에서는 증언을 어떻게 다루면 좋을까?

증언을 실으려면 최소한 당사자의 사진을 같이 올려두어야 한다. 증언하는 사람의 얼굴이라도 보자는 것이다.

가장 좋은 방법은 여기서 두 단계 정도 더 나가서 아예 영상으로 보여주는 것이다. 우선 고객이 직접 시간을 내어 그런 영상을 찍었다는 자체가 증언의 역할을 한다. 고객이 열정과 신뢰를 보여주고, 깊은 인상까지 안겨줄 수 있다면 더할 나위 없을 것이다.

사실 그것이 진정한 의미의 증언이기도 하다.

증언이 있다고 말하는 것만으로는 부족하다. 직접 보여주어라.

영상과 유명인 효과

항상 화상통화로 미팅을 진행한다면 큰 성과를 기대하기 힘들다.

우리가 영상으로 얼굴을 보일 때는 유명인 효과Celebrity Effect라는 문제가 발생한다. 아마추어인 우리는 TV나 영화에 나오는 전문 배우들과는 상대가 되지 않는다. 그들은 헤어스타일, 메이크업, 조명 등 전문적인 지원팀을 꾸리고 있다.

따라서 여러분은 영상에 나올 때마다 〈투데이쇼The Today Show〉나 〈더뷰The View〉 같은 방송과 경쟁을 펼치는 셈이다. 그들은 최고 전문가들이 마련한 TV쇼에 출연하는 프로들이고, 우리는 그렇지 않다.

조사 결과, 우리가 영상에 출현할 때 드러나는 또 하나의 문제가 있다고 한다. 같은 사람이라도 직접 대면할 때보다 영상에서 볼 때 매력이 떨어진다는 것이다.

마케팅 수단으로 영상을 통해 얼굴을 보이는 것은 한 번 더 생각해볼 문제다.

웹사이트의 3가지 조건

광고계에 유명한 격언이 있다. "나쁜 상품을 죽이는 가장 좋은 방법은 광고를 잘 만드는 것이다."

광고가 훌륭하면 사람들은 그 상품을 써보고 생각보다 형편없다는 사실을 알게 되어 나쁜 소문이 순식간에 퍼져나간다.

여러분의 웹사이트에 수십 명이 몰려왔다가 실은 삼류 수준이라는 것을 알게 되어도 똑같은 일이 일어난다. 한 번만 훑어봐도 다시는 찾지 않을 것이다.

따라서 사람들을 유인하기 전에 먼저 웹사이트를 제대로 만드는 게 더 중요하다. 그렇지 않으면 웹사이트 하나가 모든 마케팅 노력을 망쳐버리게 된다.

그러나 말이 쉽지, 도대체 제대로 된 사이트가 어떤 거냐고 반문할 수도 있다.

간단하다. ICE만 기억하면 된다.

최고의 웹사이트는 "설득력 있는 증거를 즉각Immediate Compelling Evidence, ICE" 전달하는 것이다.

우선 '증거'를 제시해야 한다. 여러분이 실력이 뛰어난 전문가임을 입증하는 사실(역시 3가지가 가장 좋다) 말이다.

다음은 '즉각적'이어야 한다. 방문자들이 5초 내로 그 증거를 볼 수 있어야 한다.

그리고 '설득력'이 있어야 한다. 아주 강력해서 방문자들이 충분히 믿을 수 있을 정도가 되어야 한다.

여러분의 웹사이트는 이 조건에 부합하는가? 대략 10퍼센트가 그렇다. 즉, 나머지 90퍼센트는 낙제라는 말이다.

그러나 실망할 필요 없다. 이제부터 몇 페이지에 걸쳐 10퍼센트에 들어가는 방법을 살펴볼 것이다.

ICE에 충실한 웹사이트를 만들어보자.

세계 최고의 웹사이트 기고가

블루펄BluePearl 병원의 똑똑하고 숙련된 수의사들은 세계 최고의 웹사이트를 만들어냈다.

블루펄 사이트는 눈부시게 화려하지는 않지만, 반려동물을 기르는 사람이 누구라도 이 사이트를 방문해보면 "이곳 수의사들은 정말 훌륭하구나"라는 생각이 들지 않을 수 없다.

그것은 수의사들의 글이나 광고 카피 때문이 아니다. 고객들이 직접 그렇게 써놓았기 때문이다. 그들은 블루펄 고객의 열성이 얼마나 대단한지 알기에 고객 사연란을 마련해서 각자 이야기를 올릴 수 있게 해놓았다.

동물을 좋아하는 사람이라면 혹할 수밖에 없는 제목이 보인다. 그중에서도 나는 "아델, 낚싯대를 삼키다" 또는 "근육맨 박사가 구해낸 말라깽이 고양이" 등이 마음에 든다.

반려동물이 우리 생활에서 차지하는 의미를 보여주는, 어찌 보면 가슴 아픈 제목도 있다. "해피는 내 유일한 가족이에요."

블루펄 고객이 쓴 글들의 제목만 읽어봐도 이 병원이 지역 최고의 서비스를 제공하는 곳임을 알 수 있다.

웹사이트 최고의 카피도 바로 고객이 쓴 것이다.

고객이 홈페이지에 직접 글을 쓴다면 어떨까?

영상이 현명한 전략인 이유

간단하다. 구글이 영상 전문 사이트를 보유하고 있기 때문이다. 구글은 유튜브를 소유하고 있다.

구글은 16억 5,000만 달러를 들여 유튜브를 인수한 만큼, 사람들이 영상을 보기를 간절히 원한다. 그래서 구글 검색 엔진은 영상을 특별 대우한다.

X도 마찬가지다. 여러분이 X에 영상을 올리면 문자만 있는 것보다 공유될 확률이 28퍼센트 높아진다.

2006년부터 이런 환경이 조성되면서 영상을 올리면 사람들의 눈에 쉽게 띄고 관련 홈페이지가 구글 검색 상위에 올라갈 확률도 높아졌다. 그러므로 영상으로 만들 자료가 있고 예산 범위 내에서 가능한 한 전문적인 솜씨를 발휘할 수 있다면 여러분의 사업이 사람들의 눈에 띌 가능성이 훨씬 더 커진다.

일반적으로 트윗에 영상이 포함되면 리트윗될 확률이 높아진다.

이 점은 사업주가 올린 영상도 마찬가지일 것이다. 여기서 한 가지 주의해야 할 사항은 그것이 꼭 훌륭한 성과로 이어지는 것이 아니라는 점이다. 만약 그 사업이 겨우 명맥만 이어가는 수준이라면 그런 사정을 들여다보는 사람이 많아진다는 사실을 의미할 뿐이다. 사업주는 대개 카메라에 익숙하지 않고 그 분야에 전문적인 기술이 있는 것도 아니다. 따라서 사업주가 직접 촬영한 영상은 사업에 도움이 되기는커녕 오히려 해가 될 수도 있다.

나는 연설 솜씨가 형편없어서 첫 연설에 나설 때 고객이자 친구였던 한 사람이 정중하게 말렸을 정도였다. 그러나 몇 차례 연설 경험이 쌓이면서 점점 능숙해졌고, 마침내 2005년에는 스피커스 플랫폼이라는 연설 에이전시의 조사 결과 세계 최고의 연사 5인에 선정되는 영광을 얻게 되었다. 영상에 서투른 사업주도 마찬가지다. 어느 정도 영상의 퀄리티를 높인 후 광고에 활용한다면 의미 있는 결과가 나타날 것이다.

영상은 잘 활용한다면 사이트를 활성화하는 기폭제가 된다.

SEO에 관해 알아야 할 것

검색 엔진 최적화Search Engine Optimization, SEO(모든 수단을 동원해서 자신의 웹사이트를 구글 검색 상위에 올리는 일)는 아마추어가 할 수 있는 일이 아니다.

SEO란 사실 구글을 최적화Google Optimization, GO하는 일이기 때문에 그렇다. 검색 시장을 구글이 장악하고 있으므로 구글 첫 페이지에 노출되기 위해서는 구글을 최적화해야 한다. 대단히 어려운 일일 수밖에 없다.

구글은 최고의 두뇌들을 영입해서 모든 주제별로 최고의 정보를 걸러내어 구글이 신뢰할 만한 출처가 될 수 있도록 관리한다. 구글이 오늘날의 위상을 유지할 수 있는 이유는 모든 사람이 관심 있는 주제별로 가장 믿을 수 있는 정보를 얻을 수 있도록 해주는 역량 덕분이다. 구글의 가치가 수백억 달러에 이르는 이유도 이 때문이고, 구글의 사활이 걸린 것도 바로 이 대목이다.

구글을 속이려고 아무리 애를 써도 구글 엔지니어의 눈을 피할 수는 없다. 그들은 속임수를 반드시 잡아내야 하고, 실제로 그렇게 한다. 그래서 구글은 속임수가 통하지 않도록 끊임없이 알고리즘을 바꾼다.

우리는 이런 변화를 따라갈 수 없다. 그런 일은 SEO 전문기업이나 가능하다. 그래서 SEO가 도움이 된다고 판단한다면 전문기업과 계약을 맺는 수밖에 없다.

시중에는 SEO 기업이 얼마든지 있으며, 정직한 회사라면 여러분에게 도움이 될 수 있다. 그러나 훌륭한 전문가 상담이 모두 그렇듯이 비용이 만만치 않다. 결론적으로 SEO에 관해 우리가 알아야 할 핵심은 바로 이것이다.

그걸 직접 시도하는 것은 헛수고다.

검색 최적화보다 메시지 최적화

여러분이 제공하는 정보가 별것 아니라면 검색 엔진 최적화는 의미가 없다.

여러분의 사이트가 구글 상위에 뜬다고 해도 수많은 사람이 들어와 살펴보고 '여기 별로 볼 게 없네'라고 생각하면 아무 소용없기 때문이다. 그 정도는 차라리 낫다. '아무 도움도 안 되네'라고 하면 어쩔 셈인가.

좋은 광고가 오히려 나쁜 상품을 죽이는 것처럼, SEO에 성공할수록 나쁜 웹사이트는 망하게 된다. 콘텐츠의 평판을 개선하고자 했던 일이 정반대 결과를 초래하는 셈이다.

어떤 매체를 사용하든, 마케팅에 성공하려면 우선 콘텐츠가 좋아야 한다. 읽는 사람들에게 도움이 되는 강력한 메시지가 있어야 하고, 그것을 분명하고 간결하게, 잘 전달해야 한다. 광고 업계의 대가 맥칸 에릭슨McCann Erickson이 이를 단 세 단어로 표현했다.

"진실을 잘 전달하라."
<mark>웹사이트를 최적화하려면 메시지를 최적화해야 한다.</mark>

지름길은 없다

내가 법률 분야에서 일하다가 광고 업계에 뛰어들게 된 계기는 1980년대 초 뉴욕에 있던 한 광고 회사의 뛰어난 광고 문구 때문이었다.

수십 년이 지난 지금도 글자 하나까지 다 기억한다.

"세상에 쉽게 얻어지는 것은 없습니다. 절반만 노력하면 절반을 얻는 게 아니라 아무것도 없습니다. 오래 가는 성과를 얻는 유일한 방법은 노력입니다. 힘들고, 꾸준하게, 끊임없이 노력해야 합니다."

소셜미디어 마케팅과 SEO도 마찬가지다. 성과는 곧바로 나타나지 않는다. 수개월이 걸린다. 그 시간이 지난 후에도, 웹사이트를 찾은 사람들이 모두 고객이 되는 것은 아니다. 그저 독자일 뿐이다. 그럼에도 여러분은 그들이 계속 찾아올 수 있도록 더욱 노력해야 한다. 그래도 여전히 고객이 되지는 않을 것이다.

지름길은 없다. 구글에 검색하면 첫 페이지에 등장하는 내 고객 게리 코헨Gary Cohen은 '미네소타 경영 코치'라고 소개되어 있다.

그는 10년의 세월과 24만 달러의 돈을 콘텐츠 에디터들과 SEO 컨설턴트에 쏟아부었다.

"그랬음에도 5년째까지는 아무런 결과도 눈에 보이지 않았습니다." 게리의 말이다.

힘겨운 노력만이(SEO를 할 때는 뛰어난 SEO 회사에 상당한 자금을 투자해야 한다) 성과를 얻어내는 유일한 방법이다.

게다가 어려운 문제가 또 하나 있다.

규칙이 항상 변한다는 것이다. 그래서 봄에 사이트를 최적화했다고 해도 가을이면 더 이상 소용이 없는 경우가 허다하다. 최적화란 한 번에 말끔하게 끝나는 일이 아니라 끝없이 계속되는 과정이라는 뜻이다. 항상 여기에 시간과 돈을 투입할 작정을 해야 한다.

여력이 허락하는 한, 그리고 한동안 결과와 무관하게 견딜 수 있는 한, SEO에 충분히 투자해볼 만하다. 그렇지 않다면 차라리 다른 마케팅 수단에 투자해서 성과를 올리는 편이 더 낫다.

SEO는 지름길이 아니다. 제대로 하지 않을 바에야 안 하는 편이 오히려 더 낫다.

배너 광고의 진정한 의미

웹사이트에 어지럽게 뜨는 광고를 보고 이렇게 생각하는 사람이 많을 것이다. '왜 이렇게 귀찮게 하지?'

마케터들도 이런 말을 자주 듣는다. "배너 광고는 효과가 없습니다. 노출 대비 클릭 확률이 형편없어요."

그런데도 배너 광고 매출은 계속 증가하고 있다. 분석 회사 이마케터는 최근 연간 온라인 광고 지출 전망을 2배로 높게 잡으면서 디스플레이 광고가 검색 광고를 제치고 온라인 광고 분야의 대세가 될 것으로 예측했다.

사람들은 페이스북의 가치가 왜 수십억 달러에 달하는지 의아해한다. 그 이유는 페이스북 매출에서 가장 큰 비중을 차지하는 것이 바로 배너 광고이기 때문이다.

배너 광고는 쓰레기인가?

아니다. 배너 광고의 효과에는 클릭 전환율만 있는 것이 아니다. 이는 여러 연구에서 밝혀진 사실이다.

이것은 단순 노출 효과의 또 다른 사례다. 어떤 대상을 그저 여러 번 마주친 것만으로도 여러분은 그것을 좋아하게 된다.

이름밖에 안 나오는 배너 광고가 효과를 발휘하는 이유도 바로 이 때문이다. 우리는 광고를 봤다는 사실조차 기억하지 못하면서도 왠지 광고에 나온 대상에 익숙해진다.

앞에서도 썼지만 한번 익숙해지고 나면 좋아하게 되는 것은 금방이다.

배너 광고는 메시지가 별로 없음에도 효과적인 것이 아니다. 바로 메시지가 없어서 성공하는 것이다. 배너 광고는 굳이 해석해야 할 만한 메시지가 없으므로 다른 것과 경쟁을 펼칠 필요도 없다. 그래서 이름을 알리고 뇌리에 각인시켜 사람들이 좋아하게 만들기에 더욱 적합한 방법이 될 수 있다. 배너 광고가 효과를 발휘하는 이유는 상품이나 서비스에 우리가 좋아할 만한 특징이나 혜택이 포함되어서가 아니라 그 이름을 사람들에게 알리고 익숙하게 만들기 때문이다.

그렇다면 성공적인 광고는 아무런 메시지를 전하지 않는다는 말일까? 나스카 경주 자동차가 경주할 때나 프로 골프 선수들이 잔디 위를 걸을 때, 자동차 문짝이나 선수들 셔츠에 새겨진 로고를 보고 그 회사 홈페이지를 클릭해보는 사람은 아무도 없다. 그러나 이런 광고는 분명히 효과가 있다.

골프선수 필 미켈슨은 로고가 새겨진 옷만 입고 다녀도 한해에 거의 5,000만 달러를 번다.

광고에는 이름만 나와도 충분하다.

소셜미디어의 모순

소셜미디어는 진정한 소셜 마케팅, 즉 사람들과의 만남이 필요한 이들에게 특별한 가치를 더해준다. 소셜미디어는 잠재 고객이나 인플루언서들과 직접 소통하는 단계로 넘어가는 방법이다.

우리 자신만 봐도 알 수 있다. 페이스북이나 X를 통해 모르는 사람의 서비스(상품과 가장 다른 점이다)를 구매해본 적이 있는가? 아닐 확률이 높다. 우리는 함께 커피라도 마셔봤거나 파티에서 만난 사람의 서비스를 사게 된다.

서비스 자체도 그렇지만, 서비스 마케팅에 가장 효과적인 매체는 잠재 고객과 직접 대면하는 것이다.

서비스는 직접 만나봐야 구매를 결정할 수 있다. 여러분이 소셜 미디어에 집중하는 이유가 사업에 꼭 필요한 대면 과정에 자신이 없기 때문이라면, 가장 최악의 이유로 덜 중요한 곳에 힘을 쏟는 셈이다.

가장 강력한 소셜 마케팅은 직접 만나는 것이다.

쉽고 확실한 방법

이메일을 사용하면 수천 명에게 쉽게 광고를 보낼 수 있다. 그러나 이 방법은 쉬운 만큼 실패할 확률도 높다.

우리는 쉬운 해결책을 찾는 경향이 있다. 특히 확실한 방법이라면 더욱 그렇다. 예를 들면 50가지 '확실한 해결책Surefire Headlines'이라는 글을 읽어본 적이 있을 것이다. 제목만 보면 전부 확실할 것 같지만, 지금까지 수천 명이 그것을 읽고 끝없이 제자리걸음을 반복해왔다. 그중 '당신은 혼자가 아니다'라는 말은 한때 효과 만점의 해결책으로 널리 알려졌지만, 이제는 진부한 문구가 되고 말았다. 뻔한 거짓말이라는 소리를 너무 많이 들어 이제는 아무도 귀를 기울이지 않는다.

오늘 밤 여러분의 메일함을 열어보라. 그중에 과연 몇 개나 열어보는가?

쉬운 방법을 찾는다면 이메일만 한 것도 없다. 그러나 정말 고객을 얻고자 한다면 다른 방법을 찾아라.

마무리 법칙과 이메일

정점 마무리 법칙을 생각할수록 마무리를 어떻게 짓느냐(영화, 음악, 발표 등)가 정말 중요하다는 사실을 다시 한번 확인하게 된다. 사람들이 기억하는 것은 항상 마지막 장면이다.

여러분은 이메일을 어떻게 마무리하는가? 핵심 증거 진술이 될 내용을 마련하여 서명 뒤에 항상 똑같이 노출해보라. 즉 표창, 업적, 자격 같은 요소들이다. 누군가 여러분의 이메일을 볼 때마다 여러분의 강력한 자격 요건을 확인하게 될 것이다.

그리고 여러분의 웹사이트와 링크드인, X에 실린 것과 똑같은 사진을 이메일에 첨부하는 것이다. 그 사진은 일종의 로고가 되어 모든 사람의 뇌리에 각인된다.

이메일도 다른 매체처럼 정점의 순간에 마무리하라.

세계 최고의 마케터가 알려주는 7가지 팁

P&G가 지난 70년 동안 광고를 운영하면서 터득한 비결을 여러 분의 매체, 즉 웹사이트, 페이스북, 광고 등에 모두 활용해보라.

P&G를 비롯한 미국의 대형 일상 용품 회사들은 TV 및 인쇄물 광고를 운영하면서 효과가 있는 방법과 그렇지 않은 것에 관한 방대한 지식을 확보해왔다. 그들은 수십 년에 걸쳐 자신의 노하우를 끊임없이 검증했다. 아래는 그중 핵심적인 내용을 요약한 것이다.

1. 사람들은 동물, 특히 개를 좋아한다. 그중에서도 강아지가 더 좋다.

2. 농담은 큰 효과가 없지만, 상황에 맞는 유머는 괜찮다. 다소의 허점은 인간적인 면모를 드러낸다는 점에서 유용하다. 농담은 사람마다 선호가 다르나 유머는 누구나 공감한다.

3. 두려움을 무기로 행동을 강요하면 안 된다. 오랫동안 정부 광고가 이를 이용해왔다. 자동차 탑승자가 안전띠를 매지 않을 때의 위험을 강조하려고 자동차 충돌 사고 현장의 무시무시한 이미지를 보여준 것이다. 그런데 이런 이미지는 일종의 저항을 불러왔다. 사람들(특히 남자)은 남이 시키는 대로 하는 것을 싫어한다. 벨트를 안 매면 죽는다는 협박이 오히려 착용률을 떨어뜨린 것으로 나타났다. 이후 우리에게 선택의 자유가 있다는 점을 강조하는 방향으로 바뀌자(안전띠를 매거나, 범칙금

고지서를 받거나) 비로소 광고 효과가 개선되었다.

4. 광고에 사진을 쓰지 않는 사람은 없다. 이미지는 흥미를 일으키고 뇌리에 남는다. 모든 마케팅 커뮤니케이션에는 사진을 넣어야 한다. 길이가 긴 광고라면 중간중간에 사진을 넣어 호흡을 끊어주는 것이 좋다.

5. 사람들은 귀로 들은 것보다 눈으로 본 것을 더 믿는다. 두 번 세 번 반복해서 말하지 않는 한, 본 것이 기억에도 더 오래 남는다. 이미지는 즉각 뇌리에 남지만, 말은 훨씬 더 긴 시간이 필요하다.

6. 로고의 효과도 그것이 이미지라는 데 있다. 개성 있는 상표는 뇌리에 깊이 남지만, 이름만으로는 그런 효과를 누릴 수 없다. 대단히 특이해서 잊을 수 없을 정도라면 몰라도 말이다.

   광고를 맡기는 고객들이 항상 '로고를 크게 해달라'고 하는 이유다. 사실 카피라이터들은 그런 말을 싫어한다. 뭔가 멋진 것을 만들고 싶은데 로고가 크면 시선이 방해되고 영감이 죽는 경우가 많기 때문이다. 사실 우리로서는 그보다 더 중요한 이기적인 이유가 있다. 각종 광고상을 결정짓는 위원들(그들이 미술 감독과 작가라는 사실은 결코 우연이 아니다)이 큰 로고를 싫어한다는 점이다. 물론 물건을 사는 사람들이라고 큰 로고를 좋아하지는 않지만, 그런 이미지가 사람들의 뇌리에 남는 것은 분명하다.

7. 사람들은 순위 목록을 좋아한다. 아주 많이.

P&G가 알려주는 또 다른 7가지 팁

1. 사람들은 실제 뉴스를 좋아한다. 새로운 것은 뭐든지 알려주어라. 새로운 정보도 알려주고 그것이 새로 나온 것이라고 꼭 말해주어야 한다. 사람들은 사소한 것이라도 다른 누구보다 먼저 아는 것을 좋아한다. 예를 들어 유명인 부부가 갈라섰다는 소식 같은 것 말이다. 그러나.

2. 남에게 속는 것은 싫어한다. 새로운 뉴스도 아니고, 인생을 완전히 바꿔놓을 일도 아니며, 그야말로 깜짝 놀랄 만한 일도 아닌데, 그렇다고 말하지 말라. 사람들을 한 번 속였다면 부끄러운 줄 알아야 한다. 그런데 두 번 속인다? 그럴 수도 없을 것이다. 그들은 여러분이 그렇게 하도록 내버려두지 않는다.

3. 자신과 남을 단순히 비교하는 것만으로는 효과가 없다. 비교 광고는 과거에도 무수히 많이 시도되었고 그때마다 번번이 실패했다. 펩시는 오랫동안 코크에 도전해왔지만, 결국 코카콜라는 더욱 잘 팔리고 펩시는 그에 미치지 못했다. 딜로이트도 업계 1위를 따라잡기 위해 이름을 비교하는 전략을 취해봤다. 이 방법은 뜻대로 되지 않았고, 결국 대변인을 통해 전국에 사과 메시지를 내보내야만 했다. 마이크로소프트도 애플을 상대로 똑같이 했다. 결과는 역시 엄청난 후폭풍으로 끝났다.

4. 스스로 일어서라. 상대방의 약점을 공격하는 데만 매달리지 마라. 오히려 내가 다친다.

5. 사람들은 해결책을 좋아한다. 세상에는 항상 어려움이 있고, 누구나 그것을 극복하고자 한다. '해결법'이라는 제목을 내걸면 항상 통한다. 그러나.

6. 사람들은 '해결책'을 포함한 여러 가지 상투적인 문구에 질려 있다. 차라리 '7가지 해결 단계'와 같이 우회적으로 표현하는 편이 더 낫다. 그러나.

7. 그 한계는 7까지다. 7이라는 마법의 법칙(플러스 마이너스 2)을 기억하라. 인간은 7보다 많은 숫자는 기억하지 못한다. 8은 너무 길게 느껴진다. 책 《성공하는 사람들의 7가지 습관》이 성공한 것만 봐도 알 수 있다. 코비는 그 한계를 꽉 채운 셈이다. 물론 기획도 훌륭했고 잘 썼기 때문이기도 하겠지만 어쨌든 출간된 지 30년이 지난 지금까지도 왕성하게 팔리고 있다. 사실은 그보다 좀 더 짧아야 한다. 7도 좋지만 5가 더 좋다. 실제로 7가지가 있더라도 2가지는 부록으로 돌리는 편이 더 낫다. 사람들이 미처 깨닫지 못하는 사실이 있는데, 짝수보다는 홀수가 더 효과적인 것 같다.

11장

고객을 설득하는
간단한 법칙

커뮤니케이션의 4가지 원칙

1. 가장 큰 경쟁자는 잠재 고객의 무관심이다.
2. 커뮤니케이션의 목적이 이해를 구하는 것에 멈춰서는 안 된다. 오해를 막는 것도 포함되어야 한다.
3. 말만으로는 부족하다. 직접 보여주어야 한다.
4. 말은 적게 할수록 좋다. 글은 간결할수록 호소력이 더 크다.

메시지에 관한 6가지 철칙

1. 웬만한 것은 이미 들어봤다. 뭔가 새로운 내용을 말해야 한다.
2. 남다른 내용임을 믿게 하려면 남다른 이야기를 해야 한다.

3. 평범한 메시지는 평범한 결과를 낳는 게 아니다. 아무런 결과도 못 낳는다.

4. 듣는 사람의 시간을 존중하지 않는 메시지를 내면, 다음번에는 아무도 듣지 않는다.

5. 40초를 들여야 확신을 주는 메시지라면, 사람들은 20초로 끝내는 메시지를 찾아갈 것이다.

6. 사람들의 저항을 뚫어낼 정도의 날카로운 메시지를 던져야 한다.

3부

고객과의 관계

좋은 사람이 되라

내가 달리기에 푹 빠져 있던 시절, 나이키 광고를 보면 마치 나와 비슷한 사람과 대화를 주고받는 느낌이 들었다. 나이키가 나를 너무 잘 알았기에 나는 나이키 브랜드와 특별한 관계를 맺고 있는 듯한 감정을 느꼈다.

나이키 광고를 만든 댄 비덴Dan Wieden의 목표는 성취된 셈이다. 그것은 사실 모든 마케팅 커뮤니케이션의 목표이기도 하다. 바로 "좋은 회사와 그들의 고객은 특별한 관계를 맺어야 한다"는 것이다.

그의 말에는 2가지 키워드가 있다.

서비스를 제안한다는 것은 결국 관계를 제안하는 일이다. 그러나 여느 인간관계가 다 그렇듯이, 좋은 관계를 맺으려면 상대가 좋은 회사여야만 한다.

즉, 좋은 마케팅을 하려면 여러분이 좋은 사람이어야 한다.

지금까지 고객들을 지켜본 바에 따르면, 훌륭한 서비스 사업자들이 지닌 핵심 특성은 4가지로 요약할 수 있다. 그들은 모두 공감능력과 성실성을 바탕으로 자기 일을 사랑하면서도 언제나 자신의 의견이 잘못될 수도 있다고 생각했다. 즉 공감, 성실, 사랑, 겸손이다. 여기에 재능을 더해야 한다는 의견도 충분히 수긍이 가지만, 나는 이 4가지를 갖추고도 자기 일을 제대로 해내지 못할 정도로 재능이 없는 사람은 아직 본 적이 없다.

잠재 고객과의 의사소통에 성공하려면 좋은 사람이 되어야 한다. 좀 더 정직하고, 겸손하며, 열린 마음으로 자신을 드러내야 한다. 자신이 하는 일을 사랑하는 이유를 그들에게 설명해줘야 한다.

가슴만 두드릴 것이 아니라, 그 속에 있는 마음을 보여주어라.

마케팅을 잘하려면 좋은 사람이 되어야 한다.

'최고의 건축가'가 치른 대가

1991년에 있었던 설문 조사 결과, 미국 건축가들은 프랭크 로이드 라이트Frank Lloyd Wright를 미국 역사상 가장 훌륭한 건축가라고 평했다. 그러나 이는 당사자에게는 오히려 모욕에 가까운 결과였다.

반세기 전에 라이트는 법정에서 자신을 어떻게 규정하느냐는 질문을 받고 "세계 최고의 건축가"라고 진술했기 때문이다. 이에 변호사는 어떻게 그렇게 말할 수 있느냐고 다시 물었다.

라이트가 대답했다. "진실만 말하기로 선서했기 때문입니다."

그로부터 얼마 지나지 않아 그는 자신의 평가를 다시 한번 수정했다. "사실 저는 세계 역사상 가장 위대한 건축가입니다."

충분히 그럴 만하다. 1986년의 한 조사 결과 미국에서 가장 훌륭한 건물로 선정된 열 개 중 세 개가 그의 작품이었기 때문이다. 즉, 피츠버그 외곽에 자리한 그 유명한 폴링워터 가옥과 시카고의 로비 하우스, 그리고 위스콘신주 러신의 SC 존슨 왁스 본부 건물이다. 나머지 건축가들은 모두 하나씩만 선정되었을 뿐이다.

그러나 누구나 인정하는 이 대가에게도 문제가 있었다. 한 고객이 그에게 편지를 보내 지붕에 물이 샌다고 불평하며(가히 라이트의 명성에 흠집을 낼 만한 문제였다), 특히 빗물이 자기 책상에 튀어서 불편하기가 이만저만이 아니라고 했다.

라이트가 보낸 답장에는 이렇게 쓰여 있었다. "책상을 옮기세요."

무릇 남자라면 이웃의 아내를 탐하면 안 된다던 그 시대에 라이트는 여러 명의 여성을 탐했고, 그중 한 명과는 일리노이주 오크파크 동네에서 버젓이 함께 걸어 다니기도 했다. 소문은 삽시간에 퍼졌다. 그런 일이 한두 번이 아니었다.

라이트는 주변 사람 누구에게나 분노를 쏟아내곤 했다. 같은 업계 사람들은 말할 것도 없고, 변호사, 계약업자, 은행 사람들, 심지어 고객의 아내들에게도 마찬가지였다.

자만, 음욕, 분노. 라이트는 성경에 나오는 7가지 죄악 중에 무려

3가지를 범한 사람이었다. 여기에 허영까지 보탠다면 그가 화려한 망토와 멋진 넥타이 차림으로 찍은 사진만으로도 아무런 제목을 붙일 필요조차 없을 것이다.

그러나 그의 천재성만큼은 아무도 의심할 수 없다. 그 점은 내가 불과 13살이던 시절에도 알던 사실이었다. 〈라이프〉지에서 그의 이야기를 읽은 기억이 난다. 당시 폴링워터 가옥과 탈리신 건축학교를 사진으로 본 이후 나는 오랫동안 케너Kenner의 대들보와 패널로 된 집짓기 장난감에 빠져 살았다.

그러나 그는 과연 비길 데 없는 재능과 열정만으로 충분했을까? 그는 항상 빚과 압류에 시달리느라 집 없이 지낸 적도 한두 번이 아니었다. 그는 오크파크에서 일으킨 염문이 세상에 알려지기 전인 1900년부터 1909년까지 모두 90건의 건축 설계 의뢰를 따냈다. 그러나 이후 10년 동안은 고작 29건에 불과했다.

이 점도 생각해볼 필요가 있다. 그가 폴링워터 가옥, SC 존슨 건물, 그리고 그의 네 번째 상징 작품인 뉴욕 구겐하임 미술관을 완성한 시점은 각각 70세, 72세, 92세였을 때다. 그가 만약 65세에 세상을 떠났다면 건축가들이나 그의 이름을 알았을 것이다. 미국 사회가 1차 세계대전과 격동의 20세기를 거치며 그에게 면죄부를 준 측면도 있었다. 성적 부도덕에 관한 미국인의 관점이 훨씬 더 너그러워진 것이다. 이런 관대한 태도는 그의 나이와도 관련이 있다. 우리는 젊은 사람이 보이는 오만에 대해서는 극도로 혐오하지만, 그것이 65세의 노년층이라면 그저 괴짜 정도로 여길 뿐이다. 더구나 그가 예술가이자 천재라면 더욱 그렇다.

그러나 상황이 달랐다면 과연 어땠을까?

라이트의 분노와 허영, 자만심이 여전했더라면, 심지어 유부녀를 탐하는 습관을 버리지 못했거나, 최소한 남들 몰래 지속했더라면 어떻게 되었을까?

로비 하우스와 폴링워터가 건축되던 사이의 그 30년 동안 어떤 일이 일어났을까?

은행과 채권자들에게 시달리지 않을 정도로 건축 의뢰가 이어져서 생존을 걱정할 필요 없이 일에 몰두할 수 있었다면 어땠을까?

그의 업적은 충분히 존경받고 심지어 추앙될 수도 있었을 것이다. 그러나 그의 인간 됨됨이는 전혀 그렇지 않았을 것이다. 그는 그 대가를 톡톡히 치렀을 것이다.

우리는 남의 생각을 너무 신경 쓰면 아무 일도 못 한다는 말을 가끔 듣는다. 그러나 프랭크 로이드 라이트의 이야기는 오히려 너무 신경 쓰지 않아서 발생한 문제가 아니었을까?

역시 마케팅을 잘하려면 좋은 사람이 되어야 한다.

성과가 곧 마케팅이다

여러 해 전에 장남 해리 4세에게 그 애가 운영하는 웹 개발 회사 핫픽셀의 마케팅은 어떻게 하느냐고 물어본 적이 있다.

"마케팅 안 합니다."

그 애는 이유를 설명할 필요도 없었다. 그와 동료 개발자 브랜트는 남들이 하지 않는 일을 하고 있기 때문이다. 그들이 하는 일이 곧 마케팅 전략이다. 그들의 업무에 만족한 고객들이 적극적인 광고맨이 된다.

상품에 관한 오래된 격언이 이를 잘 말해준다. "쥐덫만 잘 만들어놓으면 판로는 저절로 열린다."

수십 년 동안 쥐덫을 잘 만드는 것을 마케팅 전략으로 삼아온 사람이 있다. 토머스 켈러다. 그는 미국 최초로 미슐랭 3스타 레스토랑 두 곳을 동시에 운영하는 사람이다. 하나는 뉴욕에 있고, 나머지 하나는 바로 세계적으로 유명한 캘리포니아 나파밸리의 프렌치 론드리French Laundry다. 해리 4세, 브랜트, 그리고 켈러는 자신의 서비스를 마케팅하지 않는다. 그들은 오로지 서비스를 완벽하게 만드는 데만 몰두한다.

마케팅을 잘하려면 우선 하는 일을 더 잘하려고 노력해야 한다.

경험을 팔아라

기장이 여러분이 앉아 있는 게이트로 걸어와 비행기 탑승장으로 향한다. 그는 짙은 선글라스를 끼고 있다. 비행기에 탑승하자 기내식은 안심스테이크와 무료 샴페인이라고 승무원이 말한다. 그리고 활짝 웃으며 이렇게 덧붙인다. "한 시간 전에 출발한 덴버행 비행기에서요." 그러자 비행기 내에 와자하니 폭소가 터진다. 물론, 이곳은 기체 앞쪽에 웃는 얼굴이 커다랗게 그려져 있고 그에 걸맞은 유머를 무기로 삼는 항공사니까 가능한 이야기다.

사우스웨스트항공 이야기다. 여기서는 누구나 이런 경험을 한다. 매년 승객 유치율이 미국의 모든 항공사 중에서 가장 높은 곳이다. 이 회사가 파는 서비스는 승객을 이곳에서 저곳으로 데려다주는 것이 아니다.

사우스웨스트는 경험을 판다.

매장에 들러 청바지를 두 벌 입어본다. 두 벌 더 입는다. 그리고 세 벌 더. 그래도 점원은 미소를 멈추지 않는다. 여러분이 이렇게 말해도 말이다. "안 되겠네요. 전부 엉덩이가 커 보이잖아요." 그러면 그녀는 이렇게 대꾸한다. "맞는 게 분명히 있을 겁니다. 한번 찾아볼게요." 그리고 세 벌을 더 찾아와준다. 여전히 미소를 잃지 않은 채 말이다.

그럴 때는 매장에 손님이 나뿐이라는 느낌이 든다. 노드스트롬에 가면 벌어지는 일이다. 노드스트롬이 파는 것은 옷이 아니라 그들만의 쇼핑 경험이다.

우리는 치어스 바에 간다. 거의 매일 들른다. 거기 맥주를 마시러 가는 것이 아니다. 바텐더가 아무리 테드 댄슨처럼 잘생겼거나, 셸리 롱을 닮은 금발의 귀여운 아가씨라거나 레아 펄먼처럼 재미있는 사람이라고 해도 말이다. 치어스가 파는 것은 모두가 내 이름을 기억하고 불러주는 경험이다.

서비스를 파는 것은 그와 관련된 모든 경험을 파는 일이다.

여러분의 서비스는 어떤가?

사우스웨스트항공, 노드스트롬, 치어스처럼 되려면 어떤 요소를 더할 수 있을까?

사업을 크게 키우기 위한 가장 빠르고 값싼 방법은 서비스를 개선하는 것이다. 그리고 가장 빠르고 기억에 남으며 생생한 방법은 고객이 더 좋은 경험을 누릴 수 있도록 하는 것이다.

서비스를 개선하려면 고객의 경험을 개선해야 한다.

12장

고객 관계의
6가지 오류

'고객 관여'의 오류

친구와 함께 바르셀로나의 한 호텔에서 줄을 서 있었는데, 젊고 어여쁜 스페인 직원이 "안녕하세요? 무엇을 도와드릴까요?"라고 물었다.

우리는 26분째 기다리고 있었다. 호텔에 투숙객을 받을 직원이 2명밖에 없어 하염없이 기다리고 있던 손님을 5명의 직원이 긴급 투입되어 응대하기 시작했다(내가 "예, 체크인을 받아주시면 좋겠네요"라고 말하기도 했다).

우리는 밤낮이 꼬박 걸려 대서양을 날아온 참이었다. 온몸이 끈적거리고 기진맥진한 데다 먹은 거라곤 싸구려 땅콩뿐이었다. 직원 뒤에 걸린 시계는 3시 40분을 가리키고 있었다. 시계 아래에 붙어있는 안내문에는 체크인 마감이 3시로 되어 있었다.

26분을 기다린 후 마침내 우리 차례가 되자 페넬로페 크루즈를 닮은 다른 직원이 나타나 키보드를 두드리더니 우리가 묵을 방이 없다고 했다. 물론 환한 미소를 잃지 않은 채 말이다. 다음 순간, 나는 호텔이 무료로 주는 예쁜 펜으로 누군가를 찌르고 싶은 심정이었다. 그런 내 마음을 알면서도 그녀는 여전히 웃고 있었다.

우리에게 필요한 것은 따스한 환대가 아니었다. 그저 1초라도 빨리 위층으로 올라가고 싶었다.

4시 5분에 드디어 체크인을 마쳤다. 방에 들어서자마자 나는 땀에 전 셔츠와 바지를 벗어 던지고 욕실로 뛰어가 샤워부스에 들어섰다. 샤워기 쓰는 법을 알아내는 데만 2분이 걸렸다. 마침내 샤워를 마치고 다시 나와 헤어드라이어를 찾아 헤맸으나 결국 못 찾았다. 그래서 프런트에 전화해서 하나 달라고 했다. 헤어드라이어는 전화한 지 15분이 지나 도착했다.

그런데 작동이 되지 않았다.

그러나 프런트에 있던 그 7명의 여성 직원(실제로 체크인을 처리해준 사람은 2명이었지만)은 분명히 친절했다.

성공의 비결을 새로 찾아낸 듯 호들갑을 떨어온 모든 논문이 떠올랐다. 이른바 '고객 관여'라는 것 말이다.

그러나 회사는 결코 여러분에게 관여하지 않는다. 대단한 뭔가를 제공해주지 않는 한 말이다.

영업사원이 고객의 일에 관여하는 것도 아니다. 실질적인 도움을 제공하기 전까지는 말이다.

고객 서비스 부서도 마찬가지다. 그들은 고객의 문제를 해결하거나 질문에 대답해줄 때 외에는 관여할 방법이 없다. 그것도 신속하게 말이다.

날랜 손놀림과 숙련된 기술은 나를 사로잡는다. 약혼자들을 지켜볼 때도 그렇다. 대학 미식축구 선수권을 제패하고 내가 친 티샷이 골프컵 속으로 사라지는 모습을 지켜보는 것도 매우 기쁜 일이다.

그러나 청중이나 고객의 경험에 관여하는 일은 이런 상황과는 전혀 다른 문제다. 여러분이나 고객이나 다들 시간이 없는 사람이다. 그것 말고 뭔가 대단한 것을 제공해야 한다.

예를 들어 다우존스 지수를 훨씬 뛰어넘는 포트폴리오를 짜줄 수 있어야 한다.

문제가 생기면 거의 실시간으로 해결해주어야 한다.

6개가 있으면 어떻게든 8개로 보이게 만들어라.

실질적인 도움을 제공하면서 한층 더 고객 경험에 관여하는 것은 좋다. 그러나 항상 고객의 삶을 개선하는 데 초점을 맞추어야 한다.

고객 관여는 소용없다. 실질적인 도움을 제공해라.

진정한 관여란 무엇인가

"고객의 눈에 정말 남다르게 보일 만한 일이 있다면 무엇일까?" 이것이야말로 여러분이 던져야 할 질문이다.

이 질문은 "고객이 내 서비스의 어떤 점을 싫어할까?"라고 묻지 않는다. 비판에 관심을 두는 것이 아니라 오로지 도움이 되는 제안이 무엇인가에만 집중한다.

이 질문의 바탕에는 고객이 내 사업을 개선하는 데 필요한 통찰을 제공해줄 수 있다는 생각이 자리한다. 고객을 높이 평가하는 태도다. 무엇보다 이 질문은 여러분에게 고객의 제안을 들을 용기와 개선에 대한 의지가 있음을 보여준다. 나는 이런 말을 여러 번 들어봤다. 고객에게 제안을 요청하는 설문 조사를 해보면 알 수 있다. 고객이 보내온 답신 중에는 20명 중 한 명꼴로 꼭 이런 내용이 들어있었다. "이렇게 물어본 것만 해도 마음에 드네요. 그것조차 하지 않는 서비스가 대부분이거든요."

이런 질문을 해보면 2가지 사실을 알 수 있다. 하나는 유익한 제안이고, 다른 하나는 자신을 존중해준 데 감사하다는 고객의 반응이다.

고객을 정말 존중한다면 한 가지 질문만 해보면 된다.
"어떤 점을 개선할까요?"

진짜의 오류

〈뉴요커〉의 독보적인 표지 삽화가 크리스토프 니먼Christoph Niemann은 이렇게 말했다. "진짜란 아기 기저귀를 갈아주는 것과 같다. 아무도 그것을 직접 보려고 하지 않는다."

가짜 인생을 사는 사람은 아무도 없다. 자신이 누구인지 몰라서 어떻게 행동해야 하는지조차 모를 뿐이다.

스스로를 속이지 말라. 그러면 남을 속이지도 않을 것이다.

진정성과 존중

구글 검색창에 '진정성'과 '존중' 이 두 단어를 치면 나오는 글이 223만 개가 넘는다. 아마 아무도 안 읽어봤을 듯하다.

진정성을 갖춘다는 것은 느끼는 대로 말하라는 뜻일 것이다. 그러나 '언제나 다른 사람을 생각하라'는 말이 꼭 '필요하다면 거짓말을 해도 된다'는 뜻은 아니다. 단지 단어를 신중히 선택하고 듣는 사람의 기분을 고려하라는 뜻일 뿐이다. 이것은 동서고금의 진리다. 이미 500년 전에 이탈리아의 카스틸리오네Castiglione는《궁정론The Book of the Courtier》이라는 책에서 이를 간파했다.

최근 경영 사상에 진정성을 강조하는 움직임이 일어나는 것도, '정직해야 한다'는 상식적이고 뻔한 말만으로는 사상가처럼 보이지 않는다는 사실을 깨달았기 때문이다. 즉, 기업가들이 채택한 것은 오래된 전략이다. 헌 술을 새 부대에 담아놓고 새 술이라고 주장하는 것처럼 말이다.

진정성을 보이라고? 고객에게 탐욕과 오만이 가득하다고 말하라는 것인가? 격식을 차려야 할 결혼식에 반바지와 슬리퍼 차림으로 나타나는 것이 진정성인가? 문명사회의 필수 요소인 예의를 무시해도 된다는 주장까지 받아들여서는 안 된다.

'예의'를 차리기에 앞서 과연 '교양'이란 무엇일까? 다른 사람의 기분을 세심하게 고려하는 것인가?

다른 사람의 기분에 맞으면 뭐든지 해도 된다는 뜻일까? 아니다. 어떤 순간이든 우리가 그냥 좋을 것 같다거나 진심이라고 생각하는 대로 할 것이 아니라 그 상황에 꼭 필요한 행동을 해야 한다.

'고객 마음대로 하세요'? '나머지는 우리가 다 알아서 할게요'? 아니다.

'진정성을 보이라'는 말은 조심스럽게, 그러나 정직하게 따져야 한다.

베스트 프랙티스의 오류

우리 사업의 베스트 프랙티스가 뭔지 아는 방법은 간단하다. 고객에게 물어보면 된다.

베스트 프랙티스라는 이름이 붙었다고 무조건 믿어서는 곤란하다. 어떤 사람이 나쁘다고 생각하는 것이라면 다른 사람들에게도 마찬가지일 것이다.

보상의 오류

약 20년 전, 아침에 일어나 우편함을 열어보니 예상치 못한 물건이 있었다. 크기는 담뱃값만 했으나 훨씬 더 무거웠다.

원래 궁금한 것을 못 참는 나는 당장 포장을 뜯어봤다. 멋진 티파니 블루 상자가 나왔다. 상자를 열어보니 아름다운 순은제 시계가 들어있었다. 미니애폴리스의 한 홍보 회사에서 온 것이었다. 이전에 내가 고객을 한 번 소개해준 적이 있는 회사였다.

그 시계는 침대 머리맡에 두었다. 그 월요일 아침 이후 21년 동안 나는 그 시계를 볼 때마다 한 사람의 마음 씀씀이를 떠올린다.

그리고 그 선물은 분명히 효과가 있다. 나는 누가 PR 회사를 소개해달라고 할 때마다 가장 먼저 그 회사를 떠올리게 된다.

누군가에게 앞으로 고객을 소개해주기를 바라고 선물을 제공하라고 말한다면 그것은 분명히 잘못된 조언일 것이다. 그랬다가는 오히려 상대방의 기분을 상하게 할 가능성이 훨씬 더 크다. 그러나 항상 남에게 베푸는 일은 잘못이 아니다. 고객이 여러분을 추천하려면 자신의 평판도 걸어야 한다.

항상 베풀어라. 단, 보상을 바라면 안 된다.

고객 만족의 오류

현대 마케팅의 상당 부분은 심리학자 에이브러햄 매슬로의 생각에서 온 것이다. 천재였던(그가 기록한 IQ 190은 역사상 두 번째로 높은 수치였다) 매슬로는 "사람들이 원하는 것이 무엇인가?"라는 오래된 질문의 해답을 탐구했다.

그러나 인간의 욕망이 무엇인가라는 이 질문에는 항상 우리가 생각하지 못하는 요소가 있다.

매슬로는 이렇게 말했다. "인간은 결코 만족하는 법이 없다. 한 가지 욕망이 충족되면 어느새 다른 욕망이 마음을 채운다."

따라서 고객 만족을 포함한 모든 만족은 그 자체로 모순을 지닌다. 고객을 아무리 만족시켜봤자 그들은 항상 더 많은 것을 원한다.

다시 말해 고객 만족은 하나의 행동이 아니라 끊임없는 행동의 연속이라는 말이다. 한번 성공했다고 앉아서 쉴 수가 없다.

마크 트웨인도 이렇게 말했다. "필요한 것보다 더 많이 원하는 것이 인간의 본성이다."

고객은 끊임없이 이 사실을 경험한다. 수많은 회사가 그들의 한마디 한마디에 귀를 기울이고 끝없는 약속을 선사하며 구애한다. 그렇게 회사가 계약을 따내면 그동안 해왔던 구애는 마치 열정이 식은 부부관계처럼 변한다.

한때 사랑했으나 이제 더 이상 사랑하지 않는 부부처럼 말이다.

고객 만족은 끝나지 않는 과정이다.

빨리빨리의 오류

아리스토텔레스가 "우정은 천천히 익는 과일"이라고 말했고, 수프림이 "사랑은 서둘러서 되는 것이 아니다"라고 했듯이, 우정에 시간이 걸린다는 사실은 만고불변의 진리다. 진정한 팬이 탄생하는데는 더 오랜 시간이 필요하다.

고객과 좋은 관계를 맺을 수 있다고 기대하면 안 된다. 대신 한 번에 하나씩 쌓아가는 것이다.

팬을 만드는 데 지름길은 없다. 그런데 그들은 모든 마케팅에 없어서는 안 될 존재다. 그들은 마케팅의 큰 짐을 함께 지는 든든한 동반자다.

하루아침에 되는 일은 없다. 그러나 그 하루가 모이면 1년이 된다. 매일 조금씩 해나가면 된다.

13장

특별한 관계의
6가지 요소

특별한 사이가 되는 과정

인터넷 데이트 사이트를 만든 사람들은 당연히 인간관계를 공부했을 것이다. 세상에는 연인 관계를 맺고자 하는 사람이 수십억 명에 달한다. 그리고 그 사이트의 구조는 그런 관계(연인 관계와 사업적 관계)가 진전되는 방식을 제시한다.

첫째, 얼굴도 모르는 사람과 데이트하고 싶은 사람은 없으므로 데이트 사이트에 가입하려면 사진이 필요하다. 그래서 다른 사람의 사진을 보고 '좋아요'를 누를지 결정할 수 있다. 이것이 1단계다.

그다음에는 여러 가지 인적 사항을 묻는다. 직업과 취미, 가치관 등을 밝혀야 한다(남는 시간을 친구와 보내는지, 자원봉사를 하는지, 종교 활동에 할애하는지 등은 가치관을 드러내는 중요한 요소다).

데이트 사이트는 이 정보를 가지고 무엇을 하려고 하는 것일까?

'동질성'을 확보하려는 것이다. 우리는 배경과 취미, 가치관이 비슷한 사람과 어울리기를 좋아한다.

그다음은 어떻게 될까? 어떤 사람의 인적 사항을 살펴보고 호감과 동질성을 느끼면 메시지를 보낸다. 메시지를 받은 사람도 똑같은 감정을 느끼면 답장을 보낼 것이다. 이런 식으로 몇 번 메시지를 주고받으면서 과연 시간을 내서 만나볼 가치가 있는지 판단하는 과정이 필요하다. 마치 잠재 고객이 여러분을 만날 필요가 있는지 사전에 알아보는 과정과 비슷하다. 우리 모두 가장 소중한 것은 역시 시간이기 때문이다.

그렇게 몇 번 메시지를 주고받은 결과 처음의 호감과 동질성이 확인되었다면 이제 만나보기로 한다.

드디어 만났다. 여기서 만남이 계속될 수 있는 요인은 무엇일까?

'결과'다. 두 사람 모두 기대했던 첫 만남의 결과를 마주하게 된다. 이 단계에서 데이트와 서비스 사업자 사이에는 뚜렷한 유사점이 존재한다. 사업자가 마음에 들고 그와 동질성을 느끼며 기대했던 대로의 결과를 얻는다면 만족한 마음으로 관계를 이어가게 된다.

그러나 더 깊은 관계로 발전해서 굳건한 약속으로 이어지려면 무엇이 필요할까?

첫째, 상대방을 믿어도 되겠다고 결정하는 것이다. 즉 그 사람의 행동에 '일관성'이 있어야 한다. 행동과 말이 일치해야 한다. 약속을 지키고 꾸준한 성과를 보임으로써 만날 때마다 말과 행동이 달라질 걱정이 없어야 한다. 상대방이 일관된 모습을 보여주면 마음이 편해진다. 어떤 결과를 얻을지 알 수 있다.

둘째, 서로에게 시간과 노력을 바친다. 아마 선물을 줄지도 모른다. 둘 다 어느 정도 '희생'을 치르는 것이다.

마지막으로, 말과 행동을 통해 상대방을 좋아한다는 의사를 확인한다. 이른바 '확증'을 제공하는 것이다.

이상이 바로 특별한 관계의 요소, 즉 호감, 관대함, 일관성, 희생, 그리고 동의다.

이제 이 요소들이 고객을 만족시키고 열성적인 팬으로 만드는 데 어떤 의미를 내포하는지 하나씩 알아보자.

첫 번째 요소, 호감

"제 충성고객에 관해 이야기해 달라는 말씀이죠?" 그가 말했다.

"맞습니다." 우리는 점심을 나누며 대화하고 있었다. 그는 유명한 사업가였다.

그는 자신의 충성고객 중 2명을 예로 들었다. 마치 같은 사람인 듯 비슷한 점이 많았다.

내가 말했다. "충성고객이라는 분이 당신과 너무나 비슷하군요."

그가 마치 유리구슬을 들여다보듯이 반쯤 찬 물잔을 내려다보며 이렇게 말했다.

"그렇게 생각해본 적은 없었네요."

그가 충성고객을 설명한 예를 들어보면 역시 비슷한 사람끼리 가까워진다는 사실을 알 수 있었다. 우리는 오랜 세월에 걸쳐 다양한 고객과 만나지만, 정말 가까운 관계를 맺고 열렬한 지지자가 되는 사람들은 우리와 공통점이 가장 많은 이들이다.

고객과의 특별한 관계에서 보이는 가장 뚜렷한 특징은 '동질성'이다. 최고의 고객은 여러분과 공통점이 많다. 그래서 그들은 여러분과 함께 있을 때 편안함을 느낀다. 상대도 서로 비슷하다는 것을 알고, 다른 상황에서 여러분이 어떻게 행동할 것인지 확신할 수 있다. 이런 사람을 만나고 그들과 관계를 돈독히 하는 것이야말로 사업 성장의 열쇠라고 할 수 있다. 그렇게만 되면 사업은 거의 저절로 굴러갈 수 있다.

고객이 여러분과 동질감을 느끼는 것이 가장 중요하다.

편안함과 동질성

나는 많은 사람 앞에서 연설할 때면 간혹 이런 질문을 던져본다. "혹시 이 자리에 해병이 몇 분이나 계시나요?"

그럴 때마다 적어도 2명은 손을 든다. 그러면 손을 든 사람을 향해 다가가서 또 이렇게 묻는다. "혹시 다른 해병대 출신에게 전화해서 계약을 성사하지 못한 경우가 있었습니까?"

지난 17년 동안 내 질문에 대한 대답은 한결같았다. "아뇨, 그런

적은 없습니다."

앨라배마주 버밍엄에서 앨라배마대학교 졸업생들에게도 비슷한 질문을 던진 적이 있었다. 같은 대학 동문들에게 전화해서 영업에 성공하지 못한 적이 있었느냐고 말이다. 당시 손을 든 7명 중에 한 명만 실패한 적이 있다고 답했다. 그것도 딱 한 번 말이다. "그러면 오번대학교 졸업생들은 어떻습니까? 동문들에게 전화해서 성공하지 못한 분 계시나요?" 좌중에 폭소가 터졌다. 앨라배마대학교와 오번대학교는 유명한 라이벌 관계였기 때문이다. 맨 앞줄에 앉아 있던 분이 손을 들고 이렇게 말했다. "앨라배마에서 대학 나온 사람은 전화를 안 해봐도 압니다!"

나는 항상 이와 관련된 일을 경험한다. 청중 중에 오리건주 출신이 있으면 강연이 끝나고 나를 찾아달라고 부탁한다. 발표 중에 내가 오리건 출신이라고 소개한 것을 들었을 테니 말이다. 그들은 분명히 나에게서 공통분모를 발견하고 친밀감을 느꼈을 것이다.

잠재 고객을 만날 때마다 가능한 한 공통분모, 즉 동질감의 요소를 찾아보라.

무엇이 비슷해야 하는가

"우리는 공통점이 별로 없어요."
주변에서 이런 말을 종종 들을 때가 있다. 몇 번 데이트를 해보고 연인 관계로 발전했다가 헤어지는 사람들이 주로 이렇게 말한다. 서로 공감할 일이 그리 많지 않았다는 것이다.

우리는 이런 말을 들으면 그들 사이에 공통 관심사가 많지 않았을 것으로 생각한다. 여성은 골프를 즐기는데 남성은 정원 가꾸는 게 취미다. 그는 컨트리 뮤직을, 그녀는 클래식 음악을 주로 듣는다. 그녀는 고양이를 좋아하는데 남자는 그렇지 않다 등등.

그러나 관심 분야가 다르면 오히려 서로의 만남이 풍성해질 수 있다. 예를 들어 남자가 사흘간 낚시 여행을 떠나 못 만나게 되었을 때, 오히려 서로를 향한 마음이 더 애틋해질 수도 있다. 실제로 관계가 나빠지는 이유는 어느 한쪽이나 두 사람 모두 다른 일에 별로 관심이 없어서일지도 모른다. 그렇게 되면 관계가 너무 뻔해진다. 매일 똑같은 일만 반복되는 것이다.

그러나 좋은 관계를 유지하는 사람들이 꼭 공통 관심사가 있어야 공감대를 유지할 수 있는 것은 아니다. 내가 이 사실을 깨달은 것은 4년 전에 이렇게 자문해봤을 때였다. "내 고객 중에 영원히 나를 믿어주고 응원하면서 친구가 된 사람은 누구일까?"

처음에 나는 그들이 나와 배경과 관심사가 아주 비슷한 사람들일 것으로 생각했다.

그런데 정말 그랬을까?

세 남성과 한 여성은 각각 연령대도 달랐던 데다 내가 나고 자란 서부 출신은 아무도 없었다. 그들의 부모는 양돈 농업인에서 의사까지 다양한 직업을 가진 분이었다. 나처럼 팝과 록 음악을 좋아하는 사람은 하나뿐이었고 특히 그 여성은 아주 질색하는 편이었다. 아이비리그 대학을 졸업한 사람도 하나였고 나머지는 모두 대형 공립대학을 나왔다. 한 명은 맥주를 마시고, 한 명은 스카치위스키, 다른 한 명은 술을 가끔만 마시며, 나머지 한 명은 아예 술을 못했다. 나처럼 신경과민에다 가끔 골프에 정신없이 몰두하는 사람은 아무도 없다. 셋은 처음 만난 연인과 지금도 결혼생활을 이어가고 있고, 나머지 한 명은 결혼 문제에 별 관심이 없다.

사실 나는 이들과 다른 점이 너무 많아 언제든지 관계가 깨질지도 모른다고 걱정하기도 했었다. 그러나 가장 최근에 맺어진 인연이 벌써 13년째를 맞이하고 있고, 나머지는 모두 20년을 훌쩍 넘어선다.

나는 공통 관심사나 배경 외에 다른 측면을 살펴봐야겠다는 생각이 들었다. 그런 것 외에 두 사람 사이의 공통분모가 될 만한 것은 무엇일까?

'성격'이라는 생각이 들었다. 이 점에서는 서로의 차이가 다소 줄어들었다. 두 사람은 외향적이고 한 명은 중간 정도였으며, 나머지 한 명은 약간 내성적이었다. 이성적인 성향은 어땠을까? 4명 모두 그런 것 같았지만, MBTI나 다른 테스트를 해보면 나는 이성적이기보다는 감정적 성격에 가까웠다. 직관적인 성향은? 2명은 직관적이고 나머지 2명은 그렇지 않았다.

따라서 배경이나 공통 관심사는 물론 비슷한 성격도 탈락이다. 그렇다면 서로 공유할 만한 것이 뭐가 있을까? 나는 '신념과 가치'

라고 써놓고 목록을 만들어봤다.

4명의 정치관이 나와 같았다. 아주 똑같았다.

그다음에는 '영적 신념과 가치'를 따져봤다.

역시 똑같았다. 4명 모두 말이다.

호기심이 발동해서 가까운 친구를 대상으로 똑같은 테스트를 해봤다.

역시나. 5~6명이 나와 정치적 관점이 같았고 6명 모두 영적 문제에서 생각이 같았다.

결혼 전문가들은 이구동성으로 부부를 한데 묶어주는 것은 공통 관심사나 성격이 아니라고 한다. 그것은 '강력한 공통의 가치'다. 그리고 이는 다른 모든 관계에도 적용된다.

그럼 이 사실이 무엇을 의미하는지 살펴보자.

어딜 가면 이렇게 훌륭한 고객이자 친구, 평생 팬이 될 사람들을 찾을 수 있을까?

같은 가치와 신념을 공유하는 사람들은 주로 어디에서 모일까? 그들이 있는 곳에 가야 하지 않을까?

고객 중에 가치관이 같은 사람은 누구인가? 어떻게 하면 그들과의 관계를 돈독히 할 수 있을까?

자신과 비슷한 사람들을 찾아라. 그들과 동질성을 공유하라.

이름 효과의 신기한 힘

내가 처음으로 샀던 야구 배트는 힐러리치앤드브래즈비Hillerich & Bradsby 제품 중 요기 베라 모델이었다.

첫 퍼터는 불스아이사의 HBheavy blade 모델이었다.

테니스 라켓은 윌슨 HBhigh beam 모델부터 시작했다.

여기서 H와 B는 바로 내 이름의 첫 글자다. 그래서 자연히 그 모델에 끌렸던 것 같다. 어쨌든 나와 비슷한 점이 있다고 느낀 것이다.

내가 처음 마련한 '명품' 시계는 부커러Bucherer였다. 첫 차는 BMW였다.

나는 상의를 입을 때 검은색 휴고 보스Hugo Boss 캐주얼 재킷을 다른 어떤 것보다 자주 입는다. 내가 가지고 있는 가장 비싼 옷은 브리오니Brioni의 갈색 긴 외투다. 가장 아끼는 넥타이와 푸른색 드레스셔츠도 브리오니 제품이다.

가장 아끼는 티셔츠 네 벌은 로버트 바라켓Robert Barakett 제품이고, 나머지 티셔츠와 카키 바지 한 벌, 그리고 청바지 두 벌은 바나나 리퍼블릭Banana Republic이다.

내가 가장 좋아하는 클래식 음악 작곡가 1위는 바흐, 그다음은 베를리오즈Berlioz다. 가장 좋아하는 곡은 브란덴부르크 협주곡Brandenburg Concertos, 2위와 3위는 베토벤의 교향곡이다.

10대 시절 가장 좋아했던 그룹은 비치보이스Beach Boys였고, 비틀스Beatles를 그다음으로 좋아했다. 내가 스포티파이 목록에 저장해놓은 음악 중에 두 곡 이상을 부른 그룹은 버즈The Byrds와 비치보이스뿐이다.

내가 가장 좋아하는 골프 클럽은 밴든트레일스Bandon Trails와 밴든듄스Bandon Dunes고 꼭 한번 가보고 싶은 코스는 언제나 밸리뷰니언Ballybunion이었다.

첫 책을 출간할 때 장별 제목을 내가 가장 좋아하는 서체인 보도니Bodoni체로 인쇄해달라고 부탁했던 기억이 있다.

내가 가지고 있는 물건에는 항상 HB나 B가 등장한다. 나는 나하고 닮은 구석이 있는 것에 끌리는 경향이 있다. 아마 누구나 마찬가지일 것이다. 우리는 단지 첫 글자가 같다는 이유만으로 마음이 뺏긴다. 이른바 유사 동질성의 위력이다.

그러나 이런 마음은 결코 이상한 것이 아니다. 우리는 자신과 닮거나 익숙한 것에 이상하리만치 끌리는 본능이 있다. 이를 이름 효과Name Letter Effect라고 한다. 그래서인지 지구과학자geoscientist 중에는 성씨가 G로 시작되는 사람이 T로 시작되는 사람보다 훨씬 더 많다. 철물점hardware store 주인 중에는 유독 성씨 앞 글자가 H인 사람이 R인 사람보다 많다(우리 동네 철물점 이름이 바로 호즈 하드웨어Hoard's Hardware다).

이름 효과에서 알 수 있는 사실은 2가지다.

첫째, 우리는 옷, 야구 배트, 테니스 라켓, 심지어 직업을 선택할때도 오로지 이성적 사고에 따라서만 판단하지 않는다는 것이다.

둘째, 우리는 자신과 비슷하거나 익숙한 것에 끌리는 경향이 있다는 사실이다.

마케팅에서 "나는 당신과 비슷한 사람이에요"라는 말보다 더 호소력이 강한 메시지는 없다. 이것은 말로 표현하든, 은근히 내비치든, 심지어 아무 말 하지 않아도 마찬가지의 위력을 발휘한다.

잠재 고객에게 '나는 당신과 비슷한 사람'이라고 강하게 호소하라.

중요성의 중요성

세계 최고의 토목컨설팅 회사 중 하나가 자사의 최대 고객 중 하나인 라스베이거스 백야드란 곳에서 전국 모임을 개최했다. 이 주말 모임의 각종 재미있는 행사 중에서도 많은 회사가 공들여 준비하지만 몇몇 회사들이 두려워하는 행사가 있었으니, 그것은 바로 고객 패널이라는 코너였다(그럴 만도 했다. 나도 이 코너를 맡아달라는 부탁을 종종 받았는데, 그럴 때마다 '아마 이혼 중재자들이 이런 느낌일 거야'라는 생각이 들었다).

시작한 지 15분 만에 흥미진진한 일이 벌어졌다. 그때 일을 최대한 기억나는 대로 생생하게 설명해보려고 한다. 나는 첫 번째 고객에게 이렇게 질문했다.

"이 회사가 어떤 면에서 차별화해야 한다고 생각하십니까?"

그 고객은 고개를 내저으며 생각에 잠겼다. 얼굴이 약간 상기된 것 같기도 했다. 그는 잠시 머뭇거리다가 마침내 결심한 듯 말했다.

"좋아요. 3주 전에 제 담당 직원인 제프가 이 도시에 와서 다른 고객을 만났습니다. 물론 다른 고객이 있다는 것은 이해합니다. 그렇지만, 음…."

"그런데요?"

"그런데 결국 저에게 연락이 없었어요. 점심을 같이할 시간까지는 없었겠지만, 최소한 전화라도 해서 '여기 왔더니 사장님 생각이 나네요'라든가 뭐 인사 정도는 할 수 있잖아요."

어떤가? 이것이 바로 서비스 마케팅의 기본 원리를 생생하게 보여주는 사례다. 서비스는 곧 인간관계다. 서비스는 친구 사이와 비슷한 정도가 아니라 정확히 친구 관계와 똑같은 것이다.

거의 모든 고객은 라스베이거스의 이 고객처럼 친구 같은 대접을 원한다. 최고의 고객뿐 아니라 여러분이 좋아하는 고객은 모두 그렇다. 예컨대 친구가 사는 동네에 가서 전화도 하지 않는다는 것은 상상도 할 수 없는 일이다.

항상 고객을 기억하라. 그들은 여러분에게 중요한 사람이 되고 싶다.

두 번째 요소, 관대함

수년 전에 나는 내 인생을 바꿀 졸업식 연설을 준비하고 있었다.

내 아이들뻘 되는 사람들 앞에서 하는 연설이었기에 우선 "나는 아이들이 어떻게 살기를 원할까?" 하고 자문해보았다.

그러자 가장 먼저 떠오르는 3가지가 있었다. 나는 아이들이 관대한 마음으로, 남들에게 존경받으며, 행복하게 살기를 원했다. 그것이 전부였다.

그로부터 몇 달 후, 친구 케빈의 결혼 축사를 쓰다가 그 말이 떠올랐다. 내가 아이들에게 바라던 3가지를 케빈은 이미 달성했다는 것을 깨달았다. 그는 존경받고, 행복하며, "내가 아는 한 가장 관대한 사람"이었다.

우리가 익히 아는 것처럼 생각은 행동을 바꾼다. 내가 워낙 관대함에 대해 많이 생각하다 보니 케빈에 대해서도 점점 더 관대해진 것 같다는 생각이 들었다. 케빈 부부는 둘 다 직업상 밤을 꼬박 새워가며 일할 때가 많아 주말 아침마다 그 부부가 잠을 취할 수 있도록 내가 그 집의 1살짜리 아들 맥클린을 돌봐준 적이 많았다. 그래서 케빈 부부가 나한테 정말 고맙다고 인사한 기억이 최소한 세 번은 넘는다. 그럴 때마다 오히려 내가 고맙다고 생각했다.

내가 중요하게 생각하는 요소가 관대함, 존경, 행복의 3가지임을 알게 되자, '이 3가지는 서로 연관된 것일까?' 하는 또 다른 의문이 떠올랐다. 혹시 존경이 나머지 2가지를 낳는 뿌리가 아닐까 하는 생각이 들었다.

나만 이런 의문을 품은 것이 아니었다. 노터데임대학교는 별도 연구소까지 세워서 관대함을 연구했고, 여러 심리학자와 사회학자들이 관련 내용을 입증해왔으며, 세계 최고의 경영대학원이라는 와튼 스쿨의 한 교수가 이를 주제로 쓴 책은 〈뉴욕 타임스〉 베스트셀러가 되기도 했다.

이들의 결론은 무엇일까?

첫째, 관대함은 스트레스를 낮춰주고, 인간의 수명을 연장하는 효과도 있다.

관대함은 우울증을 해소해준다고도 한다. 생각해보면 너무 당연한 일이다. 우울증에 빠지면 내면에서 '나는 아무짝에도 쓸모없는 사람'이라는 생각이 자꾸만 든다. 이럴 때 관대한 행동은 그런 생각을 단숨에 날려버릴 정도로 강력한 효과를 발휘한다. 더구나 관대함을 입은 상대방의 고맙다는 말을 들으면 내면에서 '내가 잘못 생각했구나'라는 목소리가 자연스럽게 우러나온다.

관대함은 사업상의 인간관계를 성공으로 이끄는 데도 도움이 된다. 결혼 생활에서도 그렇듯이 우리는 상대방이 다정하게 대해주면 항상 기분이 좋기 때문이다. 내가 경험하고 연구해본 바에 따르면, 결혼 생활과 모든 고객 관계 성공의 바탕에는 역시 다정한 태도가 자리한다.

옛사람들의 지혜나 심지어 '언제나 친절을 베푸세요'라고 적어놓은 자동차 범퍼 스티커만 보더라도, 관대함을 베풀면 반드시 돌아온다는 진리를 알 수 있다.

잠재 고객을 소중히 여기는 마음을 표현하는 방법은 관대함(거기에 들어가는 시간과 노력)**을 베푸는 것이다.**

세 번째 요소, 시간과 노력

기이할 정도의 특별한 고객 서비스로 세상에 널리 알려진 이야기가 있다. 아마 들어본 적도 있겠지만, 전체적인 맥락을 아는 사람은 많지 않을 것이다.

1996년 10월 22일 오전 11시 59분, 미네소타주의 어느 메이시스 백화점 남성복 매장에 한 신사가 방문했다. 그는 미리 주문한 여름용 캐주얼 재킷을 그날 오후에 찾으러 오면 된다고 들었다.

여기서 알아야 할 사실은 미네소타의 기후를 생각할 때, 그날을 포함해 최소한 7개월은 그 남성에게 여름용 캐주얼 재킷이 꼭 필요한 물건은 아니었다는 점이다. 그러나 그 고객은 매장 측의 약속만 생각하고 굳이 그날 옷을 찾으러 온 것이었다.

그 자켓은 마련되어 있지 않았다. 게다가 빨리 준비될 수도 없었다. 그 남자는 초조해졌다. 여기서 다시 한번 보충 설명이 필요하다. 미니애폴리스의 도로교통 시스템상 시내 도로는 주로 건물 2층 사이를 연결하는 구조로 되어 있고, 메이시스의 남성복 매장도 2층에 있다. 즉 그 매장은 남자가 매일 점심시간에 지나는 동선에 포함되어 있다. 따라서 그는 한 달쯤 미뤄지더라도 재킷이 마련될 때 언제든 지나다가 들러서 찾을 수 있는 것이다.

그러나 아무래도 상관없었다. 이왕 매장까지 온 이상 그날 약속대로 물건을 받고 싶은 것이 인지상정이다. 최소한 몇 달 동안은 그 재킷을 입을 일이 없는데도 말이다.

매장 직원 로저 아잠Roger Azzam의 눈에 고객의 실망이 훤히 보였다. 남자의 오므린 입술과 팔짱 낀 자세, 구두로 바닥을 톡톡 두드리는 행동이 그 사실을 보여주고 있었다. 로저는 맞춤복 매장까지 달려갔다가 돌아왔다. 숨이 차올라 상기된 얼굴로 그가 말했다. "너무 죄송합니다. 5분 내로 재킷을 준비하겠습니다. 약속드립니다!"

오늘날 이 일화는 깜짝 놀랄 일로 기억되고 있다.

로저의 희생정신에(그는 아직도 숨을 헐떡이고 있었다) 거의 놀랄 지경이 된 고객은 뭔가 답례라도 해야겠다는 마음이 들었다. 그의 눈에 필요도 없는 짙은 갈색의 울 재킷이 떠었다. 사실 집에 재킷이 일곱 벌이나 있지만 거의 입은 적이 없었다. 그런데도 일단 사야겠다고 생각했고, 거기에 맞춰 입을 검은색 정장 바지, 황백색 드레스 셔츠, 그리고 어울리는 넥타이까지 골랐다.

그는 모두 합해서 지금 물가로 따지면 1,100달러가 넘는 돈을 썼다. 사람들은 이 이야기를 호혜성 원칙의 전형적인 사례로 든다. 사람은 누구나 받은 만큼 돌려줘야 한다는 마음이 있다. 그러나 받은 만큼이 아니라 훨씬 더 큰 관대함을 베풀 때가 있다.

설마 그럴까 하는 분도 있을 것이다. 물론 이런 이야기 중에는 좀 더 흥미를 돋우기 위해 살을 붙인 것도 없지 않다. 그러나 위의 이야기에 나오는 남자는 실제로 1,100달러가 넘는 돈을 썼다. 내가 안다.

그 남자가 바로 나였기 때문이다.

고객 서비스에 관한 전설적인 이야기들은 대개 좋은 장면만 전해지지만, 전후 사연을 모두 들을 기회는 별로 없다. 이 이야기에서 매장 직원이 보여준 뛰어난 서비스는 순수한 의도 이상의 결과를 창출했을까? 물론이다. 고객이 1,100달러 이상을 쓴 것이 확실하기 때문이다.

아울러 특별한 관계의 4가지 요소 중 하나를 보여주는 것도 사실이다. 관대함 말이다. 우리는 시간과 마음, 노력, 돈을 베풀 정도로 관대한 사람을 진정한 친구라고 생각한다.

로저는 노력으로 그 관대함을 표현했다. 그는 90초 동안 뛰어다닌 덕분에 220달러의 수수료를 벌었고, 평생의 팬을 확보했으며, 상사의 눈에 확실히 띄었다.

희생은 결국 보상으로 돌아온다. 때로는 아주 많이.

노력의 4가지 유형

예를 들어 선물을 사러 매장까지 다녀올 때가 있다. 또는 짤막한 사연을 봉투에 담아 손으로 일일이 주소를 써서 부치기도 한다. 이 것은 시간을 선물로 바치는 것이다.

누군가를 이해하는 마음을 특별하게 표현할 때도 있다. 내 친구 수전 컬리건Susan Culligan이 그랬다. 그녀는 내가 졸업한 대학의 축구 팀 색깔과 같은 응원용 메가폰과 경기에 져서 눈물을 닦을 때 쓸 (대학 로고가 새겨진)손수건 세 장, 경기가 아슬아슬할 때 스트레스 해

소용으로 씹을 커다란 초콜릿 하나, 그리고 큰 경기를 보러 갈 때마다 용기백배하라고 내 엉덩이만 한 휴대용 술병을 사준 적이 있다.

그것은 나를 이해하는 마음을 선물로 준 것이었다.

노드스트롬 직원 한 명은 러시아워에 40분이나 차를 몰고 가서 고객이 그날 밤 만찬 행사에 착용할 커프 링크스를 전해주었다. 모튼스 레스토랑의 한 직원은 네 코스짜리 스테이크 디너를 예약한 중요한 고객을 위해 뉴어크 공항까지 차를 몰고 마중 나간 적이 있다. 멀리 갈 것도 없이 로저 아잠은 내 재킷 하나 때문에 거의 숨이 멈출 정도로 열심히 뛰어다녔다.

이런 사례는 직접 몸을 쓰는 수고가 담긴 선물이다.

작은 선물을 마련하는 방법도 있다. 물론 여기에도 시간과 돈이 들어간다(사실 더 좋은 것은 최고의 고객에게 가끔 특별 할인을 제공하는 것이다).

이는 내 돈을 쓰거나 고객에게 선사하는 형태의 선물이다.

시간, 노력(정신적인 것과 신체적인 것), 그리고 돈은 관대함을 보여주는 4가지 행동이다.

이 4가지 행동을 실천할수록 고객이 느끼는 가치는 점점 더 커진다. 누구나 호의를 받으면 되돌려줘야 한다는 마음이 있으므로, 이런 대접을 받은 고객은 뭔가 돌려줘야겠다고 생각한다. 그중에 누군가는 여러분의 서비스를 친구에게 소개하게 된다.

서비스를 잘 수행하는 것만으로는 부족하다. 여기에 뭔가를 더 해야 한다. 다른 무엇보다 이런 관대한 행동은 우리가 어쩔 수 없이 범하는 실수로부터 우리를 지켜준다. 누구나 실수하지만, 평소 이 관대함을 체험한 고객이라면 용서할 확률이 훨씬 더 커지게 된다.

노력 없이는 특별한 관계도 없다.

네 번째 요소, 일관성과 후속 조치

통신 회사 벨사우스의 경영진이 나에게 과제를 하나 내줬다.

그 회사는 두 개의 커다란 전화 서비스 그룹을 운영하고 있었다. 그런데 경영자들이 지켜보니 지난 18개월 동안 고객들은 A 그룹이 제공하는 서비스에 큰 불만이 없는데도 정작 좋아하는 것은 B 그룹의 서비스라는 사실을 발견했다. B 그룹의 고객 만족도 점수가 35퍼센트나 더 높은 것으로 나타났다.

경영진은 왜 이런 현상이 벌어지는지 의아해했다. 두 그룹의 직원들은 교육이나 근무 경력 면에서 차이가 없었다.

나는 조지아에 있는 그 회사로 날아갔다.

도착하자마자 업무 매뉴얼과 업무 기록, 지원 요청에 대응하거나 고객 불만을 처리할 때 주고받은 이메일 등을 모두 보여달라고 했다. 그리고 산더미 같은 자료를 샅샅이 살펴보다 실마리를 하나 찾아냈다.

B 그룹의 책임자가 지원팀에게 보낸 메모 한 장이었다.

요청을 접수한 지 24시간 내로 고객에게 전화해서 질문에 대한 답변을 들었는지, 그리고 문제는 해결되었는지 등을 물어볼 것. 그 전화 내용과 고객의 반응을 기록으로 남길 것.

A 그룹은 이런 지침을 받지 못했다. 그리고 이것이 두 그룹의 정책과 업무 관행 사이의 유일한 차이점이었다. B 그룹이 단지 24시간 안에 후속 확인 전화를 하는 것만으로 무려 35퍼센트라는 고객 만족도 차이가 발생한 것이었다.

정점 마무리 법칙만 이해하면 왜 이런 차이가 벌어지는지 충분히 수긍할 수 있다. B 그룹의 고객 만족도가 A 그룹보다 높았던 이유는 맨 마지막에 있었다. 세심하고 신속한 후속 전화를 받은 고객은 자신의 문제를 해결하려는 벨사우스의 의지를 확인할 수 있었다. 사실 B 그룹이 꼭 그런 전화를 할 필요는 없었다. 사실 어떤 서비스 회사도 그렇게 하는 곳이 드물다. 그러나 그 마무리가 차이를 만들어내고 있었다.

여러분도 24시간 내 간단한 메시지를 활용해 후속 확인을 해보면 어떨까? "고객님의 문제는 해결되었습니까? 더 요청하실 내용은 없나요?" 이 전화를 받은 고객은 과연 어떤 감정을 느낄까? 존중받는 느낌이다. 이 회사가 자신을 중요하게 여긴다는 감정이다.

항상 24시간 내 후속 확인 연락을 하라.

복구 서비스

아마도 정점 마무리 법칙의 영향이 가장 뚜렷하게 드러난 사례
가 있다면 '복구 서비스Service Recovery'가 될 것이다.

복구 서비스란 '고장 수리'를 고상하게 표현한 말이다. 환자를 치
료하는 데 꼭 필요한 약을 하나 빠뜨리거나, 4달러짜리 와인 한 잔
에 14달러를 받았다거나, 고객의 명함을 제작하면서 전화번호를
빠뜨리는 등의 실수를 저질렀다. 이럴 때 어떻게 해야 할까?

이미 전형적인 사례를 본 적이 있다. 로저 아잠의 행동이다. 그때
일은 애초에 내가 주문한 재킷을 약속했던 시간에 준비하지 못한
매장의 잘못이었다. 그런데 로저는 자신의 탓도 아닌 일을 그대로
두고 보지 않았다. 그가 맞춤복 코너에 달려갔다 와서 얼굴이 상기
되고 혈관이 뛰는 모습을 지켜본 나는 그가 금방이라도 잘못되는
것이 아닌가 하고 덜컥 겁에 질렸다. 로저는 단지 내 문제를 해결해
주었을 뿐 아니라 그깟 재킷 하나에 자기 열정을 걸었던 셈이다.

그의 행동이 바로 '복구 서비스'의 전형적인 예다. 그의 행동에는
'복구 서비스의 역설'이 여실히 드러나 있다. 고객은 원래 좋은 서
비스에 만족한다. 그런데 먼저 결함 있는 서비스를 제공한 후 그 실
수를 훌륭하게 복구하면(로저가 그랬듯이) 고객의 만족도는 애초에
정상적인 서비스를 받았을 때보다 오히려 더 커진다는 것이다. 그
리고 내 경우에는 필요하지도 않은 옷을 사느라 1,100달러가 넘는
돈을 더 쓰고 말았다.

이런 역설의 이점을 활용하려면 어떻게 해야 할까?

로저가 그랬듯이 과감하게 행동해야 한다. 그럴 때 최소한 고객에게 '당신은 매우 중요한 사람입니다'라는 메시지를 던질 수 있다.

실수를 훨씬 뛰어넘는 수준으로 회복해라. 고객은 그것을 기억하며 어쩔 수 없이 발생한 실수를 잊어버릴 것이다.

미리 예방하라

그러나 놀라운 복구 서비스보다는 아예 그런 상황이 일어나지 않도록 예방하는 것이 훨씬 더 중요하다. 모든 고객을 상대로 응답해준 데 대해 진심으로 감사한다는 말과 함께 2가지 질문으로 설문조사를 해보라.

1. 우리 서비스에 1에서 10까지 점수를 매겨주시겠습니까? (서비스가 정말 훌륭하다면 11점을 주는 사람도 최소한 2명은 될 것이다.)
2. 우리가 더 노력해야 할 부분을 말씀해주시면 감사하겠습니다.

이 설문은 2가지 역할을 할 것이다.

먼저 서비스에서 개선할 점을 알 수 있다.

그러나 더욱 중요한 점은, 고객이 여러분에 대해 더 좋은 인상을 품게 된다는 사실이다. 나는 고객 만족도를 처음 조사했을 때 이 사

실을 알게 되었다. 3명의 고객이 다음과 같은 내용의 답신을 보내
온 것이었다.

"이런 질문을 해주신 것만으로 감사합니다. 다른 회사는 거의 그
렇지 않더라고요."

**복구 서비스가 아예 필요 없는 상황을 만들고 싶다면 전문가에게 물
어보라. 고객 말이다.**

가장 손쉬운 팁

1년에 몇 번 정도는 이렇게 해보라.

오후에 약속하고 다음 날 오전에 가져다주는 것이다.

속도의 놀라운 위력

대단히 흥미로운 설문 조사에 참여해본 적이 있었다. 한 대형 조
사기관이 시카고와 미니애폴리스의 5대 법률 회사 고객을 상대로
설문 조사를 진행했다.

그들의 목적은 서비스 사업을 하는 사람이라면 누구나 궁금해할
만한 질문의 답을 얻는 것이었다. 즉, '지금의 변호사와 계속 거래하
는 이유가 무엇입니까?'라는 것이었다.

설문에는 고객이 그렇게 결정하는 데 변호사와 법률 회사의 25가지 특성이 미치는 중요성을 순위별로 나열해보라는 내용이 있었다. 여기에는 자격, 수수료, 전문 역량, 지능, 성실성, 업계 내 평판, 직원 친절도, 변호사의 정직성과 품성 등이 포함되었다.

고객들은 전문 역량의 순위를 총 30개의 특성 중에서 한참 뒤진 8위에 꼽았다. 그것은 너무 당연하다고 생각하는 듯했다.

수수료는 9위였다.

1위는 무엇이었을까? "장기적 관계를 이어가겠다는 변호사의 의지"가 꼽혔다.

그러면 2위는?

"변호사가 내 전화를 받고 답신을 해주는 속도"였다.

속도가 2위라니, 전혀 뜻밖이었다. 연구자들은 답신 속도를 1위나 2위라고 응답한 사람들에게 추가 질문을 던져봤다. 이런 내용이었다. "변호사가 답신 전화를 해왔을 때 귀하의 질문이나 다급한 필요에 대답해주어야 합니까?"

거의 모든 고객은 그렇지 않다고 대답했다.

그렇다면 답신 속도를 왜 그렇게 중시하느냐고 재차 질문했다.

"속도야말로 변호사가 나와 내 사업을 얼마나 중요하게 생각하는지 알 수 있는 지표니까요."

우리는 다른 사람에게 존중받기를 갈망한다. 다른 사람이 우리를 중요하게 여겼으면 한다. 우리는 모두 서로 연결되어있으며, 그것이 바로 우리가 존재하는 이유다.

전화를 받았으면 신속히 답신하라.

내 시간을 바쳐서 고객이 소중한 존재임을 알려줘라.

다섯 번째 요소, 동의와 인정

1992년 워싱턴대학교 존 가트맨John Gottman 교수가 발표한 연구 결과는 15년 후 동료 학자들에게 큰 반향을 일으켰고, 그가 4반세기 동안의 가장 큰 영향을 미친 10명의 심리치료사의 반열에 오르는 계기가 되었다.

그의 연구 분야는 좋게 말하면 결혼이고 나쁘게 보면 이혼이다. 그의 궁극적인 질문은 결혼 생활의 성패를 가르는 요인이 무엇인가라는 것이었다.

이 문제를 생각하면 예전부터 내려오는 남편들의 이야기가 떠오른다. 부부들이 항상 돈 문제나 화장실에서 변기 뚜껑을 올리는 문제를 두고 말다툼을 벌인다는 이야기 말이다. 그들은 이런 사소한 문제로 싸움을 벌이다가 정신과 병원을 드나들고 마침내는 법정으로 가게 된다.

그러나 가트맨이 3년에 걸쳐 52쌍의 부부를 연구한 바에 따르면 행복한 부부라 할지라도 싸우는 빈도와 정도는 다른 부부와 그리 다르지 않았다고 한다. 게다가 흔히 알려진 바와는 달리, 행복한 부부라고 해서 반드시 공통 관심사가 더 많은 것도 아니었다. 사실 행복한 부부와 그렇지 않은 부부를 나누는 특징은 딱 하나뿐이다.

행복한 부부는 다른 부부보다 서로에게 친절한 말을 더 자주 한다는 것이다.

그들은 배우자의 말에 동의하는 법을 익혔다. 행복한 부부는 배우자를 비판하는 말을 한 번 할 동안 수긍하는 말은 다섯 번 한다.

이유는 그것뿐이었다.

2005년 〈아메리칸 로이어American Lawyer〉가 발표한 연례 동료 만족도 조사에서 설리번앤드크롬웰Sullivan & Cromwell이라는 법률 회사는 총 160개 조사 대상 회사 중에서 155위를 기록했다. 그리고 9년이 지난 후 이 회사의 순위는 85위로 뛰어올랐다. 그동안 어떤 일이 있었던 것일까? 이 회사의 경영진은 2005년 조사에 충격을 받아(당시 〈포춘〉 100대 기업 평균 이직률이 2.6퍼센트이던 시절, 이 회사 이직률은 31퍼센트라는 점도 한몫했다) 특별 교육 프로그램을 수립하여 동료를 인정하고 감사하는 법을 독려해온 것이었다.

설리번앤드크롬웰은 서로의 의견에 동의하는 법을 연습해왔다. (이곳에서 일했던 한 변호사가 이 과정을 좀 더 적나라하게 표현한 적이 있다. "그들은 우리를 형편없는 녀석으로 취급하던 습관을 딱 멈췄지요.")

2011년에 런던정경대학은 직원 동기부여에 관한 논문 50여 편을 리뷰하여 그 결과를 발표했다. 그들의 결론은 높은 동기를 지닌 직원은 마치 행복한 부부나 막 입사한 로펌 변호사와 같다는 것이다. 한마디로, 직원들은 동료들의 인정을 받을 때 더 열심히 일했다.

그들은 동료의 말에 동의하는 법을 익혔다.

이 유명 대학의 보고에 부응하듯, 와튼스쿨에서 네 번이나 최고 교수로 선정된 바 있는 애덤 그랜트는 베스트셀러 《기브 앤 테이크》를 통해 자신의 연구 결과를 이렇게 설명하기도 했다.

"동료를 인정하는 태도야말로 가장 오래 가는 직장생활의 동기부여 요소다."

동기부여의 비밀은 바로 동료를 인정하는 태도다.

그러나 이 모든 연구자의 결론은 1936년에 출간된 《데일 카네기 인간관계론》에 숫자와 살을 붙인 것에 불과할 것이다.

"인정과 칭찬만큼 영감을 불러일으키는 말은 없다. 칭찬을 들은 사람은 스스로 그렇다고 생각할 뿐 아니라 평생 그 말을 잊지 못한다."

인정해주는 말보다 만족을 안겨주는 것은 없다.

아는 것과 행동의 차이

"압니다. 잘 압니다. 안다고요."

경영 컨설턴트라면 누구나 매일 듣는 말이다. 고객이 컨설턴트를 부른 것은 회사가 어려움에 빠졌기 때문임에도, 컨설턴트의 눈에는 마치 회사가 아무 문제 없는 것처럼 보인다. 컨설턴트가 지적하는 문제를 회사는 이미 다 알고 있다고 하기 때문이다.

실제로도 그렇다. 그러나 달라지는 것은 전혀 없다.

우리도 마찬가지다. 우리는 동료의 말에 동의해주면 관계가 좋아진다는 사실을 다 안다. 그러나 그게 무슨 의미가 있단 말인가. 제니스 캐플런Janice Kaplan의 《감사하면 달라지는 것들》이라는 책에는 2,000명의 미국인을 대상으로 조사한 결과가 나온다. 그들은 동의를 얼마나 실천하고 있었을까? 대략 2005년 이전까지의 설리번 앤드크롬웰과 비슷한 형편이었다.

동료를 자주 인정하고 칭찬한다고 대답한 사람은 전체 조사 대상자의 10퍼센트에 불과했다.

우리는 고객을 칭찬하면 좋은 일이 생긴다는 것을 분명히 안다. 그러나 여러 회사에서 내가 지켜본 바에 따르면 공식적으로든 비공식적으로 감사의 말을 자주 표현하는 사람은 10퍼센트가 채 되지 않았다.

알면서도 실천하지 않는 것이다.

왜 그럴까? "다 알아요"라는 말을 너무 자주 들었던 두 컨설턴트는 이 문제를 책으로 써서 베스트셀러가 되었다. 내 친구 로버트 서튼Robert Sutton과 스탠퍼드대학교 교수 제프리 페퍼Jeffrey Pfeffer가 쓴 《왜 지식경영이 실패하는가?The Knowing-Doing Gap: How Smart Companies Turn Knowledge into Action》라는 책이다. 사실 아는 것과 행동하는 것의 차이는 태평양보다 더 크고 넓다.

행동을 가로막는 요인은 무엇일까? 여러 가지가 있지만, 서튼과 페퍼는 그중에서도 3가지에 특히 주목했다. 나도 그들의 견해에 동의한다.

첫째, 귀찮기 때문이다. 행동에 나서는 것 자체가 하나의 일이다. 행동에 따른 보상이 당장 눈에 보이지 않으면 다음 달로 미루는 것이 우리의 습관이다. 그리고 다음 달이 되면 다 잊어버린다.

둘째, 굳이 새로운 일을 하지 않아도 나머지는 모두 잘하고 있다고 생각하기 때문이다. 우리 집 여자들은 모두 강인하고, 남자들은 모두 잘생겼으며, 우리 아이들은 모두 남보다 낫다고 생각하는 습관이다. 이를 '워비곤 호수 효과Lake Wobegon Effect'라고 한다. 마치 래퍼이자 작곡가인 카니예 웨스트의 사고방식과도 비슷하다. 그가 자신을 마이클 잭슨, 스티브 잡스, 마이클 조던, 예수님과 동급으로 착각하는 것처럼, 미국인의 93퍼센트는 자신의 운전 실력을 평균 이상으로 여긴다고 한다. 한마디로 너무 자신감이 강한 것이 문제인 셈이다.

셋째, 해봤자(특히 감사 프로그램 도입 같은 일) 당장 눈앞에 결과가 나타나지 않는 것 같고, 즉각적인 결과가 없으면 곧 실패라고 생각하기 때문이다. 실패를 원하는 사람은 아무도 없기에 실패처럼 보이는 일을 꺼리는 것은 인지상정이다. 따라서 우리는 당장 확실한 결과가 나오는 일에만 집중하고 나머지를 모두 미루는 습관이 배어 있다. 그래서 데일 카네기가 말한, 상대방의 인생을 바꿀지도 모르는 인정과 칭찬의 행동에는 관심이 없는 것이다.

말만 하지 말고 실천하라.

환대의 예술가

그의 흰색 디즈니 비치클럽 배지에 적힌 이름은 너무나 그에게 어울렸다. 그의 이름은 아트였다.

아트 라크Art Lark는 2009년 10월 17일까지 16년 동안 그 휴양 시설에서 접객원으로 활동했다. 키 크고 잘생긴 얼굴에 항상 미소를 잃지 않았던 그는 지금까지도 세계 최고의 접객원으로 알려져 있으며, 페이스북에는 1,691명의 열렬한 팬이 그를 응원하고 있을 정도다.

그는 내가 그의 호텔에 들어서던 첫날 오후부터 결코 잊을 수 없는 존재가 되었다. 나는 18개월 된 아들이 잠들어 있는 유모차를 밀고 있었다. 아트는 나를 '젠틀맨'으로, 아내를 '레이디'라고 부르며 환대했다. 그러고는 몸을 기울여 유모차 덮개를 들어 올리면서 우리 아이를 들여다봤다.

아트가 말했다. "세상에, 너무나 소중한 보물이네요." 그 네 마디를 듣자마자 우리는 로드아일랜드주 뉴포트에 떠 있는 듯한 이 거대한 호텔에 안심하고 묵을 수 있겠다고 확신했다. 모래사장에 세워진 리조트 바로 옆에는 스톰얼롱 베이가 내려다보였고, 1만 2,000제곱미터 넓이의 풀 주변에는 강이 흐르고 폭포가 쏟아지는 곳이었다.

아트 한 사람의 태도만 봐도 디즈니가 얼마나 대단한지 알 수 있었다. 아트는 그저 손님이 묵을 방을 안내해주는 여느 직원 중 한 명이 아니었다. 그는 배의 선장 역할을 하고 있었다. 그는 선장에 딱 어울리는 푸른색 블레이저를 입고 왼쪽 어깨에는 금실로 엮은 견장을 차고 있었다. 잘 다린 흰색 바지와 흰색 구두도 잘 어울렸으며, 양손에는 그보다 더 흰 장갑을 낀 차림이었다.

마치 디즈니가 손님들에게 이렇게 말하는 듯했다. "여러분은 너무나 특별한 손님이므로 배의 선장이 직접 맞이하러 나왔습니다."

그러나 아트의 가장 특별한 점은 그가 발산하는 매력이었다. 그리고 고객 한 사람 한 사람을 기억해주는 그의 태도였다. 만약 어느 날 그와 마주쳤을 때 반바지를 쇼핑하러 간다고 말했는데 다음번에 아트가 반바지를 입고 있는 내 모습을 봤다면, 그는 꼭 한마디를 잊지 않는다. "멋진 바지 사셨네요."

3년 후에 우리가 다시 그곳을 찾았을 때 아들 콜은 걸어 다녔고, 그때 그 유모차에는 갓난아기인 여동생이 또 잠들어 있었다.

"이렇게 뵈니 너무 반갑네요." 우리가 로비로 들어서자마자 아트가 이렇게 인사를 건넸다. 3년 전과 마찬가지로 그가 또 유모차를 들여다봤다.

"와 너무나 사랑스러운 여자아이입니다. 하나님이 주신 선물이네요." 종교가 없는 사람이라도 여기서 이런 소리를 들으면 감동할 수밖에 없겠다는 생각이 들었다.

디즈니는 손님을 맞이하는 그 첫 순간에만 느낄 수 있는 위력을 이해하기에 아트의 가치도 잘 알고 있었다. 나는 가끔 "디즈니 비치 클럽에 가서 아트의 인사를 한번 받아보면 그 이전과는 전혀 다른 경험을 할 수 있다"고 말한다.

여러분이 잠재 고객이나 손님을 어떻게 맞이하느냐에 따라 그들의 경험 자체가 달라진다. 디즈니는 그 점을 정확히 알았다. 아트가 일했던 16년 동안, 플로리다의 그 어떤 호텔도 고객 만족도 평가에서 디즈니 비치클럽을 앞선 적이 없었다.

동의의 첫걸음은 바로 따뜻한 환영 인사다.

잊지 못할 인정의 경험

C학점 짜리 아들이 교육의 중요성을 알 리가 없다고 생각한 부모님은 나에게 고등학교 2학년 여름 방학 내내 유럽 전역을 돌아볼 기회를 마련해주셨다(그때까지 내가 가본 곳이라고는 오리건주와 워싱턴주, 그리고 캐나다의 브리티시컬럼비아주가 전부였다).

부모님이 나를 떠나보내며 당부하신 말씀은 딱 2가지였다. "돈 달라고 전화하지 말고, 꼭 살아서 돌아와라." 결국 내가 지킨 부모님의 말씀은 그중 하나뿐이었지만 말이다.

유럽에서 지냈던 그 77일 동안 수백 명의 사람을 만났지만, 지금까지 기억에 남아 있는 사람은 단 5명에 불과하다.

우선 로즈 장학생으로 옥스퍼드대학교에서 유학을 마치고 귀국을 앞두고 있던 빌 브래들리Bill Bradley가 생각난다. 그는 나중에 농구 선수가 되어 뉴욕 닉스에 입단했다. 또 캐나다 위니펙에서 온 공학도 짐Jim(아마 맞을 것이다)이 있었다. 그리고 뉴욕에 사는 스페인어 교사 조앤Joan과 조앤의 스웨덴 친구인 코리나Corrina가 있었다.

다섯 번째는 코네티컷주 하트포드 출신의 럭비클럽 선수 짐 마리넬리Jim Marinelli였다. 그는 코네티컷로스쿨 3학년을 막 마친 상태였고, 앞으로 개인상해소송 전문 변호사가 될 계획이었다. 그는 술은 적당히 즐기는 정도였지만, 덴마크 인기맥주 투보그를 너무나 좋아했다.

내가 그를 이렇게까지 구체적으로 기억하는 것을 보면 5명 중에서 그가 가장 깊은 인상을 남겼으리라고 누구나 생각할 것이다.

그러나 사실 35일간이나 함께 시간을 보낸 사람은 조앤과 코리나, 그리고 위니펙에서 온 짐이다. 우리는 함께 차를 타고 스위스, 이탈리아, 스페인, 프랑스 등을 돌아다녔다. 종일 같은 차 안에서 여행하며 세끼를 다 함께 먹고, 몇 시간이나 수다를 떤 날이 많았다.

그러나 세 사람에 대한 기억은 그것이 전부다.

그렇다면 나는 왜 40년이 지난 지금도 짐 마리넬리에 대해서는 속속들이 기억하면서 다른 사람들은 그렇지 않을까? 그렇게 많은 시간을 함께 보냈는데 말이다.

마리넬리에게는 모든 사람이 갖춰야 할 재능이 있었기 때문이다. 그는 나와 대화할 때 거의 10분마다 한 번씩 내 이름을 불러주었다. "해리, 오늘 오후에 트리볼리 갈 거니?" 아니면 "해리, 오늘 밤에 디스코 클럽 가지 않을래?" 하는 식이었다.

나는 그때까지만 해도 꾸지람을 들을 때 말고는 누군가가 나를

'해리'라고 부르는 것을 들어본 적이 없었다. 그런데 짐의 행동 때문에 비로소 내가 중요한 사람이라는 느낌이 들었다. 그래서 그는 나에게 잊을 수 없는 존재가 된 것이다.

사소하게 보일 수 있지만, 실은 마술 같은 힘을 발휘하는 행동이다. 미국 최대의 골프 컨트리클럽 회사 클럽코퍼레이션을 창립한 로버트 데드만Robert Dedman은 이렇게 말했다. "골프 클럽의 직원들은 고객이 머무는 동안 그의 이름을 최소한 네 번은 불러주어야 한다."

왜 그럴까? 한 사람의 이름을 부른다는 것은 "당신은 내게 중요한 사람입니다"라는 메시지를 가장 강력하게 전달하는 방법이기 때문이다. 데일 카네기가 말했듯이, 누군가가 내 이름을 부르는 것이야말로 세상에서 들을 수 있는 가장 아름다운 소리다.

사람들의 이름을 기억하고 자주 불러주어라.

최고의 칭찬은 경청

최근 조사에 따르면 회사를 떠나는 직원 중 절반이 넘는 사람들의 첫 번째 이직 사유는 상사가 자기 말에 귀 기울이지 않는 것이었다고 한다. 이 결과를 보면 "동의는 가장 진심 어린 칭찬"이라는 옛 격언이 무색해진다. 동의가 칭찬의 한 형태라고 해도 잘해야 2위일 뿐이다. 최고의 칭찬은 경청이다. 누군가 내 말을 진심으로 들어줄 때, 그가 나를 존중한다는 것을 느낄 수 있다. 어디서도 그런 기분을 느껴본 적이 없다면 당장 미니애폴리스로 날아가 세계 최고의 경청가 두 사람을 만나보기를 권한다.

그중 한 명은 아메리프라이즈의 금융상담가 스테파니 추 그로스먼Stephanie Chew Grossman이다. 그녀는 아무 말 없이 듣기만 한다. 원래 성격이 그런 것 같다. 그러나 그녀의 행동을 보면 항상 상대방의 말을 세심하게 듣고, 깊은 관심을 보였음을 알 수 있다. 먼저 상대방이 말을 마쳤는지 확인하기 위해 잠깐 멈춘다. 그런 다음 늘 이런 식으로 말한다.

"앞서 이러이러한 말씀을 하셨는데요⋯."

스테파니는 상대방의 말을 확인하면서 한 번 더 정리할 기회를 준다. 상대방의 말을 그녀가 알아들은 대로 요약한다. 그녀의 이런 행동은 상대방에게 2가지 기분 좋은 메시지를 전달한다.

즉, "당신이 한 말을 모두 들었습니다. 그러나 제가 제대로 이해한 것이 맞는지 확인해보겠습니다"라는 것이다.

스테파니의 행동을 눈여겨보자. 그녀는 어서 결론부터 내리려고 대화를 서두르지 않는다. 상대방이 말을 계속하도록 배려한다. 그리고 그녀의 그런 마음을 상대방이 충분히 느낄 수 있게 해준다.

스테파니가 몸소 실천한 경청법을 제대로 배운 사람이 바로 마크 굴스턴이란 컨설턴트다. 그는 우리가 대화할 때, 상대방의 말을 듣고 있음은 물론 감정까지 공유하라고 조언한다. 스테파니가 실천한 것도 바로 그것이었다.

말을 줄이고 질문을 많이 하라.

말하기 전에 기다려라

스테파니를 만난 지 몇 주 후, 자주 다니던 스타벅스에 들러서 앉아 있다가 문득 인기척을 느꼈다. 올려다보았더니 어여쁜 여성이 따스한 미소를 짓고 있는 것이 아닌가.

그녀는 내가 매일 그 자리에 앉아 무엇을 하느냐고 물었다. 나는 이 책을 쓰고 있다고 대답했다. 우리는 계속 대화를 이어갔다. 그녀는 치유에 관해 아주 개인적인 글을 써둔 것이 몇 편 있고, 그걸 책으로 펴냈으면 한다고 말했다. 그래서 나보고 좀 도와달라는 것이었다.

우리는 매주 두 번씩의 만남을 거의 석 달이나 이어갔다. 주로 내가 말하고 그녀가 들었다. 그녀의 행동은 지금까지 내가 한 번도 본 적이 없는 것이었다.

즉, 내 말을 중간에 끊는 법이 한 번도 없었다.

내가 한 문장을 마쳐도 그녀는 여전히 나를 보며 기다리고 있었다. 말하는 중간에 끊지 않았을 뿐 아니라, 내가 생각에 잠기느라 말을 멈출 때도 역시 마찬가지였다. 그저 내 눈을 보며 가만히 있기만 했다.

너무나 인상 깊었고, 지금도 잊을 수 없는 태도였다. 지금까지 그 누구도 내 생각을 그토록 존중해준 적이 없는 것만 같았다.

그녀의 태도를 보고 있으면 유머 작가 프랜 레보비츠Fran Lebowitz 의 유명한 말이 떠오른다. "말하기의 반대말은 듣기가 아니라 기다리는 것이다." 스티븐 코비도 비슷한 말을 했다. 사람들이 남의 말을 듣는 것은 이해하려는 것이 아니라 어떻게 받아칠까를 생각하기 위해서라고 말이다.

사실 이것은 인간의 본능이라고 해도 과언이 아니다. 우리는 남의 말을 잘 듣는 사람이 되는 데 별 관심이 없다. 우리는 문제를 해결하는 사람으로 인정받고 싶은 것이다. 바로 이 때문에 우리는 듣는 데 1분을 낭비하느니 90초간 문제를 불평하는 게 더 낫다고 생각한다. '빨리 답을 내고 행동하자'라고 생각하는 것이다.

그러나 자기 말을 들어달라는 사람치고 조언을 반기는 사람은 극히 드물다. 그들은 그저 남들이 자기 말을 들어주기를 바랄 뿐이다. 다음에 누군가와 대화할 때는 릴리 톰린의 조언을 되새겨보는 것이 좋을 것이다.

"말하는 데 기울이는 만큼의 집중력으로 남의 말을 들어보라."

기다려라. 단 몇 초면 된다.

여섯 번째 요소, 마지막 인사

2012년 1월 31일, 라나 델 레이Lana Del Rey라는 예명으로 훨씬 더 유명한 가수 엘리자베스 울리지 그랜트Elizabeth Woolridge Grant가 〈본투다이Born to Die〉라는 앨범을 발표했다. 이 앨범은 폭발적인 인기를 누렸다. 그해 말에 집계한 판매량은 340만 장에 달했고, 세계 11개국에서 최고 인기곡의 자리에 올랐다. 그녀의 이름을 모르는 사람도 〈위대한 개츠비The Great Gatsby〉, 〈말레피센트Maleficent〉, 〈빅아이즈Big Eyes〉 등의 영화에 나온 이 음악을 한 번씩은 다 들어봤을 것이다.

그녀의 대표곡인 〈서머타임 새드니스Summertime Sadness〉, 〈영앤드 뷰티풀Young and Beautiful〉, 〈비디오게임스Video Games〉, 〈본투다이〉가 스포티파이에서 흘러나온 횟수를 합하면 4억 1,000만 회가 넘는다는 것만 봐도 그녀의 인기를 짐작할 수 있다. 비치보이스와 롤링스톤스가 부른 가장 유명한 곡 여덟 개의 연주 횟수를 합쳐도 그 절반을 조금 넘는 정도에 불과하다.

델 레이가 〈본투다이〉를 발표한 지 1년 후, 23살의 서부 텍사스 출신 가수 케이시 머스그레이브스Kacey Musgraves가 〈세임트레일러 디퍼런트파크Same Trailer Different Park〉라는 음반을 발표했다. 이 앨범은 결국 올해의 컨트리 앨범으로 그래미상을 받았고, 모두 51만 장 이상이 팔렸으며, 그녀의 대표곡 네 개는 스포티파이에서 거의 3,700만 회나 흘러나왔다. 대단하긴 하지만, 델 레이의 4곡에 비하면 10분의 1에도 못 미치는 수준이다.

두 가수의 인기를 비교하려면 그들의 공연 티켓이 유통 시장에서 어느 정도에 팔리는지 평균 가격만 살펴봐도 된다. 머스그레이브스의 공연 티켓은 77달러인데 비해, 델 레이의 티켓은 279달러다. 현재 미국 음악 공연의 유통 시장 가격 중 가장 비싼 수준이다.

델 레이는 확실히 음반이라는 자신의 상품을 마케팅하는 데 가장 성공한 가수다. 그러나 두 가수의 공연을 보면 뭔가 흥미롭고 색

다른 점이 눈에 띈다.

캘리포니아에 본사를 둔 티켓 판매사 티켓마스터가 팬들의 공연 평을 조사한 바에 따르면, 머스그레이브스의 공연을 추천한 비율은 93퍼센트로, 컨트리 음악계의 가장 유명한 가수 케니 체스니^{Kenny}Chesney가 기록한 95퍼센트와 거의 대등한 수준이었다. 그러나 같은 조사에서 델 레이를 추천한 비율은 겨우 79퍼센트에 지나지 않았다.

이것이 과연 음악의 차이일까? 그렇지 않다. 델 레이의 3옥타브를 넘나드는 스모키한 저음은 어느 모로 봐도 아름다운 음악이 맞다. 델 레이의 추천율이 낮은 이유는 그 자신에게 있는 것 같다.

"그녀의 노래는 물론 개성이 넘치지만, 관객과 소통하는 면에서는 부족한 것이 사실이다. 그녀는 뛰어난 가수지만, 청중과 교감하지 못한다."

특히 다음과 같은 평이 눈에 띈다.

"그녀는 심지어 마지막 인사도 하지 않았다. 아무 말도 없었다. '고맙습니다'라고도 하지 않았다. 공연을 마치고는 바로 무대를 떠나버렸다."

이런 평은 음반을 다루는 상품 마케팅과 공연이라는 서비스 마케팅의 차이를 극명하게 보여주는 교과서와도 같다. "우리는 서비스를 대할 때 그것을 제공하는 사람과 같은 느낌을 받는다." 의사의 진료가 끝나고 자리를 뜰 때 고맙다는 말을 들으면 의사의 실력에 대해서도 호감을 품게 된다.

그런데 머스그레이브스는 어떤 점이 달랐을까? 델 레이와 크게 다르지 않았으나, 마지막에 차이가 났다. 머스그레이브스는 2015년 공연 당시, 모든 순서가 끝나면 꼭 밴드 전원을 불러내 자신의 주변을 빙 둘러싸게 했다. 그리고는 로이 로저스Roy Rogers와 데일 에반스Dale Evans가 부른 컨트리 음악의 가장 유명하고 추억 어린 곡 〈해피 트레일스Happy Trails〉를 아카펠라로 다 같이 합창했다.

머스그레이브스의 마지막 인사는 일종의 동의였다. 그녀는 팬들을 마주하게 되어 기쁘다는 것은 물론, 다음에 또 만나고 싶다는 의사를 표한 것이었다. 그 마음을 전하려고 공연이 끝났는데도 시간과 노력을 조금이나마 더 할애한 것이다.

그러면 그녀의 팬, 즉 고객들은 어떤 평을 내놓았을까?

"마치 평생 알고 지낸 친구와 어울려 노는 듯한 느낌을 받았다."

특히 공감 가는 평이 있었다.

"바로 다음 날 먼 지역에서 또 다른 공연이 잡혀 있는데도 곧바로 떠나지 않고 그 춥고 비 내리는 밤에 한 시간이나 남아 팬들과 시간을 보냈다."

정점 마무리 법칙을 아직 잊지 않았을 것이다. 우리는 어떤 일이 있을 때 정점과 마지막, 딱 두 지점만 기억한다는 것이다. 이 사례는 고객과의 모든 만남에서 가장 중요한 순간은 바로 마지막 인사를 나눌 때임을 알려준다.

마지막 순간에는 인사를 꼭 잊지 마라.

의도치 않게 벌어지는 문제

　모든 고객에게 똑같은 문장과 서명으로 연말연시 카드를 보낸다면 의도치 않게 이런 의미를 전하는 것이다. "당신은 저의 여러 고객 중 한 명일 뿐입니다."

　고객에게 무엇을 보내든 거기 회사 로고가 포함되어 있으면 사실 이런 메시지를 전달하는 셈이 된다. "선물인 것 같지만 사실은 우리 회사 광고입니다. 주변 분들에게 많이 보여주세요!"

　여기에는 또 다른 문제가 있다. 즉, 우리가 그들에게 많은 시간과 정성을 기울일 필요 없다고 생각하는 것처럼 보인다는 점이다. "당신은 특별한 분입니다"가 아니라 오히려 "저는 당신을 그리 중요하게 생각하지 않습니다"라는 메시지를 주는 셈이다.

　고객이 정말 중요하다면 말과 행동도 그 생각에 어울리게 해야 한다.

아날로그가 돋보이는 이유

　예전에 어떤 디자이너를 고용한 적이 있었다. 내가 그녀를 선택한 이유는 우선 업무 실력도 뛰어났지만, 면접을 본 사람 중에 다시 전화해서 기회를 줘서 감사하다고 말한 사람이 딱 3명 있었는데, 그녀가 그중 하나였기 때문이다.

　서비스 업계에서 실력은 누구나 비슷해 보이기 때문에 결국은 인맥이 좌우할 때가 많다. 그 와중에 이런 사소해 보이는 태도야말로 인맥을 극복하는 힘이 될 때가 있다. 다시 말하지만 서비스 수준이 비슷할수록 아주 미세한 차이의 중요성은 더욱 커진다.

그래서인지 나는 다음의 조사 결과를 보고 놀랄 수밖에 없었다. 미국의 모든 구직자 중 3명 중 한 명만 면접자에게 감사 편지를 보낸다는 것이다. 반면 감사 인사를 고용의 중요한 변수로 고려한다고 대답한 고용주는 무려 4분의 3에 이른다고 한다.

하루하루 바쁘게 살아가는 현대 사회에서 감사 편지 따위는 맨 아래 서랍에 던져져 서류 더미에 파묻히는 일이 다반사다.

우리는 경험으로 이 사실을 잘 안다.

요즘은 우편물이라고 받아봐야 그 속에는 쳐다보기도 싫은 각종 청구서와 절대 사지 않을 광고물만 잔뜩 들어 있다.

그러다가 직접 손으로 쓴 카드나 편지를 마주할 때가 아주 가끔 있다. 그럴 때는 마치 선물이라도 받은 기분으로 열어보게 된다.

입가에 미소가 번진다. 온갖 청구서와 광고물은 이미 잊은 지 오래다. 누군가의 마음을 사로잡은 것이다.

편지를 쓴 사람은 사실 승리의 제스처를 취한 셈이다. 아무도 그렇게 하지 않는 시대에 그런 행동은 남보다 굉장히 유리한 위치에 올라서는 비결이라고 할 수 있다.

여러분이 바로 그런 사람이 되어야 한다.

14장

지금부터
해야 할 일

핵심 고객을 파악하라

80대 20 법칙이라는 말을 들어봤을 것이다. 파레토 법칙이라고
도 한다. 전체 기업 활동의 20퍼센트로부터 80퍼센트의 성과가 창
출된다는 원리를 말한다.

금융 서비스업에서 실제 수익을 창출하는 고객은 20퍼센트에
불과하다. 나머지 80퍼센트는 오히려 기업에 손해만 안겨준다.

한 기업의 고객 중 20퍼센트가 제기하는 불만이 전체의 80퍼센
트를 차지한다. 20퍼센트의 영업 직원이 올린 매출이 전체의 80퍼
센트를 담당한다.

(이런 현상은 주변 어디에서나 볼 수 있다. 단 20퍼센트의 학생이 선생님
이 쓰는 시간 중 80퍼센트를 차지한다. 20퍼센트의 어부가 잡는 물고기가 전
체 어획량의 80퍼센트를 차지한다. 모든 범죄 사건의 80퍼센트를 저지르는

것은 20퍼센트의 범죄자다.)

이 법칙은 입소문에도 그대로 적용된다. 그래서 내 고객사들에 가장 큰 도움이 되는 추천 고객은 다음의 3가지 공통적인 특징을 보인다.

1. 외향적인 성격: 사람을 좋아해서 그들과 어울리는 시간이 많다. 혼자 있기를 좋아하는 고객도 수익에 도움이 될 때가 있겠지만, 그들이 입소문의 원천이 되는 경우는 극히 드물다. 그들이 연락하고 지내는 사람은 그리 많지 않다.

2. 열성적인 성향: "캐서린 꼭 만나봐. 엄청난 사람이야!"라는 말을 들으면 호기심이 발동할 수밖에 없다. 그런데 "캐서린 잘하더라"라고 하면 그냥 그런가 보다 하고 넘어간다. 열성적인 사람들은 아무래도 극단적인 편이다. 지난 주말에 본 영화도 역대 최고 아니면 최악이라고 한다. 추천 고객들은 미지근하게 지내는 법이 없다.

3. 동료로부터 매우 존경받는다: 학교 다닐 때 다들 리더 역할을 맡았고 지금도 책임 있는 자리에 있는 사람이 많다. 현재 지위와 성공만으로도 주변에 신망을 얻는 사람들이다.

요컨대 20퍼센트의 고객은 그들을 신뢰하는 사람들과 많은 시간을 보내는 열정적인 사람이다. 그들은 가장 효율적인 비용으로 효과적일 수 있는 마케팅 매체다.

즉, 현재 고객 중에 이런 사람들이 누군지 파악해야 한다.

누가 외향적인가? 열성적인 고객은 누군가? 주변의 신망을 얻을 만한 사람은 누구인가?

3가지 요건을 다 갖춘 사람이 정말 드물다면, 세 번째 조건에 맞는 사람 중에 유독 열렬한 팬을 택하면 된다. 물론 내성적인 성격이라 어조도 열정적이지 않고, 만나는 사람도 많지 않겠지만, 그 몇 안 되는 사람들은 그들의 말을 귀 기울여 듣는다.

이제 전술 단계로 넘어가자. 이 세 조건을 모두 갖춘 고객이 입소문 전략의 표적이다.

최대한 세 그룹별 고객을 열광시키는 데 집중한다. 특히 시간과 노력을 아끼지 않아야 한다. 감사 편지를 손으로 써서 보내보라. 그들에게는 일괄 메시지를 보내지 않도록 특히 주의해야 한다. 오직 한 사람 한 사람만 겨냥하여 특별하게 대우해야 한다.

그들은 여러분의 열성 팬이다. 그들이 여러분을 추천하게 만드는 가장 효과적인 방법은 그들을 특별 대우하는 것이다.

그들은 여러분의 VIP 고객이다. 남보다 더 큰 의자와 공짜 위스키를 마련해줄 가치가 충분한 사람들이다.

20퍼센트의 고객을 가려내어 특별 대우하라.

진짜 프로가 되자

서비스업에 종사하는 사람이 들을 수 있는 최고의 찬사는 '진짜 프로'라는 말이다.

그러나 그런 칭호를 얻으려면 어떤 자격을 갖춰야 할까?

모든 직업(법률, 회계, 의학, 공학, 항공, 심리, 간호, 의약, 건축 등)에는 지속적인 직업 교육이 필요하다.

특별한 요건이 필요 없는 분야라 하더라도 경쟁력을 유지하기 위해서는 끊임없는 자기계발의 노력이 필요하다. 그렇게 하지 않으면 자신이 잘하고 있는지 아닌지도 모른 채 지금까지 했던 일만 반복하게 되어, 이른바 연습의 함정에 빠지게 된다. 연습은 완벽을 보장해주지 않는다. 그저 습관을 굳힐 뿐이다.

실력을 키우려면 무엇을 해야 할까?

이때도 마찬가지다. 최소한 3명의 믿을 만한 사람을 찾아 자문 그룹을 형성해야 한다. 그리고 그들을 꾸준히 찾아가는 것이다.

커피를 나누며 상의할 수 있는 해당 분야의 전문가를 찾는다. 물론 그에 따른 보상을 제공해야 한다. (4명에게 요청하면 최소한 3명은 응할 것이다. 그들은 애써 체득한 지혜의 가치를 알 뿐 아니라, 그런 요청을 받은 것이 스스로 자랑스럽기도 하기 때문이다.)

또 책을 많이 읽는다. 내 경우에는 월터 아이작슨Walter Isaacson이 쓴 스티브 잡스 전기를 읽고 영감이 떠올라 밤을 꼬박 새운 적이 있다. 필 나이트가 나이키를 설립한 이야기를 담은 자서전《슈독》도 내가 만나본 수십 명의 사람에게 똑같은 영향을 미쳤다. 나는 사업 초기에 16명의 성공한 사업가들에게 인생에 가장 도움이 되었던 책을 소개해달라고 요청한 적이 있다. 그중 2명이 1600년의 일본 정치권력을 그린 제임스 클라벨James Clavell의 소설《쇼군Shogun》을 언급했다.

자문 그룹을 구성하고, 전문가를 찾아가며, 책을 많이 읽자.

나의 가치를 냉정하고 뚜렷하게 직시하라

나는 모든 규모의 기업과 일해왔다. 대기업일수록 뚜렷한 가치를 공유하며 그에 따라 상벌을 집행하는 것을 확인했다. 그러나 중소기업은 확실히 그런 면에서 약한 것이 사실이고, 하물며 1인 기업은 말할 것도 없다.

예를 들어 미국에는 소규모 광고 회사가 수만 개나 있는데, 그들에게 사업의 목적을 물어보면 결국 그들의 대답은 다음 3가지 중 하나로 귀결된다.

1. 상을 받기 위해
2. 돈을 벌기 위해
3. 시간이 남아서

똑같은 질문을 몇몇 스타트업에도 해봤더니 이런 답이 나왔다.

1. 시장 기회에 돈을 걸어 더 큰돈을 벌기 위해
2. 상장해서 부자가 되기 위해
3. 더 이상 일하지 않아도 되는 선택지의 하나로

흔히 들을 수 있는 이유로 이런 것들도 있다.

1. 은퇴 자금을 마련하려고
2. 가족과 많은 시간을 보내기 위해
3. 일에서 개인적인 성취감을 맛보기 위해

모두 나름대로 가치 있는 명분이지만, 나는 지금까지 서비스 사업치고 이런 이유가 통하는 분야를 본 적이 없다. 바람직한 성과를 내는 경우가 더러 있지만, 그래봐야 별로 대단치 않은 수준에 불과하다. 그러나 성공한 서비스 기업은 모두 다음과 같은 목적을 품고 있다.

1. 사람들의 삶에 진정한 변화를 안기고 싶다.
2. 정말 사랑하는 일을 하고 싶다.

앞의 3가지 예는 모두 사업자 중심이라는 공통점이 있다. 그러나 성공하는 기업은 다른 사람의 삶에 변화를 안기는 것을 목표로 삼는다.

첫 번째 그룹 회사들의 목적은 자기 이익이다. 가장 성공하는 그룹에 속한 회사들은 자신과 다른 사람을 위해서 일한다.

여러분은 어느 그룹에 속하는가?

잘한 일은 자랑하라

이 방법은 각오를 단단히 해야 한다. 정말 중요한 이야기다.

서비스 고객은 대체로 자신이 받는 서비스가 뛰어난지 어떤지 잘 모르는 경우가 많다. 동기부여 강사가 회사 영업 직원들에게 정말 깊은 영감을 주었는지, 지난번에 맡긴 양복을 재단사가 최대한 멋지게 꾸며냈는지, 변호사가 과연 다른 변호사들이 놓치기 쉬운 포인트를 공략한 것인지 고객은 잘 모른다.

그러나 고객은 연설이 평범했다든지, 양복 소매가 1인치 짧아졌다든지, 변호사가 패소했을 경우엔 이를 곧바로 알 수 있다.

한마디로 고객은 서비스가 얼마나 훌륭한지는 몰라도 얼마나 나쁜지는 잘 안다.

바로 여기에 서비스 마케팅의 잔인한 현실이 도사리고 있다. 서비스는 성공하기보다 실패하기가 훨씬 더 쉽다.

더 큰 문제는 거의 모든 고객 관계가 깊은 수준으로 들어가지 못

한다는 것이다. 여기서 약속이 끝나면 또 저기서 몇 명을 만나야 하는 것이 우리네 현실이다. 한 사람에 할애한 시간을 모두 합해보면 겨우 1, 2일에 불과하다. 안타깝게도 신뢰를 구축할 정도가 되려면 이틀로는 턱없이 부족하다. 따라서 그렇게 약한 신뢰 관계는 조그마한 실수에도 쉽게 깨질 위험이 있다. 고객의 눈에는 잘한 것보다 못한 것이 훨씬 더 눈에 띄기 때문이다.

그렇다면 우리는 어떻게 해야 할까?

잘한 일은 잘했다고 내가 떠드는 수밖에 없다. 고객에게 내가 한 일을 보여줘야 한다. 나의 남다른 점과 생각을 알려야 한다.

마감일을 이틀 앞당겼다면 그 점을 내세워야 한다. "원래 목요일까지 해드리기로 했는데요. 다행히 오늘 아침에 받아보실 수 있습니다."

견적서보다 7퍼센트 싼 가격에 공급할 때는(더구나 이런 경우가 여섯 번에 한 번꼴이라면) 그 사실을 반드시 고객에게 알려야 한다.

대단히 자랑스러운 일이나 수상 소식도 꼭 고객에게 알려야 하는 소식이다.

내가 얼마나 열심히 일하는지, 고객을 얼마나 생각하는지, 일을 얼마나 잘하는지, 고객이 다 안다고 생각하면 안 된다. 전혀 모르고 있을 가능성이 아주 크다.

꼭 알려줘야 한다.

당연하게 여기지 말고 고객에게 알려줘라.

이 점이 정말 중요하다.

과녁을 옮겨라

"화살을 바꿔야겠어. 이 마케팅 도구가 말을 듣지 않아."

말은 그렇게 해도 실천하기는 쉽지 않다.

아마 뭔가 다른 것을 바꿔 일하기가 좀 쉬워지면 거기 만족하고 말 것이다.

짤막한 사례를 소개한다. 다행히 나는 수백 명에 달하는 내 고객들을 좋아했고, 그중 몇몇은 진정으로 사랑하는 사람들이었다. 내 사업의 차별점은 그 사람들 덕분이라고 봐야 한다. 사랑하는 소수의 고객이 있고, 나머지 고객도 모두 좋아하는 사람이라면 누가 자기 일을 사랑하지 않을 수 있겠는가.

나쁜 고객만큼 사업에 부담이 되는 것도 없다. 부동산을 제외한다면 말이다. 사업에서 발생하는 안 좋은 일과 뜻밖의 비용 중 90퍼센트는 10퍼센트의 고객이 초래한다. 그들 때문에 회사는 소중한 파트너와 핵심 직원을 놓치고 평판이 깎인다.

서비스 사업자 중에는 싫어하는 고객과 일하는 사람이 너무 많다는 것이 불편한 진실이다.

나는 릭 멀홀랜드Rick Mulholland라는 남아프리카 남자와 대화를 나눈 후 이 사실을 뼈저리게 깨달았다. 그는 사실을 있는 그대로 이야기했다. 내가 그에게 이런 문자를 보낸 적이 있었다. "요즘 어떤 생각을 하고 지내십니까? 도와드릴 일은 없나요?"

남아프리카의 집에 머물고 있던 그는 이런 답신을 보내왔다. "사람에 대해 생각합니다.”

내가 답했다. “누구요? 그러니까, 잠재 고객을 유치하고 추천을 독려하는 데 사람이 중요하다, 그런 말씀인가요?”

“아닙니다. 연락하는 사람들 말입니다.” 이어서 그는 내가 결코 잊을 수 없는 내용을 문자로 보내왔다.

“저는 항상 제가 싫어하는 것이 영업인 줄 알았습니다. 그런데 그게 아니었습니다. 저는 사람들이 싫었던 겁니다. 그래서 시장을 바꿔보려고 합니다. 먹이 사슬을 거슬러 올라가 보려고요. 좀 더 돈이 되는 좋은 고객들을 찾으려고 합니다.”

릭만 이런 생각을 하는 것이 아니다. 진상 고객은 우리에게 상처를 준다. 그런 사람을 만나 고생하면 그 여파가 며칠이나 간다. 그들은 어디에나 있으므로 도저히 외면할 수 없다. 자기도취에 빠진 사람, 습관적으로 남을 괴롭히는 사람(한 라운드를 돌면서 캐디를 4명이나 갈아치운 골프선수처럼 말이다), 늘 화만 내는 사람 등.

워낙 까다로워 60시간이나 걸려 완성한 애니메이션 작품이 있었다. 그 청구서를 받아본 고객이 이렇게 반응했다고 생각해보라.

“이게 뭐죠? 시간당 요금이 75달러라고 하지 않았나요? 이 애니메이션은 고작 20초짜리라고요! 그럼 42센트가 맞죠. 계약대로 합시다!”

이런 일이 벌어지는 것이 현실이다.

처음 계획에서 야금야금 규모를 키워놓고는 나중에 비용은 계약서대로 주겠다고 억지를 부리는 고객도 있다. 처음 한 번은 그럴 수도 있다고 생각한다. 흔히 있는 일이니까. 그런데 다음번에 또 그런다. 그리고 아예 만성이 되어버린다. '약간 착오가 있었네요. 죄송해요'라고 변명하지만 사실 그는 거짓말쟁이인 셈이다.

아니다.

활이나 화살을 바꿔서 해결될 문제가 아니다.

과녁을 옮겨야 한다.

돈이 되는 시장을 개척해야 한다. 고가 시장을 개척한 선배들은 다 그만한 이유가 있어서다.

마케팅에 들이는 시간을 네트워크 확대에 좀 더 많이 할애하는 것도 좋은 방법이다. 사람을 많이 만나다 보면 그중에 고객 관계로 발전할 사람도 많아진다.

화살을 바꿀 것이 아니라 과녁을 옮겨야 한다.

15장

결국
사람 사이의 일

고객과의 관계 요약 정리

회사와 고객의 이상적인 관계를 수립하는 법을 이해하려면 연인 관계를 생각해보면 된다.

먼저, 우리는 전혀 모르는 사람을 만나길 원치 않는다. 심지어 한 번도 안 가본 카페에서는 약속도 잡지 않는 것이 우리다. 최소한의 정보는 알아야 만나보기라도 하는 것이 인간의 본능이다.

지금 엄청나게 성공한 데이트 사이트들만 봐도 알 수 있다. 거기 가입하려면 우선 사진을 등록해야 한다. 당연한 일이다. 사진도 없는 사람에게 누가 관심을 보이겠는가. 일단 얼굴을 봐야 믿음이 간다. 그래야 "잘 생겼네. 내가 좋아하는 누구와 좀 닮은 거 같아"라는 말이 나올 수 있다.

마음에 드는 사람인지는 누구나 알 수 있다. 맥킨지의 조사에서도 밝혀졌듯이, 비즈니스 관계에서 가장 강력한 힘을 발휘하는 것은 호감이다. 일단 마음에 들어야 오래 가는 관계를 유지할 수 있다. '호감'이 아무리 실체가 모호한 개념이라 하더라도 말이다.

물론 그것이 다가 아니다. 데이트 사이트도 마찬가지다. 취미나 여가 활동 등 인적 사항을 꼬치꼬치 캐묻는다. 고향은 어디고, 대학은 어디 나왔으며, 직업은 무엇인지, 남는 시간에는 영화를 보는지, 여행을 가는지, 스포츠를 관람하는지 등을 자세히 파악한다.

데이트 사이트와 방문객들은 그 정보를 가지고 무엇을 파악하려는 것일까?

역시 동질성이다. 우리는 자신과 비슷한 사람들끼리 관계를 맺는다. 최소한 1~2가지 면에서라도 말이다.

그다음은 어떻게 될까? 호감이 가고 여러 면에서 비슷해 보이는 사람이 있다면, 일단 만나본다. 그저 가볍게 한 시간 정도 커피나 마시는 것이다. 그러면서 어떤 사람인지 살펴본다.

한 번 만나본 다음에는? 그 사람이 정말 마음에 들고, 나와 비슷한 사람이라고 생각되면 또 만나고 싶은 생각이 든다. 그렇게 만남을 계속하면서 비로소 깊은 관계를 맺게 된다.

만남이 계속되면 점점 편안해지고 어쩌면 신뢰가 싹틀지도 모른다. 그러나 여기까지도 확실한 것은 그저 호감, 동질성, 그리고 편안함 정도가 전부다.

이런 관계가 지속되어 단순한 데이트를 넘어서는 단계가 되면 어떻게 될까? 2가지다.

우선 원하는 '결과'가 나온다. 만남을 시작한 데는 그저 재미이든, 좋은 대화 상대이든, 혹은 친밀한 이성 관계나 최소한 성적 매력을 확인하는 것이든 뭔가 목적이 있었을 것이다. 어떤 것이든 쌍방이 목적을 달성했다면 만남은 계속된다.

호감과 동질성을 확인하고 결과를 얻었으면 이제 신뢰가 싹트기 시작한다.

이 단계까지 오는 동안 드러난 비즈니스 관계와의 유사점은 분명하다. 서비스 사업자도 먼저 눈에 띄고, 호감과 동질성, 그리고 편안함을 느낀 다음, 계속 만나보면서 자신이 원하는 결과를 내줄 것이라는 확신을 얻게 된다.

두 사람의 관계가 더욱 깊어져 굳은 결속으로 나아가게 해주는 것은 무엇일까?

우선 서로에게 시간과 노력을 써야 하고, 거의 틀림없이 선물이 필요할 것이다. 즉 '희생'이 필요하다.

이제 말과 행동으로 그런 호감, 나아가 사랑을 표현하게 된다. 따뜻한 인사를 건네고, 그의 말을 인정해주며, 상대방을 매우 중요하게 생각한다는 것을 보여준다. 동의를 제공하는 것이다.

그러나 정말로 만족한 고객은 이 대목에서 사업자에게 느끼는 감정이 하나 더 있다. 상대가 자신을 정말 소중하게 여기는구나 하고 느끼는 것이다. 이것은 사업자가 '희생'을 치렀기에 가능한 일이다. 시간과 노력, 때로는 돈까지 들여서 말이다. 또 사업자는 고객의 이런 기분을 더욱 강화하기 위해 동의를 표현한다. 따뜻하게 인사하고, 이름을 불러주며, 진심이 담긴 감사 편지를 보내는 등 말이다. 또 벨사우스가 24시간 내 후속 확인 원칙을 운영하듯이, 무슨 일이 생긴 뒤에는 항상 신속하게 확인한다.

그러나 서비스가 아무리 좋아도 사람의 기대는 끝이 없다. 사업자는 끊임없이 더 노력해야 한다. 개선을 위한 가장 좋은 방법은 고객에게 '무엇을 개선하면 좋겠느냐'고 물어보는 것이다.

또 하나, 항상 마지막에 주의를 기울여야 한다. 미팅이든 서신이든 항상 마지막을 어떻게 끝내는지가 중요하다. 예컨대 투숙객이 고된 하루를 마치고 잠자리에 들려는 그 순간, 베개 밑에 넣어둔 사탕 하나가 중요하다.

위에 설명한 내용을 모두 실천한다면 추천 고객이 반드시 나타난다. 그러나 입소문을 확대하려면 20퍼센트의 적극적인 고객이 누군지 파악해야 한다.

그리고 그들에게 관심을 집중한다. 그들을 매우 소중하게 여긴다는 것을 느낄 수 있게 해주어라. 그들이 다른 사람에게 여러분을 추천할 거리를 만들어주기 위해서라도 잘한 일은 꼭 알려줘야 한다. 다시 말해, 그들과의 업무가 하나 끝난 후에도 마케팅은 여전히 계속되는 셈이다.

끊임없이 만족시켜줘야 한다. 인간의 욕심은 끝이 없다.

결론

마지막 요소, 열정

몇 해 전에 할리데이비드슨, 마이크로소프트, 나이키 같은 회사를 7일 만에 정신없이 둘러본 적이 있다. 그런 다음 나는 콜로라도주의 한 호텔에서 열린 어느 회사의 연수에 참석했다. 연수 첫날밤, 나는 그 호텔 로비에서 유니레버 유럽지사의 CEO 이안 앤더슨Ian Anderson과 만났다. 나보다 연배도 10살이나 위인 데다 경륜도 뛰어나므로 그가 유니레버는 물론 다른 회사의 사정도 잘 알 것으로 판단한 나는, 직전까지 세 회사를 둘러보고 궁금해진 점을 물어봐도 되겠다고 생각했다.

그 자리에 어울리는 스카치위스키를 한 잔씩 나눈 후(앤더슨 씨는 스코틀랜드 출신이었다) 나는 지난주에 세 회사를 둘러봤다고 말을 꺼냈다.

"그 회사들은 들어서자마자 뭔가 다른 분위기가 느껴졌습니다. 열정적이고 신나는 느낌 말입니다. 귀사도 마찬가지인지요? 성공한 기업은 다들 그런 분위기인지 궁금합니다."

그러자 그가 자세를 바로 하고 가슴을 내밀었다. 하얗던 그의 얼굴빛이 약간 상기되는 것 같기도 했다. 그의 대답이 지금도 귓가에 들리는 듯하다. 그는 명랑하고 쾌활한 스코틀랜드 억양으로 이렇게 말했다.

"해리, 맞습니다. 성공한 회사에 들어서면 다들 느끼는 분위기가 있지요. '열정적인' 분위기 말입니다."

성공한 회사들의 분위기는 델 정도로 뜨겁다.

성공하는 사람도 마찬가지다.

내가 로스쿨에 재직하던 마지막 해에 있었던 일이다. 평소 오후 조깅에 나서면 가끔 장거리 달리기 선수 스티브 프리폰테인Steve Prefontaine과 마주치곤 했다. 어느 날 또 그를 만났더니 몇 시간 전에 그가 3킬로미터 경주에서 올림픽 금메달리스트 프랭크 쇼터를 제치고 우승했다고 말해왔다.

다음 날 아침 8시 20분, 내 법률검토 파트너 존 퍼스너가 사무실에 들어오더니 "스티브 소식 들었어?"라고 외쳤다.

곧바로 내가 대답했다. "들었지. 어제 만났거든. 프랭크를 이겼다던데."

존이 말했다. "그게 아니야. 스티브가 어젯밤에 자동차 사고로 숨졌대."

지금 이 글을 쓰면서도 손이 떨린다. 그때나 지금이나 내 가슴이 아픈 이유는 똑같다. 그는 내가 만나본 그 누구보다 씩씩한 사람이 었으므로, 그의 갑작스러운 죽음이 더더욱 허망할 수밖에 없었다. 나는 그날 밤과 이후 며칠 동안의 허탈한 심정을 누군가에게 들려 줄 때마다 늘 이렇게 이야기한다. "프리폰테인은 누구나 그의 열정에 델 정도로 활기찬 사람이었다." 정확한 비유라고 생각한다. 열정 적인 사람은 주변을 태울 정도로 뜨겁다.

그런 열기를 소유한 사람은 다른 이들을 끌어들인다.

사실이다. 여러분이 정성을 쏟는 만큼 상대방도 똑같이 관심을 기울이게 된다. 그리고 여러분의 정성을 믿고 맡길 것이다. 그의 사 업이든, 아픈 발뒤꿈치든, 비통한 마음이든 말이다.

고객은 여러분이 모든 노력을 바쳐 자신을 도와줄 것이라는 점을 여러분의 열정을 보고 안다. 여러분이 하는 일이 정말 중요하다 는 점도, 여러분이 고객을 위해 밤새 고민했다는 사실도 그 열정을 보고 안다.

그러나 자신에게 던지는 질문이 세상에 무엇이 필요한지에만 머 물면 안 된다. 틈새시장을 채우는 것만으로는 진정한 마음의 평화를 얻을 수 없다. 과연 무엇이 내 인생에 활력을 주는지를 물어야 한다. 그리고 그 해답대로 도전하고 실천해야 한다. 그것이 우리가 할 수 있는 최선이다. 최고의 자아실현 말이다.

이제 이런 생각이 들 것이다. 아니 그러기를 바란다. "나에게는 분명히 그런 열정이 있어. 그럼 이제 뭘 하지?"

여러분은 운이 좋다고 생각하면 좋겠다. 최소한 절반은 온 셈이기 때문이다.

이제 어디로 갈 것인가?

여러분은 열정과 호기심으로 여기까지 왔다. 그럼 이제 어디로 가야 할까?

이 책을 관통하는 사상에서 시작해보자. 오늘날은 고객의 기대가 그 어느 때보다 커진 시대다. 지난 30년간 미국 기업의 상품 품질과 페덱스로 대표되는 프로세스 기반 서비스의 수준이 극적으로 개선됨에 따라 일반 소비자의 기대 수준도 그만큼 높아졌다.

더구나 어디를 가나 할인 행사와 저가 상품이 넘쳐나는 오늘, 잠재 고객은 그 높은 수준을 더 낮은 가격에 누리기를 기대한다. 따라서 우리의 선결 과제는 효율 향상이다.

오늘날 잠재 고객은 인터넷에 공개된 앤지(공식 명칭은 '앤지 리스트'다)나 옐프 등의 정보를 통해 여러분과 여러분의 경쟁자에 관해 너무나 많은 것을 알고 있다. 그들은 우리와 처음 만나는 자리에 그 모든 정보를 훤히 꿴 채 나타난다.

미리 준비해야 한다. 그들의 마음에 미리 기대감을 심어주고 마지막에도 선명한 인상을 남겨주어야 한다.

우리는 사회의 변화가 안겨주는 도전뿐 아니라 서비스 마케팅이 지닌 고유한 문제도 해결해야 한다. 잠재 고객은 말 그대로 아직 고객이 아니므로 여러분의 서비스를 볼 수도 없고, 시험하지도 못한다. 게다가 여러분의 프로세스를 그들에게 보장해줄 수도 없다. 이것 역시 아직 형성조차 되지 않았기 때문이다. 서비스업은 과학이라기보다는 기예에 가깝다. 게다가 인간은 누구나 실수하기 마련이다. 잠재 고객은 눈에 보이지 않는 약속을 사야 한다. 오늘과 같은 불신의 시대에 그들이 믿을 것이라고는 여러분의 말밖에 없다는 소리인데, 이거야말로 난처한 상황이 아닐 수 없다.

따라서 그들에게 증거를 보여줘 안심시켜야 한다.

그러나 우리의 영업 대상은 10여 년 전보다 훨씬 더 높은 품질과 빠른 배송, 그리고 저렴한 가격을 기대하는 사람들이다. 그들은 여러분과 경쟁자를 훤히 알고 있고, 모든 서비스 사업자들이 과연 자신이 원하는 결과를 내놓을지 걱정하는 사람들이다.

이 모든 걱정거리를 생각하다 보면 차라리 제조업을 하는 게 낫지 않을까 생각되기도 한다. 눈에 보이는 상품을 만드는 일이 훨씬 더 쉬워 보인다.

사실 맞는 말이다.

여러분이 이 책을 집어 든 이유가 바로 그 때문이다. 눈에 보이지 않는 것을 파는 일이 쉬워서가 아니라 어렵기 때문에, 그런데도 여러분이 사랑하는 일을 열심히 하고 싶으니까, 어려운 일에 성공하는 것만큼 보람 있는 일도 없으므로 이 책을 펼친 것이다. 여러분에게 이 책을 읽으라고 선동한 사람은 아무도 없다.

이런 어려움을 해결하는 방법을 이 책에서 모두 찾아 열거할 수는 없지만, 우선 다음의 4가지 키워드를 중심으로 생각해보자.

"집중해야 한다."
열정을 촉발하고 매력적인 잠재 시장이 있으며, 그 분야에서 대가가 될 수 있는 전문 분야에 집중해야 한다.

"네트워크에 집중해야 한다."
잠재 고객이 모이는 곳을 찾아가라. 각종 전시회, 강연장, 대회장 같은 곳들이다. 그들과 만나고, 얼굴을 익히며, 더 깊이 알아갈 기회로 삼아야 한다.

"패키지에 집중해야 한다."
잠재 고객의 눈에 띄는 모든 것을 일괄 포장하여 진정한 차별화를 달성하고 이를 꾸준히 지속해야 한다. 명함, X(구 트위터), 페이스북 페이지, 각종 간행물, 웹사이트 등 모든 콘텐츠가 여기에 포함된다. 패키지는 여러분의 메시지가 무엇이든, 그것을 가장 생생하게, 잊을 수 없는 방식으로 전달한다. 그것은 여러분의 가치를 충분히 반영하는 것이어야 한다.

"무엇보다, 꾸준히 지속해야 한다."
성격과 관대함은 그 자체로도 좋은 것이지만, 다른 사람을 끌어들이기도 한다. 그래서 우정을 깊게 하고, 자존감을 고취하며, 고객 충성도를 높인다.

현대 사회는 최고의 서비스를 요구하고, 그 증거는 어디에나 존재한다.

끝까지 읽어주신 독자 여러분께 감사드린다. 이 책을 쓰는 시간이 너무나 즐거웠고, 큰 행운으로 여긴다. 여러분의 일에서도 똑같은 경험을 누리기를 기원한다.

해리 벡위드

감사의 글

우선 두 사람에게 진 빚이 떠오른다. 먼저 나의 형제 데이비드 메이시 벡위드다. 그는 크나큰 형제애를 발휘하여 지금까지 800여 페이지에 달하는 내 책을 편집해주었다. 두 번째는 멜 파커다. 그는 나의 첫 책이 출간되고부터 세계적인 베스트셀러가 되기까지 성실하고 헌신적인 에이전트로 늘 곁에 있었다.

멧 홀트와 그가 이끄는 탁월한 팀, 브리지드 피어슨, 케이티 디크먼, 제시카 리크, 말로리 하이드, 케리 스테빈스에게 특별히 감사드린다.

샤리 크리스텐슨의 탁월함에는 특별한 감사와 찬사를 드려 마땅하다.

친구들에게 무한한 감사의 마음을 전한다. 그들은 언제나 나를 미소 짓게 한다. 라이언 캐리건, 수전 컬리건, 신드 하그레이브, 러스 르웰렌, 메건 맥그리거, 베키 파월, 짐 파월, 리라 라오, 앤디 세

디비가 그들이다. 50년이 넘도록 우정을 이어온 코리 데카트, 클라우디아 하버크로프트, 캐시 필립스, 샌드라 시몬스, 안드레아 빈센트 시몬슨에게 특별한 감사를 전한다.

한 분 한 분 너무나 소중한 고객들을 지면에 모두 쓰지 못하는 점 양해하시길 바란다. 그중에서도 결코 빠뜨릴 수 없는 한 분이 있다면 클리포드 그린이다. 그가 봉직하던 유대교 회당 기획 위원회 문제를 나에게 의뢰하지 않았다면 나의 작가 경력이 시작되지도 못했을 것이다. 지난 30년간 그의 성공과 우정, 조언으로 너무나 기뻤음을 밝힌다.

이 모든 일은 어머니 앨리스와 아버지 해리 덕분이었다. 그분들의 결코 쉽지 않았던 인생 덕분에 꿈을 성취했다는 것 이상의 내 삶이 존재한다.

옮긴이 김동규

포스텍 신소재공학과를 졸업하고 동대학원에서 석사 학위를 받았다. 여러 기업체에서 경영기획 업무를 수행했다. 현재 번역 에이전시 엔터스코리아에서 번역가로 활동하고 있다. 옮긴 책으로는 《극한 갈등》, 《나는 오늘도 행복한 투자를 한다》, 《더 나은 나를 위한 하루 감각 사용법》, 《시너지 솔루션》, 《그 일이 일어난 방(공역)》, 《테크 심리학》, 《과잉연결시대》, 《내 안의 자신감 길들이기》, 《매그넘컨택트시트》, 《SF 소품 제작의 신세계(공역)》, 《더 툴 북(The Tool Book)》, 《유니콘의 눈물》, 《21세기 기업가 정신》, 《리더는 멈추지 않는다》, 《턴어라운드》, 《랭킹: 사회적 순위 매기기 게임의 비밀》, 《비트코인의 미래》, 《스토리의 기술》, 《지칠 때 뇌과학》 등 다수가 있다.

보이지 않는
확신을 팔아라

1판 1쇄 인쇄 2024년 2월 1일
1판 1쇄 발행 2024년 2월 15일

지은이 해리 벡위드
옮긴이 김동규

발행인 양원석
편집장 차선화 **책임편집** 박시솔
디자인 신자용, 김미선 **해외저작권** 임이안
영업마케팅 윤우성, 박소정, 이현주, 정다은, 백승원

펴낸 곳 ㈜알에이치코리아
주소 서울시 금천구 가산디지털2로 53, 20층 (가산동, 한라시그마밸리)
편집문의 02-6443-8890 **도서문의** 02-6443-8800
홈페이지 http://rhk.co.kr
등록 2004년 1월 15일 제2-3726호

ISBN 978-89-255-7541-4 (03320)